名家通识讲座书系

政治学十五讲（第三版）

□ 燕继荣 著

图书在版编目(CIP)数据

政治学十五讲 / 燕继荣著. —3版. —北京:北京大学出版社,2024.4
(名家通识讲座书系)
ISBN 978-7-301-34879-6

Ⅰ.①政…　Ⅱ.①燕…　Ⅲ.①政治学　Ⅳ.①D0

中国国家版本馆 CIP 数据核字(2024)第 045922 号

书　　　名	政治学十五讲(第三版) ZHENGZHI XUE SHIWU JIANG (DI-SAN BAN)
著作责任者	燕继荣　著
责任编辑	艾　英
标准书号	ISBN 978-7-301-34879-6
出版发行	北京大学出版社
地　　　址	北京市海淀区成府路 205 号　100871
网　　　址	http://www.pup.cn　新浪微博:@北京大学出版社
电子邮箱	编辑部 wsz@pup.cn　总编室 zpup@pup.cn
电　　　话	邮购部 010-62752015　发行部 010-62750672 编辑部 010-62756467
印　刷　者	河北博文科技印务有限公司
经　销　者	新华书店
	965 毫米×1300 毫米　16 开本　20 印张　335 千字 2004 年 7 月第 1 版 2013 年 1 月第 2 版 2024 年 4 月第 3 版　2025 年 4 月第 2 次印刷
定　　　价	69.00 元

未经许可,不得以任何方式复制或抄袭本书之部分或全部内容。
版权所有,侵权必究
举报电话:010-62752024　　电子邮箱:fd@pup.cn
图书如有印装质量问题,请与出版部联系,电话:010-62756370

"名家通识讲座书系"
编审委员会

编审委员会主任

  许智宏（中国科学院院士　生物学家　北京大学原校长）

委　员

  许智宏

  刘中树（吉林大学教授　文学理论家　吉林大学原校长　教育部中文学科教学指导委员会原主任）

  张岂之（清华大学教授　历史学家　西北大学原校长）

  董　健（南京大学教授　戏剧学家　南京大学原副校长、文学院院长）

  李文海（中国人民大学教授　历史学家　中国人民大学原校长　教育部历史学科教学指导委员会原主任）

  章培恒（复旦大学教授　文学史家　复旦大学古籍研究所原所长）

  叶　朗（北京大学教授　美学家　北京大学艺术学院原院长　教育部哲学学科教学指导委员会原主任）

  徐葆耕（清华大学教授　作家　清华大学中文系原主任）

  赵敦华（北京大学教授　哲学家　北京大学哲学系原主任）

  温儒敏（北京大学教授　文学史家　北京大学中文系原主任　中国现代文学学会原会长　北京大学出版社原总编辑）

执行主编

  温儒敏

"名家通识讲座书系"总序

本书系编审委员会

"名家通识讲座书系"是由北京大学发起,全国十多所重点大学和一些科研单位协作编写的一套大型多学科普及读物。全套书系计划出版100种,涵盖文、史、哲、艺术、社会科学、自然科学等各个主要学科领域,第一、二批近50种将在2004年内出齐。北京大学校长许智宏院士出任这套书系的编审委员会主任,北大中文系系主任温儒敏教授任执行主编,来自全国一大批各学科领域的权威专家主持各书的撰写。到目前为止,这是同类普及性读物和教材中学科覆盖面最广、规模最大、编撰阵容最强的丛书之一。

本书系的定位是"通识",是高品位的学科普及读物,能够满足社会上各类读者获取知识与提高素养的要求,同时也是配合高校推进素质教育而设计的讲座类书系,可以作为大学本科生通识课(通选课)的教材和课外读物。

素质教育正在成为当今大学教育和社会公民教育的趋势。为培养学生健全的人格,拓展与完善学生的知识结构,造就更多有创新潜能的复合型人才,目前全国许多大学都在调整课程,推行学分制改革,改变本科教学以往比较单纯的专业培养模式。多数大学的本科教学计划中,都已经规定和设计了通识课(通选课)的内容和学分比例,要求学生在完成本专业课程之外,选修一定比例的外专业课程,包括供全校选修的通识课(通选课)。但是,从调查的情况看,许多学校虽然在努力建设通识课,也还存在一些困难和问题:主要是缺少统一的规划,到底应当有哪些基本的通识课,可能通盘考虑不够;课程不正规,往往因人设课;课量不足,学生缺少选择的空间;更普遍的问题是,很少有真正适合通识课教学的教材,有时只好用专业课教材替代,影响了教学效果。一般来说,综合性大学这方面情况稍好,其他普通的大学,特别是理、工、医、农类学校因为相对缺少这方面的教学资源,加上很少有可供选择的教材,开设通识课的困难就更大。

这些年来,各地也陆续出版过一些面向素质教育的丛书或教材,但无论数量还是质量,都还远远不能满足需要。到底应当如何建设好通识课,使之能真正纳入正常的教学系统,并达到较好的教学效果?这是许多学校师生普遍关心的问题。从 2000 年开始,由北大中文系系主任温儒敏教授发起,联合了本校和一些兄弟院校的老师,经过广泛的调查,并征求许多院校通识课主讲教师的意见,提出要策划一套大型的多学科的青年普及读物,同时又是大学素质教育通识课系列教材。这项建议得到北京大学校长许智宏院士的支持,并由他牵头,组成了一个在学术界和教育界都有相当影响力的编审委员会,实际上也就是有效地联合了许多重点大学,协力同心来做成这套大型的书系。北京大学出版社历来以出版高质量的大学教科书闻名,由北大出版社承担这样一套多学科的大型书系的出版任务,也顺理成章。

编写出版这套书的目标是明确的,那就是:充分整合和利用全国各相关学科的教学资源,通过本书系的编写、出版和推广,将素质教育的理念贯彻到通识课知识体系和教学方式中,使这一类课程的学科搭配结构更合理,更正规,更具有系统性和开放性,从而也更方便全国各大学设计和安排这一类课程。

2001 年年底,本书系的第一批课题确定。选题的确定,主要是考虑大学生素质教育和知识结构的需要,也参考了一些重点大学的相关课程安排。课题的酝酿和作者的聘请反复征求过各学科专家以及教育部各学科教学指导委员会的意见,并直接得到许多大学和科研机构的支持。第一批选题的作者当中,有一部分就是由各大学推荐的,他们已经在所属学校成功地开设过相关的通识课程。令人感动的是,虽然受聘的作者大都是各学科领域的顶尖学者,不少还是学科带头人,科研与教学工作本来就很忙,但多数作者还是非常乐于接受聘请,宁可先放下其他工作,也要挤时间保证这套书的完成。学者们如此关心和积极参与素质教育之大业,应当对他们表示崇高的敬意。

本书系的内容设计充分照顾到社会上一般青年读者的阅读选择,适合自学;同时又能满足大学通识课教学的需要。每一种书都有一定的知识系统,有相对独立的学科范围和专业性,但又不同于专业教科书,不是专业课的压缩或简化。重要的是能适合本专业之外的一般大学生和读者,深入浅出地传授相关学科的知识,扩展学术的胸襟和眼光,进而增进学生的人格素养。本书系每一种选题都在努力做到入乎其内,出乎其外,把学问真正做活了,并能加以普及,因此对这套书的作者要求很高。我们所邀请的大都是那些真正有学术建树,有良好的教学经验,又能将学问深入浅出地传达出来的重量级学者,是请"大家"来讲"通识",所以命名为"名家通识讲座书系"。其意图就是精选名校名牌课程,实现大学教学资源共享,让更多的学子能够通过这套书,亲炙名家名师课堂。

  本书系由不同的作者撰写,这些作者有不同的治学风格,但又都有共同的追求,既注意知识的相对稳定性,重点突出,通俗易懂,又能适当接触学科前沿,引发跨学科的思考和学习的兴趣。

  本书系大都采用学术讲座的风格,有意保留讲课的口气和生动的文风,有"讲"的现场感,比较亲切、有趣。

  本书系的拟想读者主要是青年,适合社会上一般读者作为提高文化素养的普及性读物;如果用作大学通识课教材,教员上课时可以参照其框架和基本内容,再加补充发挥;或者预先指定学生阅读某些章节,上课时组织学生讨论;也可以把本书系作为参考教材。

  本书系每一本都是"十五讲",主要是要求在较少的篇幅内讲清楚某一学科领域的通识,而选为教材,十五讲又正好讲一个学期,符合一般通识课的课时要求。同时这也有意形成一种系列出版物的鲜明特色,一个图书品牌。

  我们希望这套书的出版既能满足社会上读者的需要,又能有效地促进全国各大学的素质教育和通识课的建设,从而联合更多学界同仁,一起来努力营造一项宏大的文化教育工程。

2002 年 9 月

目 录

序　言　政治思考与思考政治 /1
　　一、政治生活引发的思考 /1
　　二、讲政治:讲什么和怎么讲 /2
　　三、中国崛起靠什么 /4
　　四、制度建设很关键 /5
　　五、政治学提供的知识 /7

第一讲　政治学的基本问题 /1
　　一、政治的定义 /1
　　二、为什么要研究政治？ /6
　　三、政治学的基本问题 /9
　　四、政治学的知识体系 /11

第二讲　政治研究的历史与现状 /15
　　一、政治研究在中国 /15
　　二、西方政治研究的发展历程 /18
　　三、政治研究的理论成果 /25

第三讲　政治研究的概念和范畴 /31
　　一、概念的滥用 /31
　　二、政治概念的性质和类型 /36
　　三、政治学的概念体系 /39
　　四、几组易混淆的常见概念辨析 /41

第四讲　政治研究的途径与方法 /45
　　一、政治学研究途径和方法的历史变迁 /46
　　二、政治学研究途径 /49
　　三、政治学研究方法 /54
　　四、政治学在多大程度上成为科学？ /57

第五讲　政治生活的价值取向/60
一、政治价值体系的构成/60
二、政治价值体系诸要素分析/63
三、价值偏好与现实政治生活/76

第六讲　政治理论和政治意识形态/81
一、意识形态的含义和性质/81
二、政治意识形态的分布/84
三、主要政治意识形态/87

第七讲　政治权力及其限制/111
一、权力的含义和特性/111
二、政治权力的来源和基础/117
三、政治权力的实现方式/121
四、政治权力分配的理论和原则/124
五、限制权力的理论与实践/129

第八讲　政治合法性及其危机/135
一、政治合法性的意义/135
二、政治合法性的基础/139
三、政治合法性危机和政治革命/144
四、实现政治合法性的途径/150

第九讲　政治结构与功能/153
一、政治体系及其结构/153
二、国家及其形式/156
三、政府及其构成/160
四、政党及其功能/163
五、社团组织及其意义/169

第十讲　政治制度及其评价/176
一、政治制度及制度分析/176
二、主要政治制度分析/178
三、制度评价的尺度/196

第十一讲　政治行为的类型及方式/202
一、政治行为及其分析方法/202

二、政治行为实施的途径和方式/206

三、政治行为的现代性转化/213

第十二讲 政治决策的制定与评估/219

一、决策、政策和政治决策分析/219

二、决策过程分析理论/221

三、决策形成理论/226

四、决策评估理论/230

第十三讲 政治文化与政治社会化/241

一、文化与政治文化/241

二、政治文化研究的一般方法/244

三、政治社会化：政治文化的学习和传播/249

四、政治文化分析：传统政治与现代政治比较/252

第十四讲 世界秩序与全球化/255

一、理解政治的国际视角/255

二、战后世界秩序的变化/259

三、全球化的动力和影响/263

第十五讲 政治发展：民主化与制度化/274

一、政治发展概念辨析/274

二、发展研究与政治发展理论/278

三、政治变迁与政治稳定/285

四、民主化与政治发展/292

五、制度化与政治发展/295

第三版后记/299

序 言

政治思考与思考政治

一、政治生活引发的思考

政治,离我们太远,又太近。在我们想知道,想感受,想参与,想把握的时候,它离我们太远,让我们无法接近;在我们不想投入,不想受影响,不想被卷入的时候,它又离我们太近,让我们无法逃避。

那么,有没有一种政治生活,让我们在想知道,想感受,想参与,想把握的时候,能让我们知道,能让我们感受,能让我们参与,能让我们把握;在我们不想投入,不想受影响,不想被卷入的时候,又可以让我们冷漠相待,互不相扰?

政治,太"高尚",又太"黑暗"。"高尚"的时候,让我们心怀激荡,为了民族,为了国家,为了人民而投身于一个一个的政治运动;"黑暗"的时候,又让我们看到权力倾轧,以权谋私,不择手段,使我们好不容易建立的道德体系彻底崩溃。

那么,有没有一种政治安排,让我们珍惜和关爱我们置身其中的社会,但不再激发我们投身政治革命运动的狂热;让权力的负面效应受到限制,使权力的获得和运用都在竞争的机制下得到规制(所谓竞争上岗,监督使用),但又不让这种竞争轻易摧毁社会道德体系?

政治,太"高深",又太"直白"。政治的"高深",在于它的博弈过程所导致的变幻无常,驾驭它需要技巧,不管是被称为"权术",还是被称为"管理艺术";政治的"高深",还在于它的"黑箱"作业,认识它需要走到"幕后"。然而,政治又太"直白",因为我们直面了太多的暴力事件和流血冲突,武力总是最简便最不劳神的手段。它的结果也总是这样简单:"胜者为王,败者为寇。"

那么,有没有一种政治解决方案,它的规则是公平的,以至于政治各方不能不共同认可、共同遵守,即使输了,也输得心服口服;它的规则是合理的,以至于任何失败的一方,都有"卷土重来"的机会,但他要做的事情,是调整自己的策略,说服更多的支持者,而不是为了准备推翻这个规则而发动一场"革命"战争;它的规则是明确的,以至于参与者不能由于规则的模糊不清而单独随意地加以解释和更改,至少不给随意解释和更改规则的人以任何合法性争议的余地;它的规则也是公开的,想参与这场"游戏"的人,都能熟悉它的基本程序,不想参与"游戏"的人,也能旁观他人"游戏"的过程,从而预测他人的胜负?

政治,让我们"伟大",也让我们"渺小"。拥有政治权力就拥有了资源。当我们获得绝对权力的时候,我们更可以为所欲为,体验君临天下的感受,享受运用权力所带来的快乐:我们可以成就英明伟大的事业而名垂青史;我们可以进入随心所欲的"创作"境界而直观其效;我们可以高坐门庭若市的殿堂,去玩味每一个到访者的求助眼神;我们也可以前呼后拥地出巡,体恤民情,去赢得慈济博厚爱民如子的尊称。政治也让我们"渺小"。无权者的卑微、软弱和不被理会,以及失位者的"失落"反差,让我们感觉自己又是多么无足轻重。政治好像把我们分成两个界限分明但又模糊不清的营垒——"主人"和"奴仆",差别只是大小不同。

那么,有没有一种政治方式,让我们在掌握权力的时候不是颐指气使的"主人",在没有权力的时候也不是任人摆布的"奴仆"?有没有一种政治生活,能够为我们提供"主人"和"奴仆"之外的第三种选择?

传统的中国被认为是一个高度"政治化"的社会,具体表现无非在于:(1)权力本位或官本位;(2)政治经济文化结构高度合一;(3)"皇权主义"和政治全能主义。但是,一个非常奇怪的现象是,政治,对于中国人来说,又是一个十分晦涩的字眼,一个非常敏感的话题。那么,什么情况下,才能让政治变得不再晦涩,不再敏感?

二、讲政治:讲什么和怎么讲

我们经历过漫长的"不许讲政治"的年代。多少年来,"莫谈国是"已经深入民心。正是因为"不讲政治",才使我们所看到的"政治"显得那么捉摸不定、晦暗不明。

我们也经历过"不许不讲政治"的年代。读"宝书",背"语录","抓革命,促生产","以阶级斗争为纲",政治斗争"年年讲月月讲天天讲"。"政治挂帅"使我们卷入一个又一个政治运动。政治的巨大热情激荡着中国社会,酿造了不堪回首的社会运动。

我们也经历了"不许乱讲政治"的年代。"政治正确"的标准变得模糊了,但政治现实却变得敏感了,连与它相关的字眼都受到了牵连。"自由""民主"这些概念被严格限定,成为最容易引起歧义的字眼。由于在这些问题上难以达成普遍共识,于是改革的关键似乎从如何制定切实可行的行动方案变成了如何遣词造句的文字表述。

今天,我们强调要"讲政治",不是讲日常生活中耳熟能详的理论教条,也不是讲官场上跟风站队舞权弄术的技巧,而是要探讨认识和分析政治现象的方法。要让政治走向清明,就要明白"良政善治"的大道理。我们的目的,是要探索构成一个良好的政治秩序的机制,以及实现社会"善治"(good governance)的条件。

从理论上讲,一个秩序良好的社会,必须是一个合理划分"公共领域"(public sphere)和"私人领域"(private sphere)界限的社会。属于公共事务的,纳入公共管理的范畴,由公共权力(政府)部门采用法律的、行政的、政策的多重手段去解决。属于私人事务的,由私人自己打理。一个秩序良好的政治社会,必须正确处理国家(state)—社会(society)—个人(individuals)三者的关系:在什么情况下,需要诉诸国家权威;在什么情况下,需要实行社会自治;在什么情况下,又需要实现个人自由。

从实践上讲,需要我们界定国家权威的基础和来源、国家权威的结构和实现形式,需要安排政府内部结构以及外部(与政党、社团、企事业单位和个人)关系,需要确立社会自治的原则和社会行为的规范,需要确定个人自由权利的内容和保障自由权利的机制。

说到底,就是要解决自由—民主—平等—效率—权威的关系问题,并探索解决这些关系问题的可行制度和实现途径。"讲政治",就是要从理论认识和政治实践两个方面,探讨一个"正义"的社会究竟如何构成,一个"正义"的社会究竟需要什么样的机制来保障。

设计一种聪明的制度让即使不"聪明"的人也不至于做大不聪明的事,和一心指望或坚信聪明的人办聪明的大事,这是两种不同的思路:前者寻求的是"好制度",后者寻求的是"好皇帝"。好制度几百年不变,好皇帝几百年一个。如果我们以往"讲政治"时习惯于做后一种思考,那么,今天"讲政治"的时候就多试试前一种思考吧。

三、中国崛起靠什么

这些年,国际社会在大谈中国崛起(the rise of China)。中国如何"崛起"?中国应该以怎样的形象"崛起"?"崛起"的中国应该向世界贡献什么?这些问题需要中国政府和知识界深入思考,并向世界做出解答。

中国崛起靠什么?美国哈佛大学国际问题专家约瑟夫·S.奈(Joseph S.Nye)的研究值得关注。他在《硬权力与软权力》一书中分析了现代时期权力资源和权力结构变化的趋势。在他看来,从16世纪开始,先后有不同的大国凭借不同的权力资源在世界上崛起(见下表)。

1500—1900年主要支配国及其权力资源

时期	支配国	主要权力资源
16世纪	西班牙	黄金、殖民地贸易、雇佣军、王朝联系
17世纪	荷兰	贸易、资本市场、海军力量
18世纪	法国	人口、乡村工业、公共管理、陆军
19世纪	英国	工业、政治凝聚力、财政与信贷、海军、自由规范、岛国位置(易于防卫)
20世纪	美国	经济规模、科技领先地位、文化、军事实力与联盟、自由国际机制、跨国传播中心

资料来源:约瑟夫·S.奈《硬权力与软权力》,门洪华译,北京:北京大学出版社2005年版,第119页。

根据约瑟夫·S.奈的观点,20世纪美国依靠经济规模、科技领先、军事实力、自由国际机制等因素而成为世界大国。借助他的分析,我们很自然地会进一步追问:如果21世纪中国要崛起,靠什么?换句话说,如果要续写约瑟夫·S.奈的表格,在"时期"栏下填写"21世纪",在"支配国"栏下填写"中国",那么,在"主要权力资源"栏下我们能填写什么内容?

约瑟夫·S.奈指出,"传统而言,作战能力往往是检验大国的标尺。而现在,权力的定义不再强调昔日极其突出的军事力量和征服。技术、教育和经济增长因素在国际权力中的作用越来越重要,而地理、人口和原材料则变得越来越不重要了……国际政治性质的变化常常使无形的权力变得更加重要。国家凝聚力……国际制度正在被赋予新的意义。这些趋势预示着传统途径之外第二种、更有吸引力的权力运用方式。简单地说,软性的同化权力与硬性的指挥权力同样重要"①。

约瑟夫·S.奈是从美国战略应对的视角出发来讨论问题的,而且,他的分析也主要是基于对历史变迁进行宏观考察和趋势把握所做出的判断,他的研究支持了在硬实力方面已经确立优势地位的美国利用"软性的同化权力"来维持大国地位的发展战略。对于正在发展的中国而言,"软硬兼施""刚柔并举"或许才是恰当的结论。换句话说,中国要崛起,就要坚持"硬实力"与"软实力"并举的战略——在国际社会中,军事力量和经济文化力量协同发展;在国内建设方面,显性的经济建设与隐性的制度建设齐头并进。

四、制度建设很关键

研究西方社会发展的人经常把古罗马的辉煌视为西方大国崛起的典范。罗马是古代西方众多城邦之一,直至公元前3世纪后期,许多希腊人还把罗马人称为"野蛮人",而罗马人则对历史悠久的希腊城邦顶礼膜拜。但就在公元前2世纪中叶后大约半个世纪的时间内,罗马城邦开始征服周边世界(包括希腊诸城邦),围绕地中海建立了横跨欧亚非大陆的帝国疆域。罗马从一个小小的城邦,变成了欧洲最大的帝国,统治了差不多欧洲当时所知的全部地方。这一现象引起了史学家们的浓厚兴趣,他们希望对罗马帝国的崛起做出合理解释。在诸多解读意见中,罗马史学家波利比乌斯(Polybius,约前208—前118)的解释与众不同,受到后人持续关注。

在一般人看来,罗马的崛起是军事征战的结果,因此,帝国的崛起自然应归功于那些伟大的军事领袖。但波利比乌斯的不同之处在于,他透过罗马军事上的成功,把帝国的崛起归因于优良的制度安排。波利比乌斯承袭了古希腊的流行看法,认为国家政体是一个循环的过程:从君主制退化到僭

---

① 约瑟夫·S.奈:《硬权力与软权力》,门洪华译,北京:北京大学出版社2005年版,第97页。

主制,然后又被贵族统治所代替;而后贵族统治又先后被寡头统治和民主政制所代替,接着再倒退回暴民政治;经过一段无政府状态后又回到原始君主制。波利比乌斯借助人类或动物世界的产生、成熟、衰落、死亡的过程,概括出自己的理论框架,他试图说明,罗马帝国在某种程度上摆脱了任何循环规律或生物学模式的必然性。①

混合政体是理想的政体形式,这是亚里士多德以来较为流行的看法。波利比乌斯认为,罗马实现了君主制、贵族制和民主制的完美结合,正是这种结合避免了政治的循环。在他看来,罗马采用的是一种不同于任何希腊政体的混合式政体;罗马执政官类似于君主制因素,罗马元老院构成了贵族制因素,人民则代表着民主制因素。他特别强调,由于民主的因素,罗马这个城邦有一种非常强烈的共同体的感觉和爱国意识;由于有贵族的因素,罗马的统治导致稳定、智慧和美德;而由于君主的因素,罗马人又能够在关键时刻,在国家遇到危机或机遇的时候,迅速地做出决定。简而言之,罗马的混合体制——共和制,为罗马的持续发展提供了制度保障。

波利比乌斯的研究表明,一个国家的崛起,总是与一定程度的军事实力和军事路线分不开,但是,军事实力的成功只是表面现象,优良的制度安排才是大国崛起的标志和根本保障。

毫无疑问,波利比乌斯的观点得到了当代社会学科的积极回应。例如,发展经济学有一个基本假设,认为不发达经济发展的关键在于实现"经济起飞",一旦实现"起飞"并走上良性发展的轨道,后面的事情就可以轻松一些,而良性发展的标志就是经济生活找到了新的动力机制。制度主义政治学也坚持认为,制度可以塑造一个人的行为,也可以形塑一个国家的发展模式。所有这些研究都表明,制度很关键,一旦制度安排好了,后面的发展就有了基础。对于中国来说,未来的制度调整和制度供给十分关键。如果调整得好,就可以为今后的发展打下良好的基础,使中国走上良性化的发展轨道。

早年,波利比乌斯将罗马帝国的兴起归因于共和制度的安排,今天,许多研究大国兴衰的学者也特别强调制度同化力——软权力的重要性。所有

---

① 参阅戴维·米勒主编:《布莱克维尔政治思想百科全书》,邓正来等译,北京:中国政法大学出版社 2011 年版,第 442 页。

这些研究都表明,大国崛起必须从战略的高度来看待制度建设、制度调整和制度供给的意义。中国崛起需要大战略。这种大战略对外要求制定整体的大国外交战略,对内要求确立新的发展观。所谓新的发展观,就是要将国家制度建设任务纳入大国崛起的战略中予以考虑,将单纯的经济"赶超战略"转变为国家制度建设战略。

五、政治学提供的知识

讨论政治和政治研究,不能不提到亚里士多德,因为他是学科分类的创始人,也是政治学的创始人。他认为,所谓知识,就是关于"善"(Goodness)的学问。"善"可以分成多种:有个人之善、家庭和村落之善,还有集体(城邦或国家)之善。研究个人之善的学问是伦理学;研究家庭或村落之善的是经济学;而研究集体或国家之善的是政治学。

亚里士多德专门著有《政治学》,认为政治学是人类最高的学问,因为它研究的是国家之善的问题,即如何组织和安排人类社会生活的问题。根据他的观点,人是社会的动物。人的本性就是要过社会(群体)生活。那么,这就有一个问题:人类社会生活如何组织和安排才算不失为公平合理,即所谓"正义"?这就是政治学研究的根本问题。

概括而言,政治学涉及两个方面的知识:政治分析原理和政治操作原理。政治分析原理告诉我们政治生活分析的方法,掌握这种方法能使我们知道一个良好的政治秩序是如何构成的。政治操作原理涉及政治制度的设置与政治技术和技能方面的知识,它告诉我们一个良好的政治秩序应该如何建立和如何维持。

政治学为三种人提供帮助:

(1)政治从业人员。现代社会需要职业政治家。这样的政治家要具有现代的政治理念、开放的胸襟和不断接受新知的能力,有引导国家不断进步的使命感和抱负,有长远的发展战略和现实的实施策略,有承担责任的勇气和领导大众的智慧。这样的政治家需要了解政治分析的原理,更需要掌握政治操作的原理;他不仅需要明白什么是"政治正义",而且还需要懂得如何实现"政治正义"。

(2)政治学从业人员。现代社会也需要专业的政治学家。这样的政治学家要能在新的时代条件下不断阐释和发展政治理念,推动关于政治的知识的进步,引导全社会深化政治认知,形成政治共识。

(3)普通公民。现代社会还需要培养理性成熟的公民。这样的公民要了解和认识自己所处的政治生活情景,理智地参与现实政治生活,不受偏激情绪的左右,不被偏狭意见所支配和蛊惑,面对强者不畏缩,面对弱者不欺凌。这样的公民要认识到法治的目标,懂得法治秩序不仅是他人维权的武器,也是自己伸张权益的保障。

第一讲

政治学的基本问题

许多人不了解政治学是一门什么样的学科。经常遇到这样的问题:政治学研究什么?它是"思想政治教育"吗?国外大学有这样的学科设置吗?政治研究和政治宣传有什么区别?

政治学与经济学、社会学等学科一样,是一门非常严肃的学科,世界上任何一所正规大学,几乎都有这样的学科设置。政治学是专门探究治国之道的学问,它是诸多学科中最古老的学科。为了全面深入地解答这个问题,我们首先需要说明:什么是政治?为什么要研究政治?政治学是一门什么样的学科?它研究的基本问题是什么?

核心问题:

▲ 政治的定义
▲ 政治研究的意义
▲ 政治学科的性质
▲ 政治学的基本问题和知识体系

一、政治的定义

"政治"这个概念出现于中国远古时代,在中国古代典籍如《尚书》《周礼》《管子》中就有记载。① 在 19 世纪中国步入现代社会以前的漫长历史中,除了先秦时期出现"百家争鸣"时代外,儒家对政治的阐释几乎一直是中国人理解政治的一种主导方向。

在中国儒家所主导的关于政治的种种表述中,最为经典因而也最经常

---

① 参阅王浦劬主编:《政治学基础》,北京:北京大学出版社 2004 年版,第一章。

被人提及的是儒家创始人孔子的说法,即"政者,正也。子帅以正,孰敢不正"(《论语·颜渊》)。中国古代思想除了讨论"天地"观念之外,还主要讨论"人和"及治国之道。政治被理解为对国家的治理。按照孔子的上述说法,修己治人,为政以德,"政治"就是政治领袖"不以自己的私意治人民,不以强制的手段治人民,而要在自己良好的影响之下,鼓励人民'自为'"①。所以,在中国古代儒家思想中,政治有教导、指正的含义(即所谓"政者,正也");建立在中国儒家思想基础上的传统中国政治观,具有人治训导、统治教化的倾向。

中国人对政治的现代理解,主要受到来自西方世界的文化和政治观念的影响。在这方面,"中国民主革命的先行者"孙中山先生的解释最具代表性,因而,他对政治的定义和解释也经常为中国政治学界所引用。孙中山先生曾以"管理"而不是以"统治"来界定政治。他说:"政治两字的意思,浅而言之,政就是众人的事,治就是管理,管理众人的事便是政治。"②在此,他强调了政治的两个特性:一是公共性,二是管理性。用我们今天的表述就是,"政治是对公共事务的管理"。

"政治"的英文概念为 Politics,该词来源于古希腊语的"Polis",其字面意义指"城邦"或"城市国家"(city-state)。众所周知,"城邦"或"城市国家"是古希腊时代人们聚居生活的共同体。古希腊社会由独立的城邦所组成,每一个城邦都有自己的政治体系,如君主制(Monarchy)、寡头制(Oligarchy)、民主制(Democracy)等。雅典是古代希腊最大和最有影响的城邦,它经常被描述为民主政治的摇篮。由 Polis 演化过来的 Politics,就是指有关城邦的事务(What concerns the polis)。今天,Polis 已经发展成 State(国家),所以,"政治"也就变成了有关国家的事务(What concerns the state)。③

人们对政治的解释和定义历来不同。古今中外的思想家、政治学家从不同的立场和角度出发,阐发了不同的政治观,因此,对政治概念也形成了不同的解释。这些解释的大体思路可以归纳如下:

(1)价值性解释:政治就是追求和实现"善治"的活动。这是一种政治

---

① 参阅徐复观:《孔子德治思想发微》,《中国思想史论集》,北京:九州出版社 2014 年版,第 254 页。
② 《孙中山选集》,北京:人民出版社 1981 年版,第 692 页。
③ 参阅 Andrew Heywood, *Politics*, New York: Palgrave, 2002, p. 5.

哲学的思维向度,无论从儒家"德治"的角度出发,还是从西方"正义"的角度出发,人们倾向于从应然的理想的角度来定义政治,认为政治应当具有某种价值性特征或标准,背离这个特征或标准的现实政治,就是不正义或不道德的。应当承认,这种阐释为确立政治的价值评判标准提供了根据。

(2) 神学性解释:政治就是实现"天道"或"神意"的努力。这是一种宗教性的思维向度,在中国主要表现为"受命于天"的思想,在西方主要表现为"君权神授"的政治观。在这种思维向度下,政治生活是神意的安排。政治的神学性解释为政治生活提供了一时的合法性基础。

(3) 权力性解释:政治就是权力的分配和使用。这是一种现实主义的思维向度。它把政治理解为对权力的追求和运用。具体表现是,中国古代以法家为代表的"法""术""势"的政治之道;西方以马基雅维利(N. Machiavelli,1469—1527)为代表的现实主义政治观,把政治的核心理解为夺取权力、维护权力和扩大权力;德国社会学家马克斯·韦伯(M. Weber,1864—1920)认为,政治是指力求分享权力或力求影响权力的分配;美国政治学家拉斯韦尔(H. Lasswell,1902—1978)认为,政治主要指"权力的形成和分配"。这种现实主义的思维向度力图从政治的核心要素出发来阐释政治生活,把政治理解为围绕权力而展开的活动。

(4) 管理性解释:政治就是组织管理的活动或过程。这可以理解为是一种现代管理的思维向度。它把政治视为公共管理活动。所以,从公共管理政策的角度讲,政治可以被定义为公共政策的制定和执行过程;从公共管理协调的角度讲,政治又可以被定义为协调不同利益群体之间利益关系的过程;从公共管理的参与角度讲,政治还可以被定义为社会成员从事社会公共活动的方式、方法和途径;等等。

上述种种思维向度,表明了政治的广泛包容性和复杂性。应当指出,今天,在关于政治的主流解释当中,除了神学性解释已经被淘汰出局之外,其他解释依然经常见诸政治学的文献之中。

在现实生活中,政治也被用不同的方式和方法加以定义。比如,政治被定义为实现权力(the exercise of power),实施权威(the exercise of authority),制定集体政策(the making of collective decisions),分配稀有资源(the allocation of scarce resources),实施阴谋和操纵计划(the practice of deception and manipulation),等等。

上述不同定义也被归纳为四种概念或观点:作为政府艺术的政治(politics as the art of government);作为公共事务的政治(politics as public affaires);作为妥协和同意的政治(politics as compromise and consensus);作为权力和资源分配的政治(politics as power and the distribution of resources)。①这四种定义,实际上也是认识政治的四个不同的角度或思路。

在当代中国政治和政治研究的发展中,马克思主义政治观念一直占有主导地位。概括起来,马克思主义政治观具有如下特点:

(1)认为政治是一种特定的社会关系:政治关系是社会关系之一,政治具有公共性和阶级性两重性;在阶级社会中,政治主要是相互对抗的阶级之间的关系。正如列宁所说,"政治是各阶级之间的斗争"。

(2)认为政治是更为基础的经济关系的集中表现:政治属于上层建筑,是各种社会经济利益和要求的集中体现。作为社会经济基础的要素,特别是经济关系(生产关系)的变革,最终引发政治变迁。

(3)认为国家政权是政治的主要和根本的问题:在阶级社会中,一切政治活动都与国家政权有着密切的关系,因为国家政权决定和支配着经济需要的实现方式,所以,不同阶级和利益群体为争取国家政权而展开的斗争就成为政治的核心问题。

(4)认为政治是一种有规律的社会现象:阶级是政治主角,阶级斗争是政治活动的主要内容,在社会生产力和生产关系矛盾运动的推动下,随着阶级斗争的转化,政治也呈现出不同的阶段性发展的特点。

根据马克思主义政治观的特点,有人把政治定义为:"在一定的经济基础上,人们围绕着特定利益,借助于社会公共权力来规定和实现特定权利的一种社会关系。"②

在所有对政治的理解和定义中,有两种倾向是值得区分和关注的。一种倾向认为政治就是斗争,不管是阶级斗争,还是党派集团之间的较量,抑或个人之间的竞争,因此,政治就是区分敌我友,就是"把自己的人搞上去,把别人的人搞下来"。这种倾向具有明显的暴力强权政治特点。20世纪德国的权威主义代表人物、与法西斯政权有密切关系的卡尔·施密特(Carl

---

① 参阅 Andrew Heywood, *Politics*, New York: Palgrave, 2002, pp.5-12。
② 王浦劬主编:《政治学基础》,北京:北京大学出版社1995年版,第31页。

Schmitt,1888—1985)被认为持有这种观点。卡尔·施密特有一个重要的命题,认为政治的性质就是"敌与友",政治的根本就是区分"敌与友",政权的职能就是监视一切潜在的"敌人"和镇压一切现实的"敌人"。

　　另一种倾向认为,政治意味着某种集体决策的方式,即通过劝说、讨价还价和协商的方式解决分歧,达成共识,形成集体决策。根据这种观点,劝说就是说理,因此,政治就是讲道理,而不是动武。既然劝说,就要让人信服,而要让人信服,你的言辞就要合乎逻辑、符合理性,要具有说服力。讨价还价是一种妥协和让步,因此,政治就是一种谈判和妥协的艺术。当一个人用枪指着同伴的脑袋强迫他按照自己的意志行事时,他与同伴之间就不存在政治关系。因此,政治排除使用武力解决分歧。民主之所以被认为是一种"好东西",其原因就在于它属于政治方式,而不是暴力方式。持有这种观点的学者如卡尔·波普尔(Karl Popper,1902—1994)和汉娜·阿伦特(Hannah Arendt,1906—1975)。英国哲学家卡尔·波普尔曾经结合20世纪政治实践经验,针对20世纪30年代出现的两种极权主义政权及其反人性专制的历史教训,在《开放社会及其敌人》(*The Open Society and Its Enimies*)一书中精辟地指出:"自由民主政治的实质,并不在于'主权在民',而是在于能在任何情况下,都坚信靠民主平等的争论而不诉诸暴力。"当代美国政治理论家汉娜·阿伦特阐释亚里士多德的观点时指出,在人类共同体的所有必要的活动中,只有两种活动是政治性的,那就是行动和言语。早在希腊城邦兴起之前,文明的希腊人就开始相信,行动和言语这两种属于人类的最高级的能力是齐头并进的。这也就是说,真正的人,要避免一切不借用言语的暴力。希腊人把暴力活动,也就是把以恰当语言进行合理行动之外的暴力活动,排除在了政治领域之外。阿伦特由此推论,野蛮的暴政以及各种不靠说理手段的专制强暴,都同原来意义上的政治毫不相干。她特别希望由此引导现代人发扬希腊人的政治传统。她指出,在古希腊,人们强调符合逻辑的言语是进行人类政治活动的唯一可选择的手段,因此,演讲和辩论是政治家的主要本领。换句话说,以政治方式做事并生活在城邦里,就意味着所有事情都必须通过言辞和说服劝导,而不是通过强力和暴力来决定。凭借暴力威逼他人以及以命令而非劝说的方式对待他人,是属于"前政治"时期的手段。

　　从以上对各种不同定义和解释的分析中,我们可以体会到,不同的人由于观察和认识的角度不同,对政治的理解和解释会完全不同。这个事实本身就说明,政治是什么这一问题不会有简单的答案。不同的理解和解释只能丰富我们对政治的认识。

当然,我们也可以给出一个较为中性和宽泛的定义:政治是人类集体生活的一种组织和安排,在这种组织和安排之下,各种组织、团体和个人通过一定的程序(process),实施对集体决策的影响。政治的主体多种多样,小到个人和家庭,大到国家和国际社会(international community)。政治决策也可以通过各种方式来达成,既可能采用暴力的方式,也可以遵循传统习俗,还可以通过讨论、谈判和讨价还价,亦可以通过投票表决。现代政治文明要求尽可能减少暴力的使用,因此,民主体制和民主决策就被广泛接纳和推广。

二、为什么要研究政治?

政治之所以引起人们关注,之所以变得"敏感",是因为人们在许多问题上存在着分歧。我们经常就以下问题展开争论甚至发生冲突:我们应该如何生活?谁应该得到什么?权力和其他资源应当如何分配?社会究竟应当建立在合作的基础上,还是建立在冲突的基础上?所有此类问题应当如何解决?应该由什么人说了算?由一个人说了算吗?那这个人该是谁?他该怎么说?由一部分人说了算吗?这部分人应该由谁组成?他们凭什么说了算?由所有的人说了算吗?那么"所有的人"怎么说?或者说,集体的决定应该如何做出?

人们希望改善自己的生活,期望组织一个良好的社会(good society)。所以,从柏拉图、亚里士多德开始,人们就一直在为这些问题绞尽脑汁。人们总在讨论宪法和法律、统治和统治者、权力和权威、权利和义务等问题。但是,直到今天,好像也没能建立起一个所谓的完美社会。那么,我们还要继续这项工作吗?

为什么要研究政治?简单地说,是因为人们见过了太多的"不公正"或"不正义"的现象,经历了太多的战争和动荡,尝到了太多的流血冲突的痛苦,感受了太多的错误决策所造成的灾难。

我们见过法西斯的肆虐,凭借日耳曼的军事实力,对弱小民族肆意屠杀;我们见过军国主义的侵略,凭着人多地少资源匮乏的理由,重新瓜分世界,对周边国家进行公开掠夺;我们见过长时间的内战,同根同种的人们反目成仇,同室操戈;我们见过大规模的游行罢工,因为种种不满,人们走上街头示威抗议,直至演化为流血械斗;我们见过军人政变,依仗手中的枪杆子,将文人政府掀翻在地;我们见过种种政治丑行和腐败,因为长期得不到根治,或者有人依然逍遥法外,使整个国民精神走向腐败;我们见过种种冤假错案,由于弱者得不到保护,受冤者无处申冤,死不瞑目。如此这般,等等等等。

这些现象和问题让我们不得不去思考:有没有可能组建一个相对公正的社会?能不能避免战争和杀戮?怎样在解决冲突中减少流血和动荡?如何使决策更加合理有效以避免重大失误?如何防范腐败,使它及时得到惩治?如何减少冤屈,使它尽快得到补救?

上述问题中的任何一个,都能成为我们研究政治的最为充分的理由。如果非要给出条理化的解释和说明,那就让我们从下面的角度入手。

(1)确立基本的政治理念,广泛地形成政治共识。

"人是政治动物"。我们生活在政治共同体内,过一种集体生活。能够将我们紧密联系在一起的,除了利益因素之外,还有共同的文化、共同的认识和理念。

"人是理性动物"。我们要为世界赋予意义和价值,要对周围的世界做出合理的解释,为自己的生活寻找恰当的理由。

世界如何构成?人是什么?人应该是平等的还是有贵贱之分?什么样的生活才是理想生活?等等。这些都是最基本的政治理念。不同的人可能会产生不同的理念,而不同的理念又可能导致不同的实践。极端的政治理念会导致极端的政治行为,如种族优越主义、法西斯主义、强权主义、极权主义、无政府主义、恐怖主义,等等。极端冲突的理念,也会造成"文明的冲突"和巨大的社会决裂,如教派之间的冲突导致的"圣战"和宗教迫害,不同意识形态之间的分歧导致的争论、"冷战"、"清算"甚至武力讨伐等。

这些问题都需要研究,而研究的目的就是要确立最基本的政治理念,识别各种既有观念的本质,尽可能消除彼此之间的分歧和冲突,使社会成员在社会"正义"观念上达成最广泛的共识。

(2)探索合理的制度安排,合理地规划政治生活。

人要组成社会生活,会有许多不同的组织方式和方法。如何组织才算"公正",才能让更多的人接受?如何组织才能发挥各个成员的最大效用?

所以,"公平"和"效率"可以说是组织和安排社会生活时最为根本的问题。解决这个问题,会形成许多不同的方案。而不同的解决方案又反映了不同的"公平"观和"效率"观。

政治研究的一项主要任务就是探索合理的制度安排,以便合理地规划政治生活。在现实社会生活中,我们看到各派政治社会力量登上政治舞台,都带着自己的一套解决方案。有的方案实施几百年后仍基本适用,而有的方案却非常短命;有的方案在某种特定条件下可以连续使用,一旦条件发生变化就难以应对,而有的方案却可以容纳变化,在自我调适中不断延续;有的方案从理论上说完美无缺,而一旦付诸实施则漏洞百出。凡此种种,都涉及制度的规划和安排。

政治研究的目的是试图寻找一种合理、持久、能够为条件变化而做出调整留有余地、能够在"公平"和"效率"之间实现适度平衡的制度安排。

(3) 寻求文明的政治规则,文明地解决政治冲突。

人也是文明的动物。正由于如此,强权政治、暴力掠夺、黑社会和强盗逻辑,"胜者为王、败者为寇"的原则,不论在国内政治生活中的应用,还是在国际政治舞台上的实施,都受到普遍谴责。

冲突是难免的,但野蛮的流血冲突是可以避免的。政治是一场游戏,文明的规则被人们普遍认可接受的时候,进行的是一场文明的比赛:胜者心安理得,败者服服帖帖。只看结果不管过程的"不择手段"的原则盛行的时候,进行的一定是一场生死搏斗:对于胜者来说,"打天下坐天下,谁不服就拔刀相见";对于败者来说,"三十年河东,三十年河西","君子报仇,十年不晚"。那个时候,胜者势必"斩草除根","除恶务尽";败者势必"卧薪尝胆",报仇雪恨。

政治研究的一个重要理由就是寻求不同团体和平、有效地实现自己目标的条件。从这一意义上说,政治学不是斗争的学科,而是富于建设和实践的学科。①

(4) 了解他人,学会与别人打交道。

从国际的角度讲,全球化的浪潮将各民族国家紧密地联系在一起,国家

---

① 参阅 Rod Hague, Martin Harrop, Shaun Breslin, *Political Science: A Comparative Introduction*, New York: St. Martin's Press, 1992, p.4.

之间的交往日益频繁。由于历史文化等方面的原因,各国的政治理念、政治组织安排和政治游戏规则各不相同。要学会和别人打交道,就要研究别人的政治。

所有上述研究,都需要掌握认识和分析政治生活的手段,需要掌握研究政治现实的相应概念(concepts)、理论(theories)、途径(approaches)与方法(methods)。而这些正是政治学所要和所能提供的东西。

三、政治学的基本问题

政治学致力于研究人类与人类所生活的社会之间的关系,是一门和人类历史一样古老的学科。虽然我们通常以国家为单位来讨论政治问题,但其中的许多思想和观点也适用于比国家更加宏观或更加微观的研究对象。实际上,在任何一个人类组织、机构和群体中,都能看到政治学的作用。

政治学为以下问题寻找答案:规则是什么?为何要遵守规则?规则应该由谁来制定?法律规则应该遵循什么原则以及达到什么目的?在这些问题上,政治学研究往往在自由主义和专制主义的分界线上左右摇摆,试图在两种需求之间寻求平衡:一是对秩序的需求,以确保公正社会的稳定性;二是个人对自由的需求,以确保个人的自主性和社会的活力。前者转化为权力,后者表述为权利。所以,权力和权利的关系问题是政治学的基本问题。一般而言,内战和混乱过后,政治理论会倾向于强调维持秩序;高压管控过后,政治理论会倾向于强调自由、多元与不同意见的合法性。①

人们经常用社会/政治/经济/文化这样的词语组合来描述和说明一个社会。从字面上说,这些解析人类社会的不同面向似乎是并列的关系。如果狭义地理解政治,即把它理解为政府活动的时候,这样的并列关系也许是成立的。但是,从比较宽泛的意义上说,所有涉及人类集体生活的社会的、经济的和文化的方面,实际上也都是政治的。因而,也可以说政治是所有这些领域中外延最广、抽象层面最高的领域,而政治学是所有这些领域的学科中最宏观的学科。

---

① 参阅安妮·珀金斯:《话说政治》,栾英、田小勇译,北京:北京大学出版社 2010 年版,第 6 页。

论及政治学的学科定位,不得不回到学科分类创始人亚里士多德的观点上来。

如前所述,作为政治学的创始人,亚里士多德认为,所谓知识,就是关于"善"的学问。"善"可以分成多种:有个人之善、家庭和村落之善,还有集体(城邦或国家)之善。研究个人之善的学问是伦理学;研究家庭或村落之善的是经济学;而研究集体或国家之善的是政治学。

亚里士多德专门著有《政治学》,认为政治学是人类最高的学问,因为它研究的是国家之善的问题,即如何组织和安排人类社会生活的问题。亚里士多德认为,人是一种政治的动物(Man is by nature a political animal)。也就是说,人的本性就是要过一种社会集体生活。要过集体生活,就存在一个组织问题。那么,人类社会生活到底如何组织和安排才算不失为公平合理,即符合所谓"正义"原则?这就是政治学研究的根本问题。

按照他的理解,一个正义的社会应当是这样的社会:一个"中间力量"为主导的社会;一个崇尚法治的社会;一个保有个人私产的社会。亚里士多德对一个正义社会的描述也是我们今天仍然在讨论的问题,它也正反映了政治学在组织和安排人类集体生活时最为关心的最基本的社会经济法律问题。由此我们可以看到政治与经济、社会、文化、法律之间的密切关系。

正是建立在亚里士多德这种学科界定的基础上,政治学从事权力的组织和安排研究,其中包括对公共权力如何产生、如何构建、如何配置等问题的研究,而在这种研究当中,个人与国家的关系、社会与政府的关系、政府权力各个部分结构的关系以及中央与地方的关系成为政治学研究的核心问题,为此,也形成了各种各样的理论和学说,比如,在什么样的政治形式才是最理想的形式的问题上,形成了君主制、民主制、贵族制等理论;在什么样的权力结构才算是最佳的结构的问题上,形成了集权制与分权制以及权力制衡的理论;等等。

总之,政治学是研究如何组织社会集体生活的学问,它的核心问题可以用不同的方式来表述,比如权力与权利的关系问题、政治(规制社会)与治政(规范政府)的关系问题。概而言之,政治学研究分为两个层面:一是理论研究,主要探究的问题包括:怎样安排才算公平正义?如何实现自由—民主—平等—效率—权威的有机整合?二是实践研究,主要探究如何处理国家(政府)—社会(党派与社团)—个人(公民)三者的关系问题。

四、政治学的知识体系

要理解政治学的知识结构和学科体系,首先需要从人类的文化(文明)以及知识的构成谈起。下表显示了文化以及知识体系的一般构成。

文化(文明)构成及政治学知识结构

文化构成	文化结构	政治学知识结构
物质形态的文化:物质文明	物质技术	政治技术和技能(政治的物质条件和政治术)
	组织制度	政治程序和规则(政治制度)
观念形态的文化:精神文明	思想观念	政治观念和学说、政治意识形态(政治理念)
	社会心理	民情、风俗和习惯(政治心理或国民性)

在我们广义的文化或文明的概念中,作为其构成因素的物质技术—组织制度—思想观念—社会心理呈现出由表及里的关系:处于最表层的物质技术是最容易变动的部分,处于最深层的社会心理的部分是最不容易变动的部分。而社会的改造和变迁一般也是沿着这样一个由表及里的顺序逐步展开。作为文化或文明的一个部分,政治学的知识体系也基本体现了这样一个结构,呈现出这样一个表里关系。

另外,从中国古代关于"知"与"行"关系的角度出发,我们还可以将政治学的知识划分为两个方面的知识,即关于"知"的政治知识和关于"行"的政治知识。具体内容见下表:

从"知"和"行"的角度解析政治学知识构成

构成	内容	表现形态	主要问题
知的方面	政治理念	政治理论、学说和思想	什么是"政治正义"
行的方面	政治行为	政治组织、行为和技术	如何实现"政治正义"

在政治学家们所从事的实际研究中,有的人专门研究"政治正义"的问题,力图阐明什么是政治正义和如何实现政治正义;有的人关注社会政策是如何做出的,可能会研究涉及政策制定过程(policy-making process)的政治结构(political structures);有的人寻求理解和解释为什么某一个政党能够赢得选举而其他政党却不能;还有的人专注于政治行为,比方说,他们想知道为什么有的人根本不在乎把选票投给张三还是李四;还有人专门研究日常

生活中的政治关系。①

所有这些研究被大体上划分为两个体系,即政治哲学(political philosophy)研究和政治科学(political science)研究。政治哲学研究主要运用先验的哲学思辨的方法,论证某些政治价值是值得追求的,并以这些价值为标准,对现实政治做出评价,并试图探寻理想的政治生活方案。它以人类追求的政治价值如民主、自由、正义、平等等观念为研究对象,以揭示政治的价值基础和根本原则。

政治科学研究主要运用经验的、科学的和实证的方法,对政治生活进行量化分析,比如对选举和投票的行为和结果的分析、对民意的调查研究、对政策结果的绩效评估等等。

上述两种不同研究分别提供了不同的知识体系,从而形成了不同的理论体系:

政治理论的构成

政治理论 { 政治哲学理论:什么样的政治生活是值得追求的? 政治科学理论:现实政治生活是什么样的和为什么是这样的? } 叙事理论 因果理论 价值理论

到目前为止,政治学已经形成了一个庞大的学科体系。按照政治学的功能来划分,政治学可以分为理论研究和应用研究两类。理论研究的作用在于为人们全面、深入认识政治及其发展规律提供理论、观点、原则和方法,并且为政治学的应用研究提供理论基础和政治原则。它主要包括政治学原理、政治哲学、政治思想、政治学研究方法、比较政治学,以及一些政治学与其他社会科学交叉而产生的政治理论学科如政治心理学、政治社会学等。应用研究的作用主要是指导和规范实际政治活动,包括政治制度研究、政治领导和决策研究、政治管理学、行政管理学、组织理论、行政法学、人事行政学、市政学、公共政策分析等。

按照政治学研究的角度和层次来划分,政治学研究又划分为宏观政治

---

① 参阅 Gregory S. Mahler, *Comparative Politics: An Introduction and Cross-national Approach*, New Jersey: Prentice Hall, Englewood Cliffs, 1992, p. 2。

研究和微观政治研究。宏观政治研究从政治群体以上的政治现象入手,主要包括政治社会学、政治地理学、政治人类学、政治生态学、政治体制理论、政府结构和运行研究、政治思想研究、政治发展研究等。微观政治学以个体政治人为研究对象,主要包括政治心理学、政治社会化研究、政治角色理论、政治人格研究等。

按照政治学研究对象来划分,政治学还可以划分为静态研究和动态研究。静态研究主要指对于政治组织和政治制度的研究,包括对于国家、政党、政府、政治团体、政治制度的研究。动态研究主要指对于政治行为、政治过程及社会政治的变化的研究,包括对于政治斗争、政治革命、政治改革、政治参与、政治过程、政治权力运行、决策和政策实施过程等方面的研究。

此外,还有按照政治研究的区域来划分,把政治学分为国别政治研究和跨国政治研究等等。

【思考题】

1. 政治与"公共性"是什么关系?
2. 为什么说政治是不可避免的?政治会"终结"吗?
3. 政治、哲学、科学、宗教、艺术之间的关系以及各自的界限在哪里?
4. 政治哲学和政治科学的区别是什么?
5. 政治学和其他学科的关系如何?

【扩展阅读文献】

1. 格伦·廷德:《政治思考:一些永久性的问题》,王宁坤译,北京:世界图书出版公司2010年版。
2. 乔纳森·沃尔夫:《政治哲学导论》,王涛、赵荣华、陈任博译,长春:吉林出版集团2009年版。
3. 戴维·伊斯顿:《政治生活的系统分析》,王浦劬主译,北京:人民出版社2012年版。
4. 加布里埃尔·A.阿尔蒙德、小G.宾厄姆·鲍威尔:《比较政治学:体系、过程和政策》,曹沛霖、郑世平、公婷、陈峰译,上海:上海译文出版社1987年版。
5. 哈罗德·D.拉斯韦尔:《政治学:谁得到什么?何时和如何得到?》,杨昌裕译,北京:商务印书馆1992年版。

6. 罗伯特·A.达尔:《现代政治分析》,王沪宁、陈峰译,上海:上海译文出版社1987年版。

7. 迈克尔·罗斯金、罗伯特·科德、詹姆斯·梅代罗斯、沃尔特·琼斯:《政治科学》,林震、王锋、范贤睿等译,北京:华夏出版社2001年版。

8. 莱斯利·里普森:《政治学的重大问题——政治学导论》,刘晓等译,北京:华夏出版社2001年版。

9. Andrew Heywood, *Politics*, New York: Palgrave, 2002.

第二讲

政治研究的历史与现状

从远古时代开始,人们就在讨论政治问题,围绕"如何组织安排社会集体生活"而发表各种观点和意见。与此同时,在政治实践中,也在尝试各种解决方案,从而形成了形形色色的制度。本章依据历史发展线索,分别从中国和西方两个方面出发,阐述政治研究的推进过程,勾画政治学的发展历程。

从比较文化研究的角度看,中国和西方世界被认为是两种具有不同起源的文化形态。那么,在政治研究方面,中国和西方社会经历了什么样的过程?在政治研究方面具有什么不同特点?在现代化的转变过程中,两种不同的文化形态在政治方面如何交汇?又会发生什么冲突和碰撞?这些冲突和碰撞在今天的表现形式和意义如何?这是本讲内容所涉及的更为深层的问题。

核心问题:

▲ 中西政治研究的历程和特点
▲ 中西方政治观念的差异
▲ 政治研究的主要成果

一、政治研究在中国

中国人对于政治问题的讨论,几乎与中华文明一样历史悠远。众所周知,文明(civilization)的最早标志是文字。大约从公元前2200年到公元前771年的夏、商和西周时期,中国最早的文字是甲骨文和钟鼎文。根据这些文字记载,后人编撰整理形成了《尚书》中的部分内容。在这些文字典籍中,有不少关于社会政治问题的记载。在商朝,神权政治和王权专制的思想已经有所体现。到西周时期,则加入了明德慎罚的思想。

从公元前 770 年到公元前 221 年,中国历史进入春秋战国时期。这一时期,出现了诸侯争霸、群雄逐鹿的政治局面,旧的政治秩序遭到破坏。这种社会政治的大变动,为政治学说的发展提供了良好条件。因此,在这一时期出现了"百家争鸣"的局面。诸子百家围绕着"神"与"人"、"礼"与"法"、"君"与"民"、"君"与"国"的关系以及统治手段等问题各抒己见,形成了以孔、孟为代表的儒家,以商鞅、韩非为代表的法家,以老、庄为代表的道家,以墨子为代表的墨家,以及阴阳家、名家等。

中国古代关于政治的研究主要围绕君主的"治国之道"而展开。儒家政治学说以"礼治"和"德治"为主要内容,其核心是"仁政",主张为政以德,修己治人,即以道德教化、修身养性来实行统治,反对以苛政、刑律治天下。法家则反其道而行之,强调"法""术""势"为核心的政治观,主张以明令显法和统治术来驾驭人民。儒家和法家的主张分别形成了中国历史上的"王道"和"霸道"。道家的政治学说以"法自然"为思想核心,在统治手法上强调"无为而治"。墨子的政治学说则以"兼爱""非攻"为中心,主张以缓和社会矛盾来维持统治。这些学说,不仅为中国封建社会的后世统治提供了理论基础,而且把中国政治学说从以论证统治的合法性为主要内容推进到了以阐述如何进行统治为主要内容。

自秦汉到晚清,中国皇权政治社会延续了两千多年,虽然其间历经离乱,中央集权的统治却是其基本特征。为了维护这种统治,汉武帝时,董仲舒改造了孔、孟创立的儒家学说,一方面糅合了各家学说的观点,另一方面再次把它与神的意志相结合,并提出了"罢黜百家,独尊儒术"的主张,这就使得儒家政治学说占据了中国社会的思想统治地位,同时也大大禁锢了其他政治学说的发展。及至宋朝,经过程朱理学的完善,儒家政治学说更加臻于精巧和成熟。①

1840 年鸦片战争以后,中国逐渐沦为半殖民地半封建社会,随着社会结构和政治力量的变化,中国社会政治思想出现巨大分化。

晚清统治者继续以儒家政治学说作为其统治的精神支柱,以维持摇摇欲坠的封建统治大厦。他们被视为"守旧派"。

---

① 参阅王浦劬主编:《政治学基础》,北京:北京大学出版社 1991 年版,第二章。

鸦片战争以后,随着民族危机的加深,一大批仁人志士为了寻求富国强兵之道,掀起了向西方学习的热潮,突出代表有康有为、梁启超、谭嗣同、严复、章太炎等,他们通过著书立说、移译名著甚至改革实践,介绍和倡导西方现代政治学说和政治主张,设计中国的政治蓝图。他们被视为"维新派"。

在维新运动失败以后,以孙中山为代表的民主主义者,通过革命推翻清朝家族专制统治,建立民主共和国,实践"三民主义"的民主共和理念,并实施了"五权宪法"和军政、训政、宪政的建国方案。他们被视为"民主派"。

1917年,俄国十月革命给中国送来了马克思主义。早期的马克思主义者李大钊等人在中国传播马克思主义,瞿秋白、张太雷、恽代英等人在上海、广州等地讲授马克思主义政治学的基本内容。邓初民在20世纪20—30年代先后编著了《政治科学大纲》和《新政治学大纲》,二者成为全面、系统介绍马克思主义政治学说的代表作。以毛泽东为代表的中国共产党人,则进一步把马克思主义政治观运用于中国革命实践,形成了具有中国特色的马克思主义政治学说。中国的马克思主义者可以视为"革命派"。

1949年人民民主政权建立以后,马克思主义政治观一直是中国政治研究和政治实践的主导内容。

在中国政治研究的历史中,儒家思想居于主导地位。儒家的政治思想以研究君主的"治国之道"为核心,以处理君臣关系、君民关系为线索,形成了一套将政治研究与伦理道德相结合的研究思路:修己治人,内圣外王,即所谓"修身、齐家、治国、平天下"。正如当代新儒学代表徐复观(1904—1982)所言:"修己治人,在儒家是看作一件事情的两面,即是所谓一件事情的'终始'、'本末'。因之儒家治人必本之修己,而修己亦必归结于治人。内圣与外王,是一事的表里。所以儒家思想,从某一角度看,主要的是伦理思想;而从另一角度看,则亦是政治思想。伦理与政治不分,正是儒家思想的特色。"[①]

在长达数千年的演变过程中,中国思想以先秦时代之思想为基础,其间无甚大变化。及至明清,思想界方出现变化之端;而除旧更新的巨大转变至

[①] 参阅徐复观:《儒家政治思想的构造及其转进》,《学术与政治之间》,九州出版社2014年版,第46页。

晚清才出现。明代虽有王阳明学派倡自由、反守旧,但仍未突破过去之罗网,直到太平天国始本基督教义,才使中国思想发生转变。其后,无论主张革命或维新,不管其主义为何,都受到西方思想的影响。中国传统的政治思想并未能演化出一种新型的民主科学思想和现代政治价值观念。只有与西方思想融合,吸收西方思想成果,才使中国传统的思想得以更新。

1949年以后,中国政治学研究围绕国家政权的社会主义改造、社会主义国家建设、马克思主义指导思想的确立而展开。尤其是1978年改革开放以后,中国恢复重建了政治学,政治学在全国高等院校、党校、社科院系统得到全面发展。中国政治学为中国改革开放以及中国式现代化推进提供了论证。中国政治学的主要贡献包括:创新政治经济理论、创新政府理论、创新国家治理理论。2012年中国共产党第十八次全国代表大会标志着中国现代化进入"新时代",中国政治学力求对马克思主义中国化以及中国现代化经验进行理论总结,重点围绕国家治理体系和治理能力现代化、"高质量发展"、"法治国家、法治政府、法治社会"、"全过程人民民主"、"人类命运共同体"、"全球治理"等问题展开研究,努力形成中国政治学的自主知识体系、学科体系和话语体系。

二、西方政治研究的发展历程

在西方,人们对政治问题的讨论起源于公元前5世纪的古代希腊社会。其时,希腊社会形成了城市国家(polis 或 city-state)政治共同体,产生了共同的语言和文化,涌现出一批社会贤达。

美国政治哲学教授萨拜因(George H. Sabine)曾经用图表勾画了西方文明产生发展的大致景观[①]。按照一般的历史发展线索,人们将西方政治研究分为不同时期:古希腊、古罗马时期—中世纪时期—现代时期—当代时期。

1. 古希腊、古罗马时期:"古典政治学"

(1)时间:公元前500—公元前200年;公元前200—公元476年。"古

---

① 参阅 George H. Sabine, *A History of Political Theory*, Hinsdale, Illinois: Dryden Press, 1973, p. 8。

典政治学"时代被分为两个阶段:古希腊时期和古罗马时期。

(2) 研究主题:关于城市国家的观念和城邦的理论,而后转变为关于世界国家的观念和理论。古代希腊以城市国家(city-state)为政治共同体,Polis 是希腊人生活的基本单位。这种城市国家的特点是:小国寡民,市民朝夕相见,彼此熟知。城市国家到了希腊末年,无力保护自己的安全,城市国家的观念便渐渐地走向衰落。随着罗马帝国的日渐扩张,希腊各国最终被征服统一,代替城市国家观念兴起的就是罗马帝国的世界国家论。这种观念由于后来基督教思想的渗入和传播而逐渐完整,成为整个中世纪的主导思想。

(3) 理论内容:政治思想与伦理学相结合。以古希腊为代表的早期西方文化和以孔、孟为代表的东方文化一样,都把人类的善、幸福和正义作为社会生活的最高目标和政治生活的首要目标。

(4) 理论贡献:柏拉图创立了"理念论",并由此出发,阐述了"理想国"和"哲学王"统治的理论,这为以后理性主义、绝对主义和专制主义倾向的政治理论的发展奠定了基础。① 亚里士多德则区分了伦理学和政治学的界限,认为伦理学研究个人的善,而政治学则研究人群的善。政治学是人类最高的学问,它以研究最高的善为目的,是一门专门研究组织和安排人类群体生活的科学。而政治的最高形式就是国家,国家是最高的社会团体和组织,所以,他着重探讨了希腊城邦和各种政体形式。此外,他还研究了政治变迁的原因等,这为政治研究沿着现实主义、历史主义和经验主义的方向发展奠定了基础。②

(5) 古罗马时代被分为三个时期:①公元前753—公元前509年的王政时代;②公元前509—公元前27年的共和制时代;③公元前27—公元476年的帝国时代。人们对政治问题的思考主要体现在对法律的研究和思考当中,罗马的法学家以及早期基督教的思想是西方政治研究在这一时期的主要体现。他们的理论被萨拜因称为"关于世界社会的学说"。世界国家观的始祖首推塞涅卡(Lucius Annaeus Seneca,约前4—65)。他以斯多葛派(The Stoics,创始人为芝诺[Zeno])的自然法理论为基础,阐述了世界国家

---

① 参阅柏拉图:《理想国》,郭斌和、张竹明译,北京:商务印书馆1994年版。
② 参阅亚里士多德:《政治学》,吴寿彭译,北京:商务印书馆1983年版。

理论。这种理论作为罗马帝国的政治理念,造就了空前绝后的大一统帝国。

2. 中世纪时期:"神学政治学"

（1）时间:公元476年—14世纪。随着罗马帝国的衰落,西方世界进入了"中世纪时代"（Middle Ages）。中世纪的前半段被称为"黑暗的时代"（Dark Ages）。在此期间,西欧的学问几乎消失,拉丁语只在僧侣阶层保持活力,欧洲大陆遭到武力蹂躏。中世纪的后半段,也就是从11世纪开始,出现了学术和艺术的复活。同时,王国的发展促成了民族国家（nation-state）的产生,进而导致后来教会权力（the power of church）和国王世俗权力（the secular power of the monarchs）的冲突。[①] 此时,封建主义（Feudalism）的权利义务体系和严格的社会等级制度决定着现实政治关系。

（2）研究主题:关于政治世界的神学性解释。在人类发展史上,必然有一个宗教和神学占主导地位的时代。西方的这个时代就是中世纪时代。对于世界"终极原因"的探讨导致了神学理论的产生。

（3）理论内容:中世纪的主导力量来自罗马教会（Church of Rome）。在此期间,人们对政治问题的讨论只能被置于神学架构之下。在政治问题上,人们要为现实社会中的政治组织、政治秩序和各种政治现象寻找一种终极性的解释,为政治的合法性提供说明。中世纪人们对政治问题的神学性解释形成了神学政治学。

（4）理论贡献:中世纪最有影响的人物是奥古斯丁（St. Augustine, 354—430）和阿奎那（St. Thomas Aquinas, 约1225—1274）。他们为天主教辩护,主张神权至上、君权神授,进一步阐述了世界国家的观念。他们所阐述的神学政治观念成为当时的正统思想。另外,中世纪也存在着教派的斗争（为争夺正统）与教权和君权的斗争。这种斗争在政治领域的反映,就是"经院哲学"与"异端邪说"的斗争。

（5）使神学政治理论逐渐衰弱下去的重大历史事件:一是民族国家的兴起,二是被称为现代资本主义摇篮的城市的兴起;三是14世纪兴起的思想文化领域的文艺复兴运动（Renaissance）;四是15—16世纪的宗教改革运

---

① 参阅 Robert A. Heineman, *Political Science: An Introduction*, New York: The McGraw-Hill Companies, Inc., pp. 39-40。

动(Protestant Reformation)。使神学和政治理论分家的是意大利思想家马基雅维利(Niccolo Machiavelli,1469—1527),他的理论以研究现实政治为核心,提出政治的目的不是神而是人①,这标志着政治观念的历史性变革。

3. 现代时期:"理性主义政治学"

(1) 时间:公元1500年—19世纪末。城市兴起,民族国家开始产生,罗马基督教的统治走向衰落,现代欧洲的政治格局和政治理念开始形成。

(2) 研究主题:关于民族国家的理论(国家学说),如国家如何形成、政府的目的和形式、政府权力的基础和构建等。

(3) 理论内容和方法:人们开始用理性的头脑重新思考社会政治生活中最为根本的问题,因而产生了理性主义学说。这种理性主义主要体现在:①以人本主义为指导,摆脱了神学思维的影响,恢复了西方文化的世俗性;②以个人主义为本位,从人的切身利益出发探讨政治问题;③以理性思考、逻辑推理和假设、抽象观念(共相)等为手段,对政治问题进行哲学讨论。

(4) 理论贡献:中世纪时期,古代世俗文化由于基督教文化的兴起和教会的统治而中断。文艺复兴运动和宗教改革分别从外部和内部瓦解了宗教文化,恢复了西方文化的世俗性,唤起了资本主义精神。反对教会的斗争与民族国家的统一和形成,使世俗王权的政治地位得到了巩固。在此背景下,法国的布丹(J. Bodin,1530—1596)和英国的菲尔默(Sir Robert Filmer,1588—1653)阐述了绝对君主(Absolute monarchy)理论。16—17世纪以后,王权的专断和贪婪上升为继教权专断和腐败之后的一个新的政治问题。"第三等级"要求废除等级制和限制君权的想法,反映在政治思考和研究中,就形成了反对专制主义的社会契约理论(Social contract)、君主立宪(Constitutional monarchy)理论②和人民主权(Popular sovereignty)理论③的诞生。18世纪,工业革命兴起,自由竞争的进一步扩大以及科学技术的进一步发展,开辟了一个新的时代,以边沁(J. Bentham,1748—1832)和约翰·密尔(J. Mill,1806—1873)为代表的功利主义(Utilitarianism)和自由主义

---

① 参阅马基雅维利:《君主论》,潘汉典译,北京:商务印书馆1985年版。
② 参阅洛克:《政府论》,瞿菊农、叶启芳译,北京:商务印书馆1986年版。
③ 参阅卢梭:《社会契约论》,何兆武译,北京:商务印书馆1982年版。

(Liberalism)理论成为这一时期政治研究的重要成果。① 在政治实践中,民主政治成为发展的主流,托克维尔(A. de Tocqueville,1805—1859)就成为揭示这一历史趋势的最伟大的思想家。② 19世纪以后,西方世界的社会结构发生了新的变化,此时,旧的以贵族和王权为政治主轴的社会基本上瓦解,而以工业社会为基础的社会结构开始形成。在这种结构中,社会出现了新的不和谐:经济危机、贫富悬殊、劳资矛盾紧张等等。在这种背景下,传统的价值观念受到了严重的挑战,理性主义的幻想开始破灭。于是,出现了叔本华(Arthur Schopenhauer,1788—1860)的悲观主义哲学,尼采(Friedrich Wilhelm Nietzsche,1844—1900)反传统、否定理性的超人(Superman)学说,孔德(Auguste Comte,1798—1857)、斯宾塞(Herbert Spencer,1820—1903)的实证主义(Positivism)社会学,韦伯(Max Weber,1864—1920)对政治权力的社会学解释,以及马克思的资本主义批判理论和阶级斗争理论。从西方现代政治研究的发展历程可见,其主流理论经历了一个由君权主义向民权主义的转变过程。在民权政治理念得到确立以后,学术和思想界发生了分化:一部分坚持民权主义的消极自由主义者,走上了渐进改良、完善宪政的道路,这就是现代和当代西方世界占主导地位的自由民主主义理论(Liberal-democracy);一部分坚持激进变革,彻底打碎旧的国家机器,走一条类似于积极自由主义者的道路,这就是我们今天所见到的社会主义(Socialism)和共产主义(Communism)学说;而介乎二者之间的则是当今欧洲流行的福利主义国家理论(Welfare state)。

4. 当代时期:"科学主义政治学"

(1) 时间:进入20世纪以后。自由主义市场经济的发展,引发了新的社会问题——经济危机和贫富差别,进而导致全面的社会动荡。解决这些问题的政治思考,使人们开始重视政府的积极作用。然而,政府之间所发动的战争以及战后一些国家高度的政府集权模式,又使人们对政府公共权力产生了深深的忧虑。

(2) 研究主题:政治学术界和思想界围绕政府和公共权力的作用问题,

---

① 参阅约翰·密尔:《论自由》,许宝骙译,北京:商务印书馆1959年版。
② 参阅托克维尔:《论美国的民主》,董果良译,北京:商务印书馆1988年版。

似乎出现了两种倾向：对政府和公共权力给以积极肯定的人，在谨慎地探索政府权力的限度，期待能够建立一个"积极政府"来调节社会矛盾；对政府和公共权力的消极作用异常敏感的人，抱着一种"宁缺毋滥"的态度，坚决反对政府干涉和集权。

（3）理论内容和方法：此时，政治理论出现较大的调整，传统政治哲学研究开始向政治科学研究转变，确立了新的政治思维模式。①从研究对象上讲，个人被视为真正实在、真正应当关心的对象；②在价值观念上，相对主义盛行；③在研究方法上，经验主义、实证主义、科学主义成为主要方法；④在研究内容上，人们对以前的政治理论如社会契约理论、国家理论、民主理论等问题进行普遍反思。熊彼特（J. Schumpeter, 1883—1950）对传统民主理论的批评[①]、波普尔（K. Popper, 1902—1994）对自由主义的进一步阐释[②]、哈耶克（F. Hayek, 1899—1992）对社会主义的批判[③]以及行为主义（Behaviorism）政治学的兴起，都是这一时代政治研究深入发展的体现。

（4）理论贡献：早在1880年，由美国政治学者J. W. 柏吉斯倡议，在哥伦比亚大学创立了"哥伦比亚大学政治研究院"，政治学由此获得独立的学科地位。进入20世纪，当代西方政治学大体上沿着两个方向发展：一是政治理论方向，在17世纪、18世纪、19世纪西方政治理论延续发展的基础上，出现了各种不同的理论和方案，如新自由主义（Neo-Liberalism）、新保守主义（Neo-Conservatism）、存在主义（Existentialism）、新马克思主义（Neo-Marxism）、民主社会主义（Democratic Socialism）、弗洛伊德主义（Freudianism）、新黑格尔主义、现代无政府主义、法西斯主义（Fascism）、女权主义（Feminism）、生态主义（Ecologism）等。这些理论和方案，力图运用社会学、经济学等学科的研究成果和方法，对社会政治现象做出新的解释，从而形成了政治理论研究方法和体系的多样性。当代西方政治学发展的另一个方向是行为主义政治学。第一次世界大战前后，美国政治学家主张采用社会学、心理学

---

① 参阅约瑟夫·熊彼特：《资本主义、社会主义和民主》，吴良健译，北京：商务印书馆1999年版。

② 参阅卡尔·波普尔：《开放社会及其敌人》，陆衡等译，北京：中国社会科学出版社1999年版。

③ 参阅弗里德里克·奥古斯特·哈耶克：《通往奴役之路》，王明毅、冯兴元等译，北京：中国社会科学出版社1997年版。

和统计学方法来研究政治,发起了"新政治科学运动",为行为主义政治学的发展奠定了基础。第二次世界大战后,行为主义政治学在美国得到了迅速发展,并一度成为西方政治学的主流。行为主义政治学本质上是政治学研究对象和方法的革新,它要求用研究自然科学的态度、手段和方法来研究政治现象,由此出发,主张以政治行为(如投票行为、集体决策行为等)作为政治学的研究对象;强调政治研究方法和手段的精确化、数量化,强调科学的定量分析;坚持以经验分析和实证研究为原则,主张对政治生活进行价值中立的客观描述和经验研究。从20世纪60年代开始,行为主义政治学逐渐向后行为主义政治学嬗变,出现了与政治理论研究汇合的趋向,并主张放弃价值中立,回归现实政治,进行政策分析,等等。

焦点讨论:西方现代政治文化的结构性特点

基于自由主义的现代西方政治文化的总体特点是什么?与东方文化相比较,我们通常认为它是以个人权利为本位的文化,这种文化具有如下结构性特点:

(1)基于性恶论的法治主义

西方近现代文化承继了基督教的罪感文化,依据这一宗教文化,人的天性过去就从来没有好过,恐怕将来也不能指望它会有什么好转。每个人总是追求自己的幸福和利益,这势必造成社会的矛盾与混乱,避免这种矛盾与混乱、维持社会的稳定与秩序、协调公私关系的机制就在于立法。人性为恶,立法方使之为善。因此,道德说教和"善良意志"从来也不能成为政治生活的依据,只有法治才能使大家过上一种稳定和谐的共同生活。

(2)基于个人主义的怀疑主义

所谓的个人主义是指人们行为的一种方式和倾向,即把个人的体验、个人的判断和个人的意志作为衡量一切事物的标准和尺度。文艺复兴实际是个人主义的兴起。近代以来,西方许多文化名人一再阐述"个人永远是目的,国家或政府始终是手段"的个人主义理念,这一理论必然导致对人性、对政府官员的权力以及对国家或政府的怀疑态度和戒备心理。在这种文化中,"清官明君"的思想较难形成气候。政治设计的立足点不是产生"好人政府",而是从制度上防止"坏人"当政。

（3）基于相对主义的宽容精神

个人的体验、个人的判断和个人的意志被视为衡量和判断一切事物的标准与尺度，这也就是说，人们在价值判断方面，可以坚持自己的独立性。与此同时，自我的独立性和价值判断的个人性并不能成为强制别人服从的依据。因此，彼此不同的见解只有在相对宽容中寻求共同的认识。既然你有你的真理性，我有我的真理性，那么，我们只有在相互宽容中平心静气地行事，寻找彼此的共同点，即所谓的"求同存异"。

三、政治研究的理论成果

英国哲学家和政治思想家霍布斯（Thomas Hobbes，1588—1679）曾经指出，一个社会如果没有政治权威，就会陷入所有人反对所有人的战争（war of all against all）之中。那是一种孤立的、贫穷的、野蛮的、丑恶的、短缺的自然状态（a state of nature）。正是为了避免这种无政府的战争状态，人们需要有公共权力和政治权威。

然而，公共权力和政治权威也干了不少蠢事。权力滥用和权力腐败的特性让掌握权力的部分人和机构做了很多坏事，权力的不合理配置和组织也造成了社会资源的巨大浪费。这种状况使人们不得不对公共权力如何产生、如何组织、如何行使的问题展开思考和研究。

如何组织和安排人类集体生活是政治学研究的根本问题。从古至今，人们围绕这个问题展开了广泛的讨论，提出了各种方案。实际上，这个问题又可以被分解为以下若干方面：

1. 公共权力如何产生？它的合法性基础是什么？
2. 公共权力的范围和界限是什么？
3. 公共权力如何构成？它的组织形式是什么？
4. 公共权力的实现方式是什么？
5. 体现公共权力的公共政策如何做出？如何保证其最大效益？

第一个问题：公共权力如何产生？它的合法性基础是什么？这关系到一个根本问题，即人类为什么需要公共权力，为什么要服从公共权力？对这个问题的思考主要体现为对国家和政府起源的种种讨论。在这个问题的思考过程中，形成了神权说、强权说（暴力论）、社约论、功利说、进化论等等。

在日常生活中，一个人、一部分人或者一个机构会对我们发号施令，而我们大都会采取合作态度。我们为什么会这么顺从？这就涉及公共权力的合法性基础问题。政治学对这个问题也给出了不同的答案：服从它意味着服从神意；服从它是出于功利的计算；服从它是出于被迫无奈；服从它是由于社会契约；服从它是由于风俗习惯；等等。

关于公共权力的范围和界限的讨论，实际上涉及政治安排如何处理政府权力（power）和个人权利（rights）的关系问题。进一步而言，它涉及三个层面的问题，即国家（政府）的权力范围、社会的自治范围和个人的自由范围。"有限政府"（Limited Government）的理论、"市民社会"（Civil Society）的理论和"个人自由"（Individual Freedom）的理论，代表了政治研究中的一种较为温和的方案。"极权主义"（Totalitarianism）和无政府主义（Anarchism）则代表了左右两种较为极端的方案。

公共权力的构成和组织形式关系到组织集体生活时如何构建公共权力的问题。在这个问题上，政治学研究形成了从宏观到微观的一系列成果。这些成果已经成为政治实践，融合在各种政治制度的设计之中。比方说，在国际层面，双边、多边性跨国权力模式；在国家层面，分别以分权和集权为基础的联邦制和单一制模式；在政府层面，立法、行政、司法权力划分模式，以及以此为基础而形成的总统制、内阁制等模式；在政府分支机构层面，基于统一管理的科层制模式；在非政府的集体组织层面，独立和自治性的会员制模式；等等。

公共权力的实现方式关系到公共组织的运行机制。政治学围绕公共组织运行的整个过程展开讨论，针对不同层面的不同过程提出了不同的方案和原则，如党派竞争机制、选举机制、限任机制、官僚负责机制、文官中立原则等等。"人治"和"法治"、"民主"和"独裁"在公共权力实现方式问题上被视为两种对立的模式。

围绕公共政策如何制定的问题，政治学对世袭制、寡头制、君主制、民主制等制度进行比较研究，区分不同公共事务的性质，在分别采用宪法、法律和政策等不同手段的同时，针对不同的事务采用不同的决策机制，如专家决策、民主投票等。此外，在个人意志如何转变成为公共政策的研究方面，形成了"公共选择理论"（Public-choice theory）和"理性选择理论"（Rational-choice theory）等等。

"政治理论为不同政治体系如何运转提供解释的同时,还阐明政治行为和政治制度合法性评价的标准和准则。"①政治学围绕政治体系中权力运行的各个环节和机制展开理论研究和应用研究。在对现实政治生活提供不同解释和多维评价标准的同时,也为安排和组织政治生活提供了不同的设计思路。

在众多政治设计思路中,具有明显对比性的是理想主义与现实主义方案,二者具有明显的差异。这种差异根源于人们对人性、公共权力的认识和评价的截然不同。

理想主义者对人性持乐观主义态度,一般认为人性本善,追求公益,人与人之间和睦相处;如果有人昧了"良心",那主要是由于环境不善,或者一时糊涂,跟着别人没有学好。所以,通过改善环境或强化教育,人总会"弃暗投明"、返璞归真。在此基础上,对公共权力也多持肯定性倾向,认为政治权力代表公意,以为人民服务为宗旨,如果偶尔出现"恶政"或"暴政",那一定是当政者个人品德出了问题,需要整顿,需要思想教育,加强领导人廉洁自律,以提高其为人民服务的自觉性。基于上述认识,政治设计的核心是寻求好人统治,保证选拔最优秀、最可靠、最完美的"德才兼备"者当政。这通常被认为是"人治"或"德治"社会的政治设计思路。

现实主义者对人性持悲观主义态度,一般主张性恶论,认为只有饥饿才能使人勤奋,只有法律才能使人为善。人是自私的动物,自利自爱、趋利避害、求福避祸是人的本性。人原本就不是天使,今后也别指望会变好,能够做到彼此不伤害就谢天谢地了。在此基础上,对公共权力也多持否定性倾向,认为公共权力本身就是"恶",用好了能以"恶"制"恶",用不好就会变本加厉、雪上加霜。所以,政治设计的核心是寻求一个好的制度安排,这种制度使"好人"不会变"坏",哪怕是"坏人"也无法"作恶"。这一般被认为是"法治"社会的政治设计思路。

传统政治学关注"良政善治"的问题。政府的组织形式和宪政制度一直是政治学关注的核心问题。二战以后政治学有了新的转变:哲学研究向科学研究转变,国家研究向社会研究转变,政府研究向非政府研究转变,正式制度研究向非正式制度研究转变。在这种背景下,提出了新的研究课题,

---

① Robert A. Heineman, *Political Science: An Introduction*, New York: The McGraw-Hill Companies, Inc., p. 19.

包括新制度主义(new institutionalism)、理性选择模式(rational choice model)、政治文化(political culture)研究、政治经济学(political economy)研究、国家与社会研究等等。近年来,这些研究都有重要进展,从而形成了许多新概念和新理论,如治理(governance)、社会资本(social capital)、第三部门(the third sector)、全球治理(global governance)、协商民主(deliberative democracy)等。

焦点讨论:功利主义与制度设计思路

在西方现代的政治法律理论中,社会契约理论(自然法和天赋人权理论)与功利主义是并列齐名的基础性学说,它们为整个西方现代社会政治经济法律观念提供了哲学基础。相比较而言,如果说社会契约理论为民主政治提供了理论基础,那么,功利主义政治学说则为法治社会提供了强有力的理论支持。

边沁的功利主义学说始终蕴含着这样一条现实主义的政治结论:每个人总是追求自己的幸福和利益,这可能会造成社会的矛盾与混乱,避免这种矛盾与混乱、维护社会的稳定与秩序、协调公私关系的机制就在于道德与立法。道德和立法是两种不同的机制,具有不同的社会协调功能。道德体现为对"善"的追求,它更多地是从正面来倡导该做什么;而法律体现为对"恶"的逃避,它主要从负面来警告人们不该做什么。该做什么有赖于公民个人的觉悟和自觉,但不该做什么则有赖于法律的惩戒。所以,一个治理良好的社会,至少是一个法治的社会。法律是维持一个社会基本秩序的基本手段。

人性为恶,立法使之为善,边沁所阐明的功利主义思想实则是西方法治主义的精髓。

众所周知,在政治理论中,对于人性的估价历来不同,其中主要有性善论和性恶论之分。性善论者一般总是理想主义者,他们对人性持乐观主义态度,其思想中应然的成分居多。性恶论者大多为现实主义者,他们对人性持悲观主义观点,认为只有饥饿才能使人勤奋,只有法律才能使人为善。"我不偷窃,这是符合公共利益的,但是除非存在着有效的刑法,这并不符合我的利益。"(罗素:《西方哲学史》下卷,北京:商务印书馆1982年版,第329页)

无疑,性恶论与性善论在方法上各执一端,难分伯仲。但是,比较而言,在性恶论的基础上推导出的却是更多的在现实社会生活各个领域中更行之有效的政治结论。因为,一种尽管是赤裸裸的、存有戒心的,但却是真正的、富有约束力和制裁力的物质力量(惩戒)比基于性善说的任何道德劝告(劝诫)都更具有威力。

边沁功利主义哲学的一个基本结论就是法治主义政治学,追功逐利的人性特点是他的理论分析的起点,强调立法和法治,实现法理型社会,成为他的理论合乎逻辑的终点。既然每个人行动的总则是"最大幸福主义",那么,国家完全有可能通过立法来因势利导,使人向善。立法的任务就在于协调个人利益和公共利益的关系,使每个追求个人利益的人在实现自己的利益时,不损及公共的利益。良好的立法是良好社会的开端,法治——社会生活的法律化、制度化——是扬善抑恶的前提和保障。这是边沁功利主义学说的现代意义之所在。

在社会生活中,道德具有重要的社会协调功能,但是,道德说教本身不能成为现实政治的行为总则。国家或法律的行为是一种强制行为,与道德的性质完全不同。道德教化在社会生活中只能作为辅助手段,而不能成为现实政治的行为总则。大公无私、为人民服务的贤相良臣的确有,而且值得大力提倡。但是,现实的政治并不能建立在这种"善良意志"的基础之上。制度的完善、政体的合理及法律的严密和严格实施,胜过对"清官"和"明君"的厚望。

与上述结论相联系,一切政治估价都要建立在最大的保险系数之上。依据这种现实主义的结论,任何缺乏限制的东西都具有任意性,最大的效率原则必须辅之以必要的保护措施。毫无疑问,这个原则用来对付公权的滥用同样适用。

世界上既有君子,又有小人,仁义礼智(德治)当然要讲,但为了防止小人,哪怕小人只有一个,也只好将君子当作小人看待,先小人后君子。人性为恶,立法可以使之为善,因此,健全法制、完善制度,这是建立良好社会、实现"善治"的第一步骤。只有当大家都是好人时,对公权和官员的完全信任才是没有风险的。然而,会有这一天吗?所以,以恶制恶、以毒攻毒,预防和遏制总是两利中的"大"、两害中的"轻",这算是功利主义的告诫。

【思考题】

1. 结合儒家思想特点，说明孔子"政者，正也"的含义。
2. 说明儒家政治观念与自由主义政治观念的差异。
3. 如何理解政治研究与规制"公共权力"的关系？
4. 如何理解政治设计中的理想主义和现实主义思路的不同？

【扩展阅读文献】

1. 戴维·伊斯顿：《政治生活的系统分析》，王浦劬主译，北京：人民出版社 2012 年版。
2. 奈杰尔·沃伯顿：《从〈理想国〉到〈正义论〉：轻松读懂 27 部西方哲学经典》，林克译，北京：新华出版社 2010 年版。
3. 马克斯·韦伯：《新教伦理与资本主义精神》，康乐、简惠美译，桂林：广西师范大学出版社 2010 年版。
4. 迈克尔·罗斯金、罗伯特·科德、詹姆斯·梅代罗斯、沃尔特·琼斯：《政治科学》，林震、王锋、范贤睿等译，北京：华夏出版社 2001 年版。
5. 何信全：《儒学与现代民主》，北京：中国社会科学出版社 2001 年版。
6. 林毓生：《中国传统的创造性转化》，北京：生活·读书·新知三联书店 1994 年版。
7. 刘泽华、汪茂和、王兰仲：《专制权力与中国社会》，长春：吉林文史出版社 1988 年版。
8. Andrew Heywood, *Politics*, New York: Palgrave, 2002.
9. B. 盖伊·彼得斯：《政治科学中的制度理论："新制度主义"》，王向明、段红伟译，上海：上海人民出版社 2011 年版。

第三讲

政治研究的概念和范畴

概念(concept)和范畴(category)是政治分析的工具。所谓"概念"是人们认识某一事物时所形成的一种观念,它用一个名词或一个短语来表示,是对某一个或某一类事物的特指。概念的作用和价值在于,凭借它我们才能对事物进行思考、批判、争论、解释和分析,才能获得对事物的认识和知识。"要认识世界,就需要我们给它赋予意义。这就进而要求我们构建概念体系。"①概念也帮助我们根据事物性质概括同类事物,区分不同事物,进而形成关于事物的不同范畴。

政治概念经常富有争议,成为意识形态争论的对象。比如,"正义""民主""平等"和"自由"等概念,经常是政治争论的核心。对于同一个概念,不同的人会有不同的定义。为了深入认识政治概念的分歧及其性质,本讲在划分政治概念不同类型的基础上,概要说明政治研究的概念体系。

核心问题:
▲ 政治概念混乱的原因
▲ 政治概念的类型
▲ 政治学概念体系的构成

一、概念的滥用

概念对于政治生活和政治研究都具有特别重要的意义。毫不夸张地说,政治争论经常被归结为为了某一术语(term)的合法性意义而展开的斗争。敌对双方可能会由争论而打斗,进而投入一场战争。每一方都宣称

---

① Andrew Heywood, *Politics*, New York: Palgrave, 2002, p.18.

"捍卫自由""支持民主"或者"主张正义"。问题在于,"自由""民主"和"正义"这些概念,对于不同的人来说,具有不同的意义。所以,概念本身就是一个值得争论的问题。

安德鲁·海伍德(Andrew Heywood)在《政治学核心概念》(*Key Concepts in Politics*)一书中指出,至少有三个理由说明概念在政治分析中所具有的普遍重要的意义:

(1)政治分析具有高度的概括性。它与历史研究不完全相同。历史学家关注个别的事件,如法国革命或俄国革命,而政治学家则关注一个普遍的现象,在研究法国或俄国革命的时候,它要研究的是"革命"(revolution)这一类现象。对于历史学家来说,界定"革命"的概念本身没有多大价值,因为说明这个特别事件才是他的兴趣所在;而对于一个政治学家来说,他必须界定"革命"这个概念,这本身就是他进行政治研究和分析的过程。

(2)政治学家所使用的语言就像政治从业者所使用的语言一样广泛。政治从业者主要出于政治鼓动(political advocacy)而不是政治理解的目的来使用某一概念。他们有足够的动力使用自己的语言来主导舆论或者扰乱视听。这就使政治学家必须谨慎使用自己的语言。他们必须清楚而精确地界定或者重新界定这些概念,以便使自己与日常政治争论中经常误传的种种说法区别开来。

(3)政治概念通常与意识形态信念盘根错节。自从18世纪末19世纪初产生各种现代政治意识形态(ideologies)以来,不仅出现了一种新的政治讨论的语言,而且政治争论的术语和概念也完全浸泡在复杂而又冲突的含义之中。这些概念对最初的含义构成了特别的挑战:它们往往语义不明,而且经常成为敌对和争论的话题;它们可能负载着连使用它们的人都说不清道不明的价值判断和意识形态含义。①

政治生活充满了争议。争议的主要表现也是主要的原因,在于概念的滥用。人们运用政治概念之所以会产生歧义,部分原因在于人们对概念的认识模糊不清,随意使用;部分原因在于人们具有不同的价值观念,为同样的名词赋予了不同的含义。

---

① 参阅 Andrew Heywood, *Key Concepts in Politics*, New York: St. Martin's Press, 2000, pp. 3-4。

政治概念的滥用来自以下几种情况：

1. 政治体系概念与其他社会体系概念相混淆

在社会科学领域，概念的互相借用是常见的事情。但是，属于特定学科和特定领域的概念具有特别的含义。如果不加分析和界定地使用这些概念，就会造成理解上的分歧。

政治体系的概念与其他体系的概念，特别是经济体系的概念的混合使用，往往会造成这种分歧。对此，我们可以引述美国政治学家达尔（R. Dahl）的分析来做出说明①。

许多人不加区分地把民主、独裁、资本主义和社会主义等名词用于政治体系和经济体系，特别是在过去的冷战时代。这种把政治体系与经济体系混为一谈的倾向，要么是因为缺乏一套标准的定义，而之所以缺乏一套标准的定义，在于人们对这些概念的历史渊源缺少基本认知；要么是因为人们有意运用像"民主"或"独裁"这类讨人喜欢或令人厌恶的政治名词，以影响人们对经济体系的态度。于是，我们看到，有关社会主义和资本主义之争就被掺入了政治上的判断。

达尔认为，实际上，一个制度的政治方面与它的经济方面并不相同。从历史上来分析，"民主"与"独裁"一般是指政治体系，而"资本主义"和"社会主义"是指经济制度。它们的确切含义应该这样来解释：

（1）民主是一种政治体系，所有成年公民可以广泛分享参与决策的机会。

（2）独裁是一种政治体系，参与决策的机会只限于少数人。

（3）资本主义是一种经济体系，最主要的经济活动由私人所有和控制的公司进行。

（4）社会主义是一种经济体系，最主要的经济活动由政府或社会所有的机构进行。

需要注意的是，从方法论的角度看，上述每一对概念，民主/独裁、资本主义/社会主义，都意味着一种两分法，而两分法常常不能令人满意的地方

---

① 参阅罗伯特·A.达尔：《现代政治分析》，王沪宁、陈峰译，上海：上海译文出版社1987年版。

在于那种非此即彼的思维模式。事实上,许多政治体系既非完全民主的,也非完全独裁的;在许多国家,私人与政府的活动以各种复杂的方式混为一体。在现实世界里,政治学与经济学更是深刻地交相混合。这种交相混合的状态证明了资本主义/社会主义这种两分法的缺陷。不过,尽管彼此混合,或者就是因为彼此混合,把生活的某些方面区分为"经济的",而把另一些方面视为"政治的",在学术上还是富有成效的。

借助于达尔的分析,我们可以看到理解作为经济体系的"资本主义"和"社会主义"与作为政治体系的"民主"和"独裁"之间的复杂关系的可能性。

2. 政治概念的泛化使用所造成的概念混淆

政治概念,特别是那些被认为具有积极意义的政治概念,经常被无所限制地应用在各个领域,这就导致了原概念和衍生概念的混乱。在这方面,"民主"概念的使用以至于滥用所造成的难堪局面,可以说是最典型的例子。

在涉及政治问题时,没有哪个方面的混乱比民主问题上的混乱更为严重。如果说,19世纪以前,人们知道什么是民主但却很少有人宣称追求民主的话,那么,19世纪特别是20世纪以后,人们都以民主相标榜,但到底什么是民主却不再说得清楚了。的确,我们今天对民主的理解太不相同了。"政治民主""经济民主""社会民主""资本主义民主""社会主义民主""企业民主""工业民主""学术民主""民主集中制""直接民主""间接民主""精英民主""人民民主""多元民主"等等,这些概念足以让我们晕头转向。

许多看似正确的理论和说法,常常使我们在民主问题上难以做出判断,无所适从。比方说,通过选举上台的希特勒法西斯主义政治,标榜自己代表国家利益和民族精神,它是不是我们所要的民主?俄国人到底是在斯大林集权体制下享有更多的民主,还是在当今俄罗斯新体制下享有更多的民主?中国取消"文化大革命"中的"大民主"方式,算是民主的倒退还是进步?美国民主制下总统选举的投票率不高,那是不是说明美国人民越来越认清了美国民主的"虚伪性"?

此外,对于民主概念本身的理解也有许多不同的观点。有人说,"要广泛实行民主制",那么"广泛"到什么程度?有人说,"民主越大越好,越多越好",这种说法合适吗?卢梭(J-J. Rousseau,1712—1778)说"人民主权"(Popular Sovereignty)和公意(General Will),列宁主义者说人民当家作主和少数服从多数,密尔说"代议制民主"(Representative Democracy),熊彼特说"精英民主"(Elitism Democracy),达尔又说"少数人统治"的"多元主义"(Pluralism),那么,这些概念的实质分歧究竟在哪里?我们到底该听谁的?

在民主问题上之所以会产生这么多的分歧和争论,在很大程度上就是因为人们对民主这个概念以及与之相关的一些概念缺乏界定的标准。应当承认,有关民主的争论以及在民主问题上的混乱,有着十分多元和复杂的原因,其中最为重要的一条在于,民主已经成为一种评价性(evaluative)的概念而被广泛运用于社会生活的各个领域。它不仅被用来描述政治体系,而且被用来描述其他社会关系。于是便演化出了由诸如"社会民主""经济民主"和"工业民主"等词汇所组成的一个庞大的民主概念体系。民主概念的泛化——人们不仅(或者根本就不是)用它来表达与民主这个概念相符合的现实政治生活状况,而且(或者而是)用它来表达自己在价值上所喜好的一切"美好事物"——是民主价值得到普遍认同的结果,但同时却也为有关民主的争论留下了余地。将民主概念泛化的结果是,谁都可以以真正的民主相标榜而大肆指责别人在弄虚作假。

3. 根据不同价值取向解释政治概念所引起的混淆

人们在价值取向上历来存在较大分歧。不同的人出于不同的价值喜好,对概念的认识和理解自然不同。此类分歧在"自由""平等""正义""权利"等概念上最为突出。

多数人会认为"自由"是一个值得追求的"东西"。对于一个备受管制的人来说,"没人管你"是多么值得向往的自由状态!可是,对于一个吃不饱穿不暖的人来说,"没人管你"的自由,是多么不人道!对自由的这两种截然不同的态度,就足以导致自由含义的混乱。这种不同的态度恰恰反映了"消极自由"(negative)和"积极自由"(positive)观念的分歧,也直接导致了"消极政府"和"积极政府"两种不同的政府构建理念。

"平等"在当今的民主时代也已经成为一种普遍的价值追求。社会地位的平等、机会的平等、法律的平等、政治的平等、分配的平等等等,每一种扩展性概念都代表了一种价值取向,而这些价值取向本身又是互相矛盾着的。有的人主张"数量的平等",他们被认为是绝对的激进的平均主义者;有的人主张"机会的平等"和"权利的平等",要求自由竞争,他们被认为是自由主义者;有的人主张保护弱势群体,实行"社会补偿",他们被认为是社会主义者或者国家福利主义者。

对于"正义"的理解更是悬殊。极权主义者认为他维持的是一个"正义"的社会;自由主义者坚持"自由"优先是最大的"正义";社会民主主义者认为实行"社会补偿"原则体现了最大的"正义";马克思主义者可能会认为"剥夺剥夺者"才符合"正义"原则。

同样,在"权利"观念上,"消极权利观念"和"积极权利观念"有着不同的信念和思路;以个人权利为基础的社会契约论(Social Contract)者和功利主义(Utilitarianism)者也会提出截然不同的观点;马克思主义者(Marxist)、女权主义者(Feminist)和生态主义者(Ecologist)所理解的"权利"也存在天壤之别。

二、政治概念的性质和类型

所谓"概念",就是概括某一事物的术语,通常用一个词或者一个短语来表述。概念并不是单个事物的名词或名称,而是对同类事物的抽象性概括。比方说,当我们讨论"猫"的概念的时候,并不是特指某一只猫,而是指区别于他类的具有"猫"的属性的动物:那是一种长着皮毛的、个头不大的、能抓老鼠的、家养的动物。当我们使用"总统"这个概念的时候,也不是特指哪一个国家的哪一个总统,而是指由一系列制度所规定的一种组织行政权力的职务。所以,概念是对许多同类事物的抽象性概括,它属于古希腊哲学家柏拉图所讨论的"理念论"(idea)的范畴。

那么,概念具有什么价值? 简单地说,"概念的形成是推理过程的基本步骤"①。概念是我们进行思考、争论、解释和分析的工具。要理解我们所处的世界,就必须赋予世界以意义。而要赋予世界以意义,就必须构建概念体系。所以,从这个意义上说,概念是构建人类知识大厦的基石。

一般而言,政治概念被分为两大种类:

---

① Andrew Heywood, *Key Concepts in Politics*, New York: St. Martin's Press, 2000, p. 4.

(1) 规范性概念(normative)

规范性概念通常也被称为价值性概念,它所指的是一些道德原则(moral principles)或理想,用来表述那些被认为"应该"或"必须"(should, ought or must)的事情。此类概念包括"自由"(liberty)、"权利"(rights)、"正义"(justice)、"平等"(equality)和"宽容"(tolerance)等等。它们都有价值负载。价值性或规范性概念用来预设和规定行为的方式,并对行为做出评价。

(2) 描述性概念(descriptive)

描述性概念通常也被称为实证性概念(positive)。所谓"实证",就是指事物具有肯定或确定的性质。这类概念所指的是客观的、可以显示其存在的事实(facts),用来描述一个客观事物的实际状况(what is)。此类概念如"权力"(power)、"权威"(authority)、"秩序"(order)、"法律"(law)等等。描述性或实证性概念不是用来规范行为,而是用来描述一个事实。

把事实(facts)和价值(values)区别对待是正确思维的必要前提。价值被认为属于主观意见(opinion)的范畴,不存在真假的问题;而事实则属于客观状态的范畴,可以被证明真假。基于此,规范性概念被认为是"价值负载的"(value-laden),通常被用于哲学研究当中。而描述性概念被认为是"中性的"(neutral)或"价值中立的"(value-free),通常被用在科学研究当中。

规范性概念和描述性概念比较

规范性概念	描述性概念
● 阐明价值(value),规范行为	● 说明事实(fact)
● 回答应该如何(what should)	● 回答是什么(what is)
● 价值负载(value-laden)	● 价值中立(value-free)
● 哲学研究(philosophical)	● 科学研究(scientific)

20世纪中期以后,随着政治研究科学化运动的发展,规范性概念的应用范围有逐渐缩小的趋势,人们使用起来也更加谨慎。20世纪后期西方世界展开的在语言使用中坚持"政治正确"(political correctness)的运动,可以说是对传统思维中政治概念"价值负载"做出的回应。"政治正确"运动由女权主义者(feminists)、民权积极分子(civil rights activists)和少数民族团体

(minority groups)代表所倡导。他们要求净化语言,清除日常生活中带有种族主义、男性主义以及其他侮辱性和贬损成分的表述。例如,英语中用"Man"或者"Mankind"指称人类;把少数民族称为"Negroes"(黑人)或"colored"(有色人种);把发展中(developing)国家称为"third world"(第三世界)或"underdeveloped"(不发达)国家等等。他们认为,语言的表述反映了一个集团对另一个集团统治(话语霸权)的事实,所以,希望发展一种无偏见的语言,排除政治争论中的歧视性表述,以便首先实现观念上的平等。然而,他们的想法未免具有虚幻性。人们最多是把原来"消极"的概念变成"积极"的表述,比方说,把"disabled"(伤残的)改为"differently abled"(不同一般的),把"Negroes"(黑人)改为"black"(黑肤色人)。①

根据上述概念划分的理论,我们可以对政治概念做出进一步的分析。

政治概念分析框架

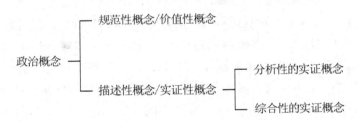

在一般的思维过程中,分析和综合(概括)是两种不同但又互相依赖的思维方式,前者用来解析一个对象,后者用来综合一个对象。前一种思维过程中形成的概念,我们称之为"分析性概念";后一种思维过程中形成的概念,我们称之为"综合性概念"。

政治研究也符合一般的思维特点。当我们解释和说明政治体系的构成和过程的时候,需要形成和运用"分析性的概念";当我们在分类研究的基础上需要概括某一政治体系或某一政治现象的时候,又需要形成和运用"综合性概念"。

---

① 参阅 Andrew Heywood, *Key Concepts in Politics*, New York: St. Martin's Press, 2000, p. 6。

三、政治学的概念体系

在政治学领域和日常政治生活中,经常遇到很多概念。对于一个没有专门知识积累或未经专门训练的人来说,会有"雾里看花"似懂非懂的感觉。借助于一般的政治学词典,可能也未必能够真正明白其含义。因为一般的政治学词典只给出了某一具体概念的解释,而无法让人明白这一概念在整个政治体系中的位置和应用功能。我们现在要做的工作,就是整理这些概念,给出政治学的概念体系的基本框架。

海伍德《政治学核心概念》一书构建了一套概念体系。它把政治学的主要概念分为七个方面,见下表。

Andrew Heywood 的政治学概念体系①

基本概念方面 (Basic concepts)	涉及政治特性和政治分析参数的核心概念	如政治、人性、权力、权威、国家、主权、政府、市民社会、政策、法律、秩序、意识形态、合法性、左派/右派等
意识形态方面 (Ideologies)	涉及传统政治思想,提供政治理解的各种角度	如无政府主义、基督教民主主义、共产主义、保守主义、生态主义、自由主义、女权主义、马克思主义、社会民主主义、社会主义、第三条道路(Third Way)、宗教原教旨主义、社群主义(Communitarianism)、自由意志主义(Libertarianism)、新左派、新右派等
研究途径方面 (Approaches)	涉及如何研究和理解政治	如行为主义、经验主义(Empiricism)、功能主义、历史唯物主义、理想主义、现实主义、制度主义、实证主义(Positivism)、后现代主义、功利主义、乌托邦主义、政治哲学、政治科学、理性选择、理性主义、系统理论等
政治价值方面 (Values)	涉及规范原则和政治理想,构成传统意识形态的基础	如责任、义务、自治、自由、民主、平等、权利、正义、人权、宽容、福利、宪政主义、集体主义、个人主义、财产等

---

① 根据 Andrew Heywood, *Key Concepts in Politics* 的第一部分和全书目录整理而成。

(续　表)

政治体系方面 （Systems）	涉及政治权力的组织和制度安排	如绝对主义、权威主义、极权主义、资本主义、合作主义、独裁主义、精英主义、共和主义、自由的民主、多元主义、总统制政府、议会制政府等
政治结构方面 （Structures）	涉及特别的制度和政府机构等政治体系的构成	如宪法、两院制（Bicameralism）、官僚、内阁、行政、司法、立法、大众传媒、政党、政治文化、君主、总统、总理、压力集团、权力分开、社会阶级、选举、霸权（Hegemony）等
政治层级方面 （Levels）	涉及政治统治的地域性组织和政治权威的不同层级	如集权化/分权化（Centralization/De-centralization）、联邦主义、全球化、帝国主义、地方政府、民族国家、民族主义、爱国主义、区域主义、分离主义等

海伍德的划分对于我们理解政治概念是非常有帮助的。但是，需要提醒读者注意的是，他的分类并不是很严谨，有些概念可能会重叠。例如，属于意识形态的概念，在许多情况下，实际上也涉及了研究途径，而且总是与价值纠缠不清的；体系、结构和层级方面的概念，往往也是重叠的，意识形态的、结构的以及层级的概念可能也同时是说明政治体系的概念。同时，这样的分类也是富有争议的。比方说，"共产主义"这个概念既可以被合法地认为是一种价值，也可以被看成一种意识形态，当然还可以被视为一种政治体系；"民主"可以说是一种价值，也可以说是一种政治体系。

不过，海伍德给了我们一些启发。他这样分类的意义倒不在于合理定位这些概念，而在于帮助我们大体确定这些概念的应用范围。

根据前文对政治概念的分析和对政治生活的解析过程，我们提出如下建议：(1)政治体系有其自己的结构，依照由核心到"表象"的顺序，我们可以划分出不同的层面：政治哲学或政治价值的层面、政治文化和政治意识形态层面、政治组织结构和制度层面、政治行为和政策层面、政治环境层面。(2)不同层面都有相应的概念来加以解释和概括，这些概念被分为两类，即分析性概念和综合性概念。

政治学概念体系分析

结构层次	应用层面	主要概念	基本功能
1	政治哲学层面	• 价值性概念:正义、自由、民主、平等、权利(人权)、宽容、福利、自治等	构成政治价值坐标系
2	政治文化和政治意识形态层面	• 分析性概念:人性、政治文化、政治思想、政治心理、意识形态、政治社会化等 • 综合性概念:无政府主义、基督教民主主义、共产主义、保守主义、生态主义、自由主义、女权主义、马克思主义、社会民主主义、社会主义、第三条道路、原教旨主义、社群主义、自由意志主义、新左派、新右派等	阐释政治体系精神方面的构成要素
3	政治组织结构和制度层面	• 分析性概念:政治体系、民族、国家、政府、政党、社团、公民、阶级、阶层、主权、权力、权威、政治合法性、集权与分权、三权分立、宪法、两院制、官僚、内阁、行政、司法、立法、大众传媒、君主、总统、总理、压力集团、单一制、联邦制和邦联制等 • 综合性概念:民主制、共和制、君主制、贵族制、议会制、总统制、极权主义、权威主义、联邦主义等	具体说明政治体系的内部构成和制度安排
4	政治行为层面	• 分析性概念:统治、管理、政策、政治参与、选举、独裁、治理、阶级斗争等 • 综合性概念:法治/人治、集体主义/个人主义	描述政治的实际过程
5	政治环境层面	• 分析性概念:市场、全球化、区域化、国际组织、国际法等 • 综合性概念:帝国主义、霸权主义、民族国家、民族主义、爱国主义、区域主义、分离主义等	说明一个政治体系所面临的外部环境

四、几组易混淆的常见概念辨析

从字面上看,有些概念极其相似,但实际含义却大相径庭。政治学的许多概念和术语来自西方,它们在中文背景下极易混淆。

1. 权力、权利、权威

对于使用英语的人来说,这三个概念不会发生混淆。但对于中国人来说,人们不大能够区别它们的含义。原因在于这一组概念中都有一个共同的"权"字。没有受过专门训练的人,当听到"quánlì"这个发音的时候,更不容易分清到底是"权力"还是"权利"。

- 权力(Power)是指一种能力,某人或者某一机构具有的要求他人服从的能力。
- 权利(Rights)是指某人或某一群体所享有的从事某种行为的正当或合法的资格。
- 权威(Authority)是指某人或某机构所具有的让别人自觉服从的能力或合法资格。

政治权力指的是公共权力,它具有强制性;政治权利一般指公民在政治生活中所享有的权利,如选举权等,它往往与义务相联系;政治权威指的是非强制性的影响力,它通常与政治合法性相联系。

2. 集权、极权主义、权威主义

这一组概念也有一个共同的"权"字,而且"集权"和"极权"发音相同,也经常容易混淆。

- 集权(Centralization)是指权力集中使用。
- 极权主义(Totalitarianism)是指高度集权和高度政治化的国家所实行的政治统治。
- 权威主义(Authoritarianism)有时候也被称为"威权主义",是指相对集权的政治上实施强控制而经济上放任自由的国家所实施的政治统治。

实际上,集权与分权(Decentralization)是一组概念;自由民主(Liberal democracy)和极权主义、权威主义是一组概念,分别描述三种状态的政治组织和生活方式。

3. 国家、民族国家

在英语中,有三个名词与中文的"国家"概念相联系:Country, State 和 Nation-state。这三个术语有不同的含义,但中文一般都不做区分地统称为"国家"。

- 作为 Country 的国家是一个地域概念,指的是某一地域之内的人文和自然的统称单位。
- 作为 State 的国家是一个政治概念,指的是在固定疆域之内建立主权并通过一系列制度实施权威的政治社会。
- 作为 Nation-state 的国家是一个国际政治的概念,指的是以民族为基础所形成的政治共同体。

当我们说中国是一个地域辽阔的国家的时候,我们指的是作为 Country 的国家;当我们说中国是共产党领导的国家的时候,我们指的是作为 State 的国家;当我们说中国是一个拥有几千年文明、由许多民族组成的国家的时候,我们指的是作为 Nation-state 的国家。

【思考题】

1. 概念的意义和作用是什么?
2. 概述政治概念的性质和分类。
3. 比较规范性概念和描述性概念的差异。
4. 请运用政治学概念体系描述某一国家的政治状况。

【扩展阅读文献】

1. 邓正来主编:《布莱克维尔政治学百科全书》,北京:中国政法大学出版社 1992 年版。
2. 罗伯特·A. 达尔:《现代政治分析》,王沪宁、陈峰译,上海:上海译文出版社 1987 年版。
3. 迈克尔·罗斯金、罗伯特·科德、詹姆斯·梅代罗斯、沃尔特·琼斯:《政治科学》,林震、王锋、范贤睿等译,北京:华夏出版社 2001 年版。
4. 格林斯坦、波尔斯比编:《政治学手册精选》(上、下卷),竺乾威、周琪、胡君芳、储复耘译,北京:商务印书馆 1996 年版。

5. Stephen D. Tansey, *Politics: The Basics*, London and New York: Routledge, 2000.
6. Andrew Heywood, *Key Concepts in Politics*, New York: St. Martin's Press, 2000.
7. Andrew Heywood, *Politics*, New York: Palgrave, 2002.
8. Rod Hague, Martin Harrop, Shaun Breslin, *Political Science: A Comparative Introduction*, New York: St. Martin's Press, 1992.

第四讲

政治研究的途径与方法

概念(Concept)、理论(Theories)、研究途径(Approaches)和方法(Methods)是任何学科都不可或缺的要素。概念是思维的工具;理论既是思维的工具,也是思维的结果;研究途径和方法则是分析问题的角度和手段。通过一定的途径和方法,理论的假说才能得到验证,理论的概括才能得到实现。

关于政治活动的讨论一直与有关政治学科性质的争论相伴而行。作为最古老的知识活动的一个方面,政治学最初被认为是哲学、历史学和法学的基石。其核心目的是要揭示构成人类社会的那些最基本的原则。19世纪末期以后,这种偏重哲学思考的工作,逐渐地被将政治学变成科学学科的努力所替代。这个过程在20世纪50—60年代达到了顶点。当时,人们公开拒绝早期传统,认为传统政治学是一种毫无意义的形而上学。但是,在那之后,把政治学当成一门严格的科学学科的激情开始逐步消退了。与此同时,人们又重新承认价值和规范理论具有永久性意义。假如我们否定了所谓"传统的"对普遍价值的追求,而这些价值又是我们每个人所普遍认可的,那么,仅仅指望科学能揭示生活的全部意义和真理吗?[①] 今天,政治学研究如此丰富多彩,绝不仅仅是科学发展的结果,而应当归功于广泛的研究途径和多元化的分析方法的应用。

核心问题:

▲ 政治学研究途径和方法的变化
▲ 政治研究的主要途径
▲ 政治学研究方法分析
▲ 政治科学的局限性

[①] 19世纪末期以来,有一种过分夸大"科学"作用和地位的趋势,似乎拥有和掌握了科学就可以把握世界全部。实际上,科学、哲学、宗教、艺术分别属于不同的范畴和认知领域,它们对世界的认识都有各自的范围和局限,任何一个学科都不能取代其他学科。

一、政治学研究途径和方法的历史变迁

政治学研究途径和方法随着政治研究的历史演进而发展变化。坦西(Stephen D. Tansey)教授在《政治学基础》(Politics: The Basics)一书中把从古希腊柏拉图、亚里士多德以来政治学研究方法的变化过程概括为三个时期,即"传统学术"(traditional scholarship)时期、"社会科学"(social science)时期和"激进批判"(radical criticism)时期[①]。

"传统学术"起始于柏拉图和亚里士多德,通常采用历史的和哲学的研究方法,主要讨论一些重大的道德问题,如:什么是正义?什么是最好的政府形式?其研究核心主要集中在两个领域:政治制度(political institutions)研究和政治理论(political theories)研究。前者主要通过研究个别国家的特定的政治制度(如议会制度、选举制度、政府机构、地方制度等)来研究政治,后者主要通过研究专门的理论概念或政治学家的思想发展来研究政治。今天,英国的研究方法成为"传统学术"的典型代表。从英国学术期刊《政治研究》(Political Studies)所发表的研究成果看,91%的文章讨论的是制度的、概念的和哲学的话题。而《美国政治科学》(American Political Science Review)杂志74%的文章讨论的主要是行为的/经验的/理性选择等方面的内容。

"社会科学"把政治学当作类似于社会学和经济学一样的"社会科学"来看待,政治学家收集可分析性数据(analysing data),运用现代量化和统计方法分析数据,得出结论。20世纪以后,在政治学科学化的趋势下,传统的概念被新的概念取而代之。

20世纪50—60年代,系统分析和功能主义成为政治研究的主要方法,宏观的系统分析模式成为解释政治的时尚理论。60年代以后,政治科学研究转向微观的个人行为研究方面,从而形成了理性选择(rational choice)理论。

---

① 参阅 Stephen D. Tansey, Politics: The Basics, London and New York: Routledge, 2000, pp. 8-23。

美国是政治学"社会科学化"的主流。直到今天,对投票行为、官员和立法者个人行为的研究以及公共决策过程的量化研究,依然是美国政治学的主要方面。

"激进批判"大体也在20世纪后半段兴起,它既反对传统政治研究中的普遍推理的方法,也谴责美国主导的政治科学偏见。激进批判者跳出政治学学术化的圈子,转而要求改变现存社会的一般教条(general doctrine)。这是生态主义者、女权主义者和新马克思主义者所坚持的政治主张。他们主张重新界定既有的概念,彻底清理已有的理论,不管是规范理论还是科学理论。严格而言,"激进批判"只是一种"意识形态的批判",反对已经建立的政治学体系。它被认为是法国的思维方式。

上述三种政治研究途径和方法的不同特点的主要方面可以通过下表反映出来。

政治学研究方法比较

	传统的	科学的	激进的
任务	零散而具体的解释	政治科学化	激进的社会改变
方法	描述的、历史的和哲学的分析	量化的和理论化的阐释	意识形态的批判
价值	自由的民主	美国的民主和发展模式	反对已经建立的体系
分析层面	政治的、哲学的和心理学的	政治和社会的	多层面的
研究范围	个别的制度或国家	美国或区域研究	全球性的历史反思
内容	重大事件所打断的制度性认同	多元化的	阶级/性别和冲突
代表学派	自由宪政学派 历史学派 哲学学派	功能学派 经济学派 系统学派	新马克思主义 女权主义 生态主义
典型概念	制度设定	政治文化、市场、反馈	矛盾、家长制

一般认为,从古代人们开始研究政治问题以来,政治学的发展经历了两个阶段,即传统的政治哲学时期和现代的政治科学时期。这种划分并不意味着当代政治学已经变成了纯粹的科学。它只说明,19世纪末期以后,政治学的发展出现了科学化的倾向,而且在某些领域已经获得了重要的成果。在政治研究的途径和方法越来越多元化的同时,政治哲学研究和意识形态争论也从来没有中止过。

焦点讨论:政治研究方法的变化如何引发政治学科的变化?

政治科学作为一门学科还没有完全建立起来。特别是在美国,它至少经历了三种不同的风格或方法:传统的、行为主义的和后行为主义的。很难说哪个是最好的,三种风格现在同时存在,虽然彼此之间有时仍互不相容。把第一个称作"传统的"有点不太公平——这名字是行为主义者给起的——因为它包含了相当广泛的研究方法,有哲学的和伦理学的,也有制度的和权力取向的。

很多古希腊的、中世纪的和文艺复兴时期的思想家采用一种规范的方法来研究政府和政治。他们寻求发现"应然"(ought)或"应当"(should),也经常而不是有时谈到"实然"(is)——真实世界的情形。他们吸收宗教的、法律的或哲学的价值观,试图确定一个能使人类最接近善的生活的政府体系,这通常是用那时候流行的智慧来阐释的。虽然有时候被行为主义思想家当作毫无希望的前景而放弃,但亚里士多德、霍布斯、洛克、卢梭和其他许多人的思想仍提供了非凡的洞察力,具有讽刺意义的是,他们的观察经常得到后来的"科学"研究的确证。

马基雅维利带来了另一种方法,他把焦点放在权力上。虽然经常受到美国政治思想家的轻视——他们常常把"权力"看作是天生肮脏的而羞于提及,这种方法却在欧洲扎下根来,并为莫斯卡、帕累托和米歇尔斯的精英分析做出贡献。美国人是通过来避难的德国国际关系学家汉斯·摩根索的著作才开始认识权力方法的,他强调"一切政治都是对权力的争夺"。

那时的美国思想家更为关注的是制度——政府的正式结构。这表明了法律对美国政治科学发展的影响。例如,伍德罗·威尔逊在成为政治学家之前是个律师(虽然并不成功),也正是他,致力于改良政府的制度。宪法成为这一时期政治学家青睐的主题,因为他们常常假定纸上的政府结构与实际运作的政府差不多。

意大利和德国独裁政治的兴起以及第二次世界大战的惨状,动摇了许多政治学家对制度的信念。不幸的德国魏玛共和国(1919—1933)的纸上宪法看起来很不错,它是由专家起草的。但它在实践中却是另一回事,因为那时的德国人还没有必要的民主经验和民主信念。

这一时期所带来的是努力发现政治的真实运作,而不是建议它应该怎样做。战后美国政治学家追随19世纪早期法国哲学家奥古斯都·孔德的实证主义——自然科学在社会领域的运用。孔德的实证主义是个乐观主义的哲学,认为我们通过社会观察——没有冥思或直觉——积累有效的资料,就能改进社会科学,并通过它来促进社会的发展。心理学家或许受这种方法的影响最深(现在仍是);许多人之所以被称为"行为主义者",是因为他们关注的是人类的实际行为而不是与之相对立的思想或感觉。

政治学家们转向行为主义是在20世纪50年代,他们借用心理学家的方法从选举、民意调查、议会投票和别的他们能得到数字的方面积累数据。行为主义者为政治科学做出了显著的贡献,动摇了一些长期坚持而未经检验的假设,赋予政治理论一个经验性的基础。行为主义的研究在检验政治的"社会基础"时特别有用,这个基础就是每个公民的态度和价值观,它有助于政治系统按其自身方式进行运转。

(选自迈克尔·罗斯金、罗伯特·科德、詹姆斯·梅代罗斯、沃尔特·琼斯:《政治科学》,林震、王锋、范贤睿等译,北京:华夏出版社2001年版,第18—19页。)

二、政治学研究途径

从历史的角度概括,我们可以把政治学科的研究途径分为以下三大种类:

1. 哲学研究传统(philosophical)

众所周知,政治研究可以追溯到古希腊时代。古希腊政治研究开始了政治哲学的研究传统。该传统所涉及的是基本的伦理性的(ethical)、说明性的(prescriptive)和规范性的(normative)问题,所关心的是什么才是应该(should,ought)或必须(must)发生的问题。柏拉图和亚里士多德被认为是这一传统的创始人。他们的思想在中世纪思想家如奥古斯丁和阿奎那那里得到了重新阐释。这种研究传统的特点在早期的创始人那里已经表现得非常充分了。例如,柏拉图认为应该建立一种理想的社会,主张应该由一个仁慈的哲人王(Philosopher King)实施政治统治。

哲学研究传统采用政治思想史的研究方法,主要分析和讨论各种政治思想观念,收集主要思想家的观点,进行文献研究和分析,说明思想家们所提出的观念的含义及其发展,从而说明政治的价值和理念,回答:"为什么应当有政治服从?""价值应当如何分配?""个人自由应当限定在什么范围?"从科学的观点看,这不是一种客观的(objective)研究。

2. 经验研究传统(empirical)

尽管没有规范理论研究那么著名,但描述性研究或经验研究的传统也可以回溯到早期的政治思想年代。亚里士多德对不同制度的区分,马基雅维利对治国之道(statecraft)的现实主义思考,孟德斯鸠(Montesquieu, 1689—1755)关于政府和法律的社会学理论①,都是这种研究传统的具体体现。这种传统所擅长的方法是制度研究和比较,在某种意义上说,它奠定了今天比较政治研究的基础。

经验研究方法力图对政治现实做出冷静客观的分析。如果说规范研究方法是说明性的(prescriptive),因为它提供的是评价和建议,那么,经验研究方法则是描述性的(descriptive),因为它提供的是客观经验的总结和分析。

经验研究的描述性政治分析得到了17世纪以来洛克(J. Locke, 1632—1704)、休谟(David Hume, 1711—1776)所阐发的经验主义观念的哲学支持。经验主义观念坚信,经验(experience)是知识的唯一基础。因此,一切假定(hypotheses)和理论都应当在观察过程中得到验证。到19世纪,这种观点发展成为由法国思想家孔德所阐发的实证主义(positivism)理论。这种理论坚持认为,社会科学和所有的哲学研究应该严格采用自然科学的方法。可以想见,一旦科学被认为是揭示真理唯一可信赖的手段,那么,将政治学变成科学的压力也就变得势不可挡了。

3. 科学研究传统(scientific)

第一个运用科学术语来解释政治问题的理论家是马克思。他应用历史唯物主义观点,努力揭示历史发展的动力。这使他得以凭借自然科学的法则预测未来。科学分析的时尚在19世纪成为一种主流。19世纪70年代,牛津大学、巴黎大学和哥伦比亚大学开设了政治科学课程;1906年,美国出

---

① 参阅孟德斯鸠:《论法的精神》,张雁深译,北京:商务印书馆1987年版。

版了《美国政治科学》杂志。20世纪50—60年代,随着行为主义(behaviouralism)的兴起,政治科学的热情达到了顶点。此时,人们对政治科学充满信心,因为它提供了前所未有的东西,即客观和量化的数据,从而使各种假说得到验证。政治分析家如伊斯顿(David Easton)就宣称,政治学可以采用自然科学的方法,它对于适合采用量化研究方法的领域,如投票行为、立法者行为与地方政治家和游说者(lobbyists)行为研究,会大有帮助。

然而,60年代以后,行为主义受到的压力越来越大。首先,人们认为行为主义把政治研究仅仅局限于可直接观察和量化的领域,极大地限制了政治分析的范围。在某些领域(如投票)进行没有价值的研究,以及陷入量化数据的困扰之中,会使政治学科变得异常琐碎狭小。另外,非常值得担心的是,它倾向于使政治科学家背离整个规范政治思想的传统,从而使"自由""平等""正义"和"权利"这样的概念,由于被视为没有意义和无法得到经验证实而遭到遗弃。最后,由于它追求客观可信,强调"价值中立"(value-free)原则,从而使既有的政治安排合法化,"存在的就是合理的",政治学可能由此失去其批判和评价的意义。对行为主义的不满再次激发了人们对规范问题的兴趣。20世纪70年代,规范研究得到复活。美国政治学家罗尔斯(John Rawls,1921—2002)[①]和诺齐克(Robert Nozick,1938—2002)[②]的理论就是复活规范研究的结果。

除上述三种研究传统之外,政治学的最新发展也提供了一些新的研究途径和方法。这些最新的研究包括"政治经济学"(political economy)、"公共选择理论"(public-choice theory)和"理性选择理论"(rational-choice theory)。这些研究分析利用经济学理论方法,在个人行为纯属理性自利行为(the rationally self-interested behaviour of the individuals)的假设之上建立分析模型。这些被称为"正规理论"(formal political theory)的学说,至少提供了非常有用的分析设计,借此可以研究选民、官僚、说客和政治家们的行为,也可以分析国家关系中的国家行为。这些研究方法广泛影响了所谓"制度的公共选择理论"(institutional public-choice theory)。政治学家安东

[①] 参阅约翰·罗尔斯:《正义论》,何怀宏、何包钢、廖申白译,北京:中国社会科学出版社2001年版。

[②] 参阅罗伯特·诺齐克:《无政府、国家与乌托邦》,何怀宏等译,北京:中国社会科学出版社1991年版。

尼·唐斯(Anthony Downs)①、曼瑟尔·奥尔森(Mancur Olson)②和威廉·尼斯卡恩(William Niskanen)③运用这些方法和技术,在政党竞争(party competition)、利益集团行为(interest-group behaviour)和官僚政策影响(the policy influence of bureaucrats)研究等方面取得了显著成果。这种研究方法在"博弈论"(game theory)中也得到了应用。这一理论被用来分析个人行为所面临的困境,著名的例子就是"囚徒困境"(prisoners dilemma)的理论。

焦点讨论:"囚徒困境"的理论证明了什么?

两个共同犯事的囚徒,被隔离审查,面临"招供"和"不招供"的选择。如果只有一人招供,而且提供证据证明另一人有罪,那么,他会被无罪释放,而他的同伙将承担所有罪责,并被囚禁10年。如果两人都招供,他们每人将被囚禁6年。如果两人都拒绝招供,他们都只承担最轻的罪行,每人只被判刑1年。他们的选择如下表:

囚犯A \ 囚犯B	招供	不招供
招供	A 6 B 6	A 0 B 10
不招供	A 10 B 0	A 1 B 1

面对上述选择,他们可能都倾向于选择招供,因为害怕对方叛变而自己

---

① 参阅 A. Downs, *An Economic Theory of Democracy*, New York: Harper & Row, 1957。
② 参阅曼瑟尔·奥尔森:《集体行动的逻辑》,陈郁、郭宇峰、李崇新译,上海:上海三联书店、上海人民出版社1995年版。
③ 参阅 W. A. Niskanen, *Bureaucracy and Representative Government*, Chicago: Aldine-Atherton, 1971。

得到最坏的判决。非常具有讽刺意义的是,这场赌博最后显示,理性行为换来的是最不情愿的结果:两人一共要被囚禁12年。实际上,二人由于互不合作和互不信任而受到了惩罚。当然,如果这个博弈过程能够得到重复,也许囚犯会吸取教训,懂得都采取拒绝招供的合作策略才能保护自己的利益。

然而,政治分析的理性选择方法并没有被广泛接受。批评者对它的基本假设提出了质疑。例如,认为它过高估计了人类的理性,从而忽视了这样的事实:人们其实不仅很少具有清楚的目标选项(a clear set of preferred goals),而且也很少在充分和准确认知的条件下做出决定。此外,理性选择理论所建立的个人行为模式,对于社会和历史因素也没有给以足够的重视,没有认识到人的自利性并不完全是天生的,可能也是社会条件的结果。

这些批评使现代政治分析丰富多样。对于传统规范研究来说,制度的和行为的研究途径不仅为之增加了理性选择理论,而且还提供了非常广泛的现代思想和主题。特别是20世纪70年代以来,女权主义唤醒了人们对于性别差异和家长制的认识,对已经确立的"政治"观念提出了质疑。被称为"新制度主义"的理论,将注意力从制度的正式结构方面转向制度的实际行为和政策输出方面。绿色政治(Green politics)对以人类为中心所建立的政治和社会理论提出了挑战,阐述了一种整体地认识和理解政治与社会的途径。以法兰克福学派(Frankfurt School)的新马克思主义(Neo-Marxism)为基础的批判理论,应用弗洛伊德和韦伯的理论,对社会实践展开了全面的批判。后现代主义(post-modernism)在质疑绝对的普遍真理的同时,协助孵化一种谈话(discourse)理论。最后,我们看到,一种非常有意思的变化在于,政治哲学和政治科学被人们广泛接受,现在,它们也不怎么被当成两种对立的研究方式,而是被视为获取政治知识的两种相互对照的途径。[①]

从宏观角度概括,我们也可以把政治学研究途径分为以下七个方面:

(1)权力研究途径(Focus on Power)

可以说,所有的政治活动都是围绕权力而展开的。权力被认为是政治的根本问题。所以通过研究权力来研究政治,是最常见、最传统的方法。权力研究包括如下问题:权力的性质和来源,政治体系中权力的制度安排、权

[①] 参阅 Andrew Heywood, *Politics*, New York: Palgrave, 2002, pp. 15-17。

力的实践方式等。

（2）制度研究途径（Focus on Institutions）

政治制度是政治活动的基本框架和组织方式，所以，制度研究可以描述一个政治体系最基本的制度安排，提供关于一种政治生活的规范性方面的知识，它也可以告诉我们一种制度的起源、变迁过程、运作程序和规范作用。

（3）政策过程研究途径（Focus on Policy Processes）

政治往往以公共政策为表现形式。政策制定和实施是一个较为复杂的政治过程，政策过程研究目的在于分析政策制定和实施的实际过程，考察这个过程中各种要素的作用，分析某一政策的实际效果。

（4）政治功能研究途径（Focus on Functions）

政治生活中的各种政治组织和机构承担各种功能。各个组织制度的功能的正常发挥是维持良好政治秩序的基本条件。政治功能研究就是通过考察一个政治体系的功能的发挥状态来"诊断"政治生活中存在的问题。

（5）政治意识形态研究途径（Focus on Ideologies and Movements）

政治意识形态是对政治现实的反映。它表达了人们对政治生活的理解和观念。所以，政治意识形态的争论也是政治冲突的重要原因。通过研究各种政治意识形态，可以理解现实政治生活，把握政治冲突。

（6）国际关系研究途径（Focus on International Relations）

国际关系是一国政治的外部环境，它与国内的其他因素一样，对一国政治产生不同程度的影响。在全球化趋势日益强化的今天，来自国际方面的影响更加值得重视。国际关系的研究途径就是在国际背景下研究某一国家政治的某一方面与国际因素的关系。

（7）政治行为研究途径（Focus on Political Behavior）

政治行为研究属于微观政治研究，它研究政治体系中具体的个人行为的动机、方式和结果。通过个人行为研究，我们可以知道某一个体的或群体的政治行动或政治决定的产生过程。

三、政治学研究方法

根据政治学的一般划分，政治学研究方法可以分为两类，即传统的方法和现代的方法。①

1. 传统的政治学研究方法

传统的政治学研究方法以哲学研究方法、历史研究方法和制度研究方法最为常见。

(1) 哲学研究方法

哲学研究方法主要从哲学思辨的角度对政治展开研究,它以人类追求的政治价值如自由、民主、正义、平等、权利等概念和观念为研究对象,采用哲学推理的方式,以揭示政治的价值基础和根本原则。如上文所述,哲学研究方法回答什么是应该的和必需的。它为政治批评提供了根据,也为政治理想提供了参照。

(2) 历史研究方法

历史研究方法注重政治史料的搜集,注重政治史和政治思想史的描述,期望通过研究政治观念和政治实践的发展历史来阐释政治现象的规律,揭示政治生活的规则。在传统的政治研究中,历史的方法经常被运用在政治制度的发展过程、政治思想的演变过程和政治事件的变化过程等研究方面。它以时间维度为标准,揭示政治现象的因果关系。

(3) 制度研究方法

制度研究方法注重对正式的政治制度的结构、关系和原则的研究。传统政治学研究中,制度研究经常被运用在立法、行政和司法等政治组织和制度的研究方面。它的目的是要描述一个政治体系的组织安排。它着力从制度出发分析特定的社会政治价值,并且尽力从政治价值出发设计被认为合理的制度。制度研究方法属于对政治的静态研究。

2. 现代的政治学研究方法

现代政治学研究方法主要来自其他社会科学和自然科学。

(1) 来自其他社会科学的理论和方法:

① 社会学研究方法:其中具有代表性的如政治精英分析、政治团体分析、政治角色分析及政治文化分析。政治精英分析以社会学的社会分层学

---

① 参阅王浦劬主编:《政治学基础》,北京:北京大学出版社 1995 年版,第二章第三节。

说和精英理论为背景,以政治统治阶层和精英人物为分析对象并试图由此出发揭示政治的内容及其发展规律;政治团体分析受益于社会团体和利益集团分析,以政治团体作为政治分析的基本单元,认为政治本质上是不同政治团体的相互作用;政治角色分析借用了社会角色理论,把政治分析的任务归结为对于具有不同行为规定性的政治角色及其相互关系的分析;政治文化分析以社会文化和社会化研究为背景,着力从政治文化及其变迁的角度分析影响政治生活的精神因素。

② 经济学研究方法:在政治研究中得以运用的主要经济学研究方法包括理性选择理论、博弈论、公共选择分析。理性选择理论来自当代西方福利经济学,它以单个的政治人作为分析对象,研究一个理性的人的行为选择模式;博弈论是理性选择的成熟模式。这两种方法主要用于分析政治决策和选择。公共选择分析以个人利益与公共利益的关系为分析对象,以此揭示政治运行的基础和机制。

③ 心理学研究方法:政治学从价值研究转向行为研究后,政治行为的心理基础成为政治学研究的重要课题。为此,政治学家把心理学研究方法引进了政治研究领域,主要研究人的政治心理,包括政治态度、情感、动机、性格等等,尤其重视人的潜意识和人的政治本能。

(2) 来自自然科学的理论和方法:

① 政治系统分析方法:政治系统分析来源于由生物学发展而形成的系统理论和方法,包括一般政治系统分析和结构—功能分析。一般政治系统分析根据系统理论,建立了政治系统的一般框架,并着力就政治系统与环境之间的关系展开输入—输出分析。结构—功能分析则以政治系统内部的结构和功能作为分析对象,揭示政治系统运行的状况和规律。

② 政治传播分析方法:政治传播分析是对政治系统获取、输送、存贮和处理信息的过程展开的分析,它是根据信息论和控制论的原理而发展起来的。政治传播分析以政治信息为主要研究对象,按照反馈和自控原则对政治系统展开模拟研究,因此,又被称为"政治控制论"。政治传播分析的目的在于"描述和解释政治系统行为的能力"[①],检测政治系统在以信息为媒

---

① 艾伦·C.艾萨克:《政治学:范围与方法》,郑永年、胡谆、唐亮译,杭州:浙江人民出版社1987年版,第345页。

体控制环境过程中的能力。

现代政治学研究方法呈现多样化特点。在科学化研究的趋势下,理论(theories)、命题(statements)、假设(hypotheses)、概念(concepts)、变量(variables)、测度(measurements)成为整个研究的核心概念和过程。① 而案例研究(case study)、调查(survey)和数据分析(data analysis)是整个研究不可缺少的手段。

四、政治学在多大程度上成为科学?

19世纪以来,政治学开始了科学化的进程。特别是20世纪50年代以后,受"行为主义革命"的影响,政治科学化更成为一种政治研究的时尚。

毫无疑问,政治科学化的确具有很大的吸引力。它清楚地界定了"事实"(客观的可以经验证明的)和"价值"(主观的意见和规范或伦理的信念)的界限,提供了区分真假命题的公正而可信的手段,因而也为我们获得关于政治世界的客观知识提供了路径。

然而,政治学到底在多大程度上能够成为科学?

焦点讨论:政治学在多大程度上能够成为科学?

政治学是科学吗?

如果我们不能确定哪个因素对政治起什么作用,政治学又怎能称得上是一门科学呢?这个问题部分在于对科学的界定。科学(science)的最初含义来自法语,仅指知识(knowledge)而已。后来,它成了诸如物理、化学等依赖于精确测量和数学运算的自然科学的代名词。现在,大多数人认为科学就是由实验和资料证明的精确性和真实性。有些政治科学家(正如我们后面会看到的那样)事实上就想做得跟自然科学家一样,他们收集量化了的资料,经过统计加工去确认他们的假设。他们的工作提供了许多有益的帮助,但他们通常只关注于很小的细节问题,而不是有更大意义的问题。这是

---

① 参阅 Alan S. Zuckerman, *Doing Political Science: An Introduction to Political Analysis*, Boulder, San Francisco, Oxford: Westview Press, 1991, pp.6-13。

因为他们总是拘泥于可以量化的领域——公共舆论、选举报告和议员投票。(有时这些数据也会出现不同的解说。)

但大量政治领域是不能量化的。这把我们又推回到开头部分提出的问题上去：领导者为何和如何做出决定？即使在民主政治中，许多决策也都是秘密制定的。我们无法确知决策是怎样做出的，不管是在华盛顿的白宫、巴黎的爱丽舍宫还是莫斯科的克里姆林宫。当一个国会议员为某个问题投票时，我们能确信他为什么那样投吗？是为了选民的意愿，国家的利益，还是利益集团的竞选资助？当最高法院裁定基于种族原因解雇学校老师是违反宪法的，而以同样理由雇佣他们却不算违法时，法官们的脑子里到底在想什么呢？试着用一种可以量化的办法把它输入计算机吧。许许多多的政治问题——特别是在处理为何和如何做决定时——实在是太复杂了，以至于无法被量化。

这是否就意味着政治学永远也不能像自然科学一样呢？有些部分可以——在我们能够获得有效数字的领域里，但其余大部分却不行。然而，我们却可以积累非量化的资料。我们可以发现政府试图维持其合法性的固定模式、候选人竞选的方式以及结盟和解体的形式。用不了多久，你就会发现阳光下没有新鲜的东西，政治活动的每一种形式都有先例可循。渐渐地，你就学会了归纳。当归纳得到进一步证实时，我们就把它叫作理论。在某些情况下，理论变得如此有力，甚至我们会把它称为"法则"(laws)。按照这种方式，政治学研究就是积累知识，而"知识"就是科学的本义。有的大学设有"政治"系或"政府"系，就是想绕开这个恼人的问题——政治学是一门科学吗？对这个问题的回答就留给你们了。

（选自迈克尔·罗斯金、罗伯特·科德、詹姆斯·梅代罗斯、沃尔特·琼斯：《政治科学》，林震、王锋、范贤睿等译，北京：华夏出版社2001年版，第15页。）

【思考题】
1. 什么是行为主义？它对于政治学的发展起了什么作用？
2. 如何认识政治哲学研究方法与政治科学研究方法的不同？
3. 如何评价政治科学化趋势？

【扩展阅读文献】

1. 王沪宁:《比较政治分析》,上海:上海人民出版社1987年版。

2. 王浦劬主编:《政治学基础》,北京:北京大学出版社1995年版。

3. 王沪宁:《当代西方政治学分析》,成都:四川人民出版社1988年版。

4. 艾伦·C.艾萨克:《政治学:范围与方法》,郑永年、胡谆、唐亮译,杭州:浙江人民出版社1987年版。

5. 格林斯坦、波尔斯比编:《政治学手册精选》(上、下卷),竺乾威、周琪、胡君芳、储复耘译,北京:商务印书馆1996年版。

6. 吴量福:《政治学:研究方法与论文撰写》,天津:天津人民出版社2007年版。

7. Stephen D. Tansey, *Politics*: *The Basics*, London and New York: Routledge, 2000.

8. Andrew Heywood, *Politics*, New York: Palgrave, 2002.

9. Rod Hague, Martin Harrop, Shaun Breslin, *Political Science*: *A Comparative Introduction*, New York: St. Martin's Press, 1992.

第五讲

政治生活的价值取向

　　价值体系是长期的文化积淀的产物,是一个社会组织安排的深层结构。严格地说,稍有历史年代的社会,都会有自己的文化,因而,也都会有自己的价值体系。这套价值体系提供了人们行为评价的标准,它会告诉我们,什么是值得追求的、什么是应当反对的、什么是可以许可的;以它为基础,形成社会生活的基本理念和组织安排的基本原则。

　　正义、权利、自由、自治、民主、平等、福利、宽容等观念是现代价值体系构成的基本要素。不同的人为这些观念赋予了不同的含义和解释,使政治价值体系呈现出纷繁复杂的特点。本讲将围绕这些概念的含义以及人们在这些观念上所存在的分歧展开讨论,以便澄清概念,在基本价值观念上达成共识。

核心问题:

▲ 政治价值体系的构成和意义

▲ 政治价值体系各要素的含义

▲ 不同价值取向对于政治安排和政策的影响

一、政治价值体系的构成

　　政治价值体系是政治社会的基础,它是文化积淀的历史产物。它的作用在于:(1)决定了社会生活的意义、方向和目标;(2)提供了人们行为评价的标准;(3)规定了社会生活组织安排的基本原则。

　　根据马克思主义的观点,政治价值体系属于社会上层建筑,受社会经济发展水平和经济关系的制约。这是一种政治经济分析观点。根据马克思的观点,生产力是社会变迁的基础。在下图所示的社会结构中,物质生产力的变化是最快的。它的变化引发生产关系的变革,进而带来社会制度的变革,从而产生新的意识形态和价值体系。

马克思政治经济分析中的价值体系

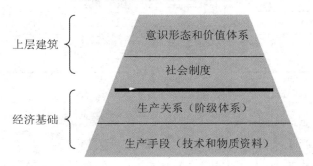

但是,在政治结构分析中,政治价值体系属于政治体系基础性的深层结构。它渗透于政治意识形态和政治文化之中,共同构成了政治系统的"观念"系统。见下图:

政治结构中的价值体系

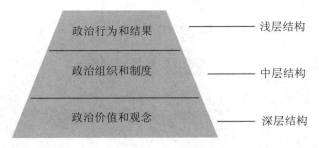

运用系统分析的方法和观点,如果我们把政治体系视为一个系统平台,那么,政治组织和制度构成了该系统的"硬件"系统,而政治价值体系则构成了该系统的"软件"系统。①

正义(justice)、权利(rights)、自由(liberty/freedom)、自治(autonomy)、民主(democracy)、平等(equality)、宽容(toleration)是现代政治生活中最基本的价值追求,它们是构成政治价值体系最基本的要素。

---

① 参阅戴维·伊斯顿:《政治生活的系统分析》,王浦劬主译,北京:人民出版社 2012 年版。

政治系统中的价值体系

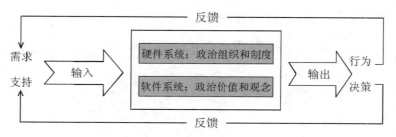

然而，它们之间存在一定的结构关系：每个概念或要素各有其自己的应用范围，反映了不同的生活层面和角度。"正义"意味着对"权利"的合理（平等）分配，而"权利"的合理分配就体现在"个人"与"集体"（或社会）互动关系的各个方面：在个人与公共权力（国家/政府）关系方面，追求"自由"；在社会组织与公共权力（国家/政府）的关系方面，追求"自治"；在个人、社会组织、公共权力（国家/政府）三者关系方面，追求"民主"和"平等"；在个人与个人的关系方面，追求"宽容"。

政治价值体系的构成

如果说"正义"意味着合理地或者平等地分配权利（或权益），那么，这种合理或平等的分配就体现在规划国家/政府、社会、个人三者关系的各个方面。现代政治生活给出的选择是：在个人生活领域，强调自由和宽容；在国家层面的公共生活领域，强调民主和效率（efficiency）；在社会层面的公共生活领域，强调自主（self-determination）和自治。上图不是很严谨地反映了政治价值体系的构成。

二、政治价值体系诸要素分析

1. 正义(justice)

正义是政治学、伦理学、经济学以及法学最常使用的概念之一,它是指公正分配奖励(rewards)和惩罚(punishments)的道德观念。简单地说,正义就是给每个人应得的本分。它可以应用于包括自由、权利、权力、财富、休闲等价值在内的所有社会利益的分配之中。正如"公正分配"的范围非常大一样,正义也可以被看成一个本质上充满争议的概念。

人们经常从不同的角度来定义"正义",从而形成了不同类型的正义观念。"程序性的"(procedural)正义和"实质性的"(substantive)正义是常见的划分①。前者指的是形式的正义,即产生结果的方式和支配人们行为及相互作用的规则的公正性。例如,一场公平的体育比赛,只要求比赛规则公平,并有独立的裁判做出裁定。它为不同的参赛者提供了一样的场地、一样的规则和一样的裁判。在同样的程序下,结果肯定是不同的。后者指的是真实的(或内容的)正义,即它关注结果本身(要求结果相同或相等),通常在"量罪定刑"的思想中得到体现。犯什么样的罪,就该给什么样的惩罚;同样的罪行,给同样的惩罚。

在社会生活中,我们也经常使用"法律的正义"(legal justice)和"社会的正义"(social justice)的概念。这也可以说是正义概念的又一种划分。法律的正义指的是根据错误行为特别是违法行为的结果来实施惩罚。所以,我们经常说司法机关是正义的化身。但需要注意的是,法律并不等同于正义。有正义的法律,也有不正义的法律。同样,司法机关可能公正司法,也可能司法不公。公正司法的积极作用也许还不算很明显,但是司法不公的破坏作用却非常明显,它会动摇和摧毁人们对一个社会的正义体系和正义观念的信心。

---

① 参阅 Andrew Heywood, *Key Concepts in Politics*, New York: St. Martin's Press, 2000, p. 135; Norman Barry, *An Introduction to Modern Political Theory*, New York: St. Martin's Press, 2000, pp. 145-167。

社会的正义指的是社会价值如财富、收入、社会地位等实现公平分配。许多人把社会正义概念应用于社会平等方面,把它看作社会主义原则。

正义一直被认为是政治思想的主要概念。从柏拉图和亚里士多德起,政治思想家们就把一个良好的社会视为"正义的社会"。所以,政治理论讨论的核心问题就是"谁应当得到什么"(who should get what)。在涉及法律正义的时候,这个问题通过发展和采用各种程序性规则(如司法中立原则、注重证据原则、陪审团制度等)来加以解决。到目前为止,在这方面所产生的分歧和争议似乎也不算太大,尽管各国的法律体系可能有所不同。

但是,社会正义问题却是一个一再争论的问题。一些人,包括"新右派"(New Right)的支持者,极力削减社会正义的思想和概念,认为把诸如正义这样的道德原则应用在财富和收入分配方面是不合适的,因为它们纯属经济事务,只能用"效率"和"增长"一类的标准去评价和衡量。由此出发,他们认为,那种把穷人说成非正义的"牺牲品"(victims)的说法是十分荒谬的。相反,社会主义和现代自由主义者赞同社会正义观念,他们反对把经济和伦理分开,不主张把财富和贫困这类问题都留给市场去解决。对社会正义的同情,往往使他们与支持政府干预经济和社会生活的人们走到了一起。当然,自由主义的社会正义模式与社会主义的社会正义模式可能也完全不同。前者建立在个人主义(individualism)和知识精英(meritocracy)责任的基础上,而后者建立在集体主义(collectivism)以及支持社会平等和公社制的基础之上。

2. 权利(rights)

权利被认为是做某种事情的资格(entitlement)或正当性。在常见的讨论中,权利一般被分为法律权利(legal rights)和道德权利(moral rights)。前者被归结为正式的法律和行为规则,具有强制性;后者被认为是一种道德的主张或哲学观点。① 人权(human rights)和早期的自然权利(natural rights)均属于道德权利的范畴,尽管现在也经常被引申为国际法和国内法的内容。

---

① 参阅 Andrew Heywood, *Key Concepts in Politics*, New York: St. Martin's Press, 2000, pp. 147-148。

对权利的认识和阐述有两种不同的角度。对权利的上述基本划分(即法律权利和道德权利的划分),都包含了这两个不同的角度:积极的(positive)权利观念和消极的(negative)权利观念。消极的权利观念划出一个行为不受限制的领域,约束他人,尤其是约束政府不要侵占"我"的领地,那是"我"的权利范围。自由主义者所鼓吹的公民自由如言论自由等,多属于这种权利观念。这种权利观念在实践上要求政府和我们的同类不要干涉我们,让我们自己好生待着(leave us alone)。积极的权利观念要求别人,特别是政府给我们提供资源和支持,因而要求政府和我们的同类对我们承担责任。社会和福利方面的权利,如受教育权利、社会受益等权利,多属于这个范畴。这种积极的权利观念在实践上要求政府承担更大的社会责任,提供服务,保障社会资助。

权利观念起源于17和18世纪,最早来自自然权利(natural rights)或天赋权利(God-given rights)的思想,特别被社会契约论者广泛使用。自然权利观念是个人权利观念的表述,是权利观念最早的理论形态。早期的西方思想家洛克、霍布斯(Thomas Hobbes,1588—1679)、卢梭等都是它的阐发人。自然权利(或称为个人权利观念)被提出来是要解决社会政治的一个根本问题:政治共同体的起源和基础是什么?这个问题也就是:政治服从的根据是什么?为什么我们要服从公共权力?用我们今天的话说,是要解决一个政治合法性的问题。由于神学的解释不被认可和采纳,人们需要找到一个合乎逻辑的解释。社会契约理论就给出了这样的解释。那么,公共权力的行为规则是什么?它的标准和依据是什么?它就是上帝赋予我们的生来就享有的权利。这种权利当初被称为"自然权利",今天被称为"人权"(人之为人的权利)。这些权利在今天有的成为法律(即前面提到的"法律权利")被规定了下来,有的还没有成为法律,而只是作为一种道义力量存在(即前面提到的"道德权利")。

从历史的角度看,国际范围内权利观念的发展经历了"三代":第一代"权利"指传统的自由权(traditional liberties)和公民权(privileges of citizens),如宗教宽容、免受专制逮捕、自由言论、自由选举等权利。第二代"权利"指社会经济权利,如受教育权利,居住、健康、选择职业和保持最低生活标准(adequate standard of living)的权利(这被认为是较为激进的主张,但基本上还属于个人权利观念的范畴)。第三代"权利"指向社团(communities)和群体,包括少数民族语言权、民族自治权、维持整体环境和经济发展权等。①如果说第一和第二代权利基本属于个人权利观念范畴,那么,第三代权利则过渡为团体权利(group rights)观念。

从自然权利观念产生到现在,关于权利问题的争论,主要不是围绕要不要权利或权利到底存在不存在而展开,而是围绕什么权利该优先(priority)和它的含义究竟是什么而展开。这是左、中、右不同政治派别在权利问题上的分歧所在。自由主义者从消极的权利观念出发,把权利视为个人抵御专制政府的手段;社会主义者反对私有制和由此产生的阶级不平等,从积极的权利观念出发,为福利供给和经济干预辩护;"新右派"人士由于认为福利供给和经济干预会助长个人依赖性而大力谴责积极的权利观念。今天,团体权利观念又得到了发展,代表社会少数派利益的人也加入这场争论之中。在大多数情况下,他们要求平等对待受到歧视或处于社会不利地位的人,包括妇女、同性恋者、残疾人、儿童等。也有人要求对某些群体给予特别权利,如妇女避孕和堕胎的权利、坐轮椅的残疾人便利行动的权利。生态主义者则进一步将人权扩大至非人类的范围,要求给动物和植物以权利。随着社会文明化程度的提高,这些权利正在被越来越多的人所接受和认可,而且也被越来越多的国家作为施政原则而加以执行。

当然,对上述权利观念提出疑问的也大有人在。马克思主义者运用阶级统治的观念反对普遍和抽象的自然权利和人权观念。功利主义者认为权利观念是无法验证的哲学主张(坚持说公共服从的基础是功利计算,政府的原则不是权利标准,而是功利最大化原则)。保守派和一些社群主义者(communitarians)认为,倡导权利观念的文化会导致利己主义,会削弱社会道德规范。

3. 平等(equality)

在政治学中,平等概念有多种用法,它既是一种哲学信念(强调本质上的平等,即人是平等的动物),也被认为是一种分配原则(指人与人之间应在收入、社会机会和政治权利等分配上享有平等)。

---

① 参阅 Robert E. Goodin and Philip Pettit, *A Companion to Contemporary Political Philosophy*, Basil Blackwell Ltd., 1993, p. 578。

讨论平等的含义,只有回答"在什么方面平等"才有意义。根据所分配的对象的不同,平等概念的应用也完全不同。

(1) 根本平等(foundational equality):指一种坚信人类生而平等的思想,强调人类的生命在价值上是等值的。这就是上文提到的平等的第一种用法。

(2) 形式平等(formal equality):指社会成员在权利和资格方面的正式身份的平等,主要包括"法律平等"(法律面前的平等)和"政治平等"(平等享有选举权,一人一票,每票等值)。

(3) 机会平等(equality of opportunity):指每个人起点相同,生活机会相同。这一概念的意义在于,它区分了两种不平等的结果:由于社会的区别对待而产生的不平等和由于个人在价值、才能和工作意向方面的不同而产生的不平等。它反对的是前者。

(4) 结果平等(equality of outcome):指收益的平等分配。通常被认为属于"社会平等"的范畴,即收入、财富和其他社会利益的平等分配。①

上述不同用法有时互相对立,例如,强调机会平等,可能就要为社会结果的不平等展开辩护。在实践中,上述平等形式分别采用不同的原则:绝对平等原则和相对平等原则。绝对平等原则适用于第(1)(2)(3)种平等,意味着人们在权利、法律和机会方面完全平等。相对平等原则是分配的基本原则,适用于第(4)种平等。它强调,对于那些非基本权利的分配,应该根据人们对社会贡献的大小和多少来进行,也就是我们通常说的"多劳多得"的原则。然而,人们对非基本权利分配所采用的相对平等原则也存在争议。以罗尔斯为代表的一派,本着"社会合作"原则,提出社会应该不平等地分配非基本权利,实行"补偿原则":获利较多者必须给获利较少者以补偿,因为获利较多者比获利较少者较多地利用了他们共同创造的资源——"社会"与"社会合作"。这种观点成为现实生活中个人所得税政策的理论基础。以诺齐克为代表的另一派,反对"社会平等"的观念,也反对罗尔斯的"补偿原则",认为那会侵犯那些有才能的人的个人权利。

平等观念是一种现代的政治思想。古代思想家一般倾向于认为等级制是自然的或者不可避免的。而现代思想家们很少有人公开反对平等观念。

---

① 上述对平等概念的划分参阅 Andrew Heywood, *Key Concepts in Politics*, New York: St. Martin's Press, 2000, p. 128。

因此可以说,现代人都是平等主义者(egalitarians)。所以,平等问题上所展开的现代论战,绝不是平等的支持者和反对者之间的论战,而是在什么领域和如何实现平等问题上不同观点之间的论战。在上述4种平等概念中,前面3种基本上不存在重大分歧。分歧主要产生于第4种概念,即结果平等上。

假如我们用光谱来描述平等问题上的不同观点,可以看到,左派广泛支持社会平等的思想,而右派则持反对意见。支持和反对意见可以列表如下:

支持和反对"社会平等"的观点比较

左派:支持观点	右派:反对意见
• 社会平等可以促进社会一致和利益分享,从而强化社会凝聚力	• 社会平等是不正义的,因为它平等地对待本来不平等的人,使有才能有能力的人得不到应有的回报
• 社会平等可以促进社会正义,因为最明显的社会不平等不是自然天赋的结果,而是社会不公的产物	• 社会平等的结果是经济停滞,因为它削弱了人们的动机,压制了人们的欲望,导致总体水平下降
• 社会平等可以扩大自由,因为它保护人们免受贫穷之苦,满足基本需求,使人们得以实现自己的目标	• 社会平等只能通过国家干预和"社会工程"(social engineering)来实现,那意味着对个人自由的侵害
• 社会平等是唯一具有实在意义的平等形式,是所有其他平等的基础,真正的法律平等和政治平等也要求人们平等地获取社会资源	• 社会平等导致单调的一致,社会多样化、社会活力和生命力遭到破坏

在历史上,平等概念是由新兴的产业阶级提出的(有产阶级、所谓的"第三等级"),他们提出平等要求,主要是针对传统等级化社会的贵族特权,所以,其平等的理想主要是谋求政治平等。后来,马克思主义和社会主义运动也采用这一概念,并且将它引申到经济平等的方面,使之成为无产阶级针对有产阶级提出的经济要求,即"剥夺剥夺者",实现产权的公有化。

4. 自由(liberty/freedom)

自由在中文中的含义为"由于自己"而不由于外力,即"自己做主"。在中国古代思想中,自由也就等于自然,自然就是"自己如此"。

在英文中,自由有两个不同的概念,liberty 和 freedom,被看成两个可以互相置换的术语。在日常的英语表述中,自由被定义为免受强制或阻碍

(the absence of constraints or obstacles),即一个人的自由意味着他的行动和选择不受他人的强制或阻碍。①

广义而言,自由就是一个人按照其意志去思考和行动的能力。自由一般被划分为两种,即消极自由和积极自由②。所谓消极自由就是"不受干预"(non-interference),即个人不受外部因素的限制,可以按其意志来行动。选择自由、公民自由和个人隐私等,皆属于消极自由的范畴。所谓积极自由就是在不受限制的情况下个人能够实现其意志的能力,通常表述为个人发展或个人实现。

在英文中,自由的上述划分通常也被表述为 being free from something 和 being free to do something 的区别。实际上,在很多情况下,这种区分只是反映了一个问题的两个方面。比方说,你想得到不挨饿的自由,就得去而且能够弄到食物。你想免受无知的困扰,就得去学习和接受教育;而你要去学习和接受教育,必须既要有不受强行限制学习和受教育的条件,又要自己具备学习和受教育的意愿和能力。同样,你想获得选择的自由,那么,第一,必须没有人限制你做出选择,第二,你必须有选择的意愿并学会如何选择(比方说,你需要掌握一定的信息,你要学会比较等)。所以,自由的这两个方面的含义又被概括为一个简单的公式:"X is free from Y to do or be Z。"③

"X is free from Y to do or be Z"这个表述包含了对自由两个方面的理解:(1)当你要做某件事情的时候,必须不受别人强制或干涉;(2)当你要做某件事情的时候,你自己必须具备做这件事情的能力,否则就是没有意义的幻想。前者强调的是自由的条件——"你别干涉我";后者强调的是自由的能力——"我能做我想做的"。从前者的角度讲:我不自由,因为有人管制我,不让我做;从后者的角度看,我不自由,因为虽然你不管制我了,可我仍然无法实现自己的目标(因为我不具备实现目标的能力)。所以,前者是"消极自由"的表述,又被理解为"外在自由",而后者是"积极自由"的表述,又被称作"内在自由"。

---

① 参阅 Norman Barry, *An Introduction to Modern Political Theory*, New York: St. Martin's Press, 2000, p. 190。

② 参阅 I. Berlin, *Four Essays on Liberty*, Oxford: Oxford University Press, 1958。

③ 参阅 G. MacCallum, "Negative and Positive Freedom", in D. Miller (ed.), *Liberty*, Oxford: Oxford University Press, 1991。

现在让我们做进一步的解释。广义来说,自由就是不受限制地去做自己想做的事情。那么,一个人想做的事情可能很多,有现实的,也有不现实的。这个时候,限制其自由活动的障碍可能来自两个方面:(1)外在的——自然的障碍(如自然的对抗)和人为的障碍(如制度的不合理或者他人的意志和行为与自己相冲突);(2)内在的——自身能力的不足。那么,要克服这两个方面的局限,一方面,要尽量减少外界干预和限制,如改善自然条件,改良社会制度,确立解决行为冲突的合理方式,从而为个人自由发挥创造条件;另一方面,要不断学习,扩大视野,增长才干,提升自己做事的能力。

古典自由主义(classical liberals)坚持自由的狭义概念,即"消极自由",他们把所谓内在的自由视为个人能力的问题而交给个人去处理,将关注点放在自由的外在性方面,力图消除限制人们自由的外在因素。也就是说,在如何确保个人自由问题上,他们更倾向于和更关心所谓"消极自由"。而现代自由主义将自由延伸和扩大到广义的概念,在如何确保个人自由问题上,除强调"消极自由"外,更加强调"积极自由"的重要性。

那么,"消极自由"和"积极自由"、古典自由主义和现代自由主义争论的意义何在?传统自由主义所坚持的"消极自由"观念有一个基本假设:人是有理性的智慧动物,在涉及自己利益的问题上,能够做出明智的决定;让每个人充分发挥自己能力的社会是最好的社会;如果不加限制和干预,相信每个人都能够发挥自己的最大潜能,去追求和实现自己的幸福。所以,构建一个社会的基本原则应当是尽可能少地对个人行为进行人为干涉;政府作为公共权力,除了维持一般秩序之外,对社会采取放任自由的态度是最好的。如果非要让政府承担更多的事情,特别是让政府来帮助个人提高其能力,那势必会为政府(公共权力)践踏个人自由打开方便之门。那个时候,政府会说,你要追求幸福吗?我不反对,可是你自己并不清楚你的幸福之所在(认识能力有限),还是听我的吧。你不是要选择自由吗?我可以不限制你做出选择,可是你所做的选择并不明智(选择能力有限),还是让我来帮你选择吧。你不是要言论自由吗?我是可以不限制你说话,可是你所说的话不是真理(说话能力有限),只能扰乱视听,还是让我来说吧。

现代自由主义所坚持的"积极自由"观念也有一个基本假设:个人能力的不足阻碍着个人自由的实现,而提高个人能力绝非个人所能;再说,现代社会非常复杂,好多事情关系到整个社会,根本不是个人所能办到的。他们辩称,政府对个人行为不加限制,让人们充分发挥自己的能力当然是好事,可是,对于一个靠要饭为生的人,如果政府说"我不限制你,你有要饭的自由,如果哪天你不愿意了,你也有不要饭的自由",那么,这个政府简直就是最不道德的;对于深受疾病折磨而又无钱医治的病人,如果政府说"为了保障你的个人自由不受侵犯,我同情你,但我不能管你",那么,这个政府简直就是最不人道的;对于一个无钱上学的孩子,如果政府说"你现在有上学和不上学的自由,将来还有择业的自由",那么,这个政府无疑就是最不负责任的。所以,"消极自由"限制了政府作用的发挥,降低了政府所承担的起码的道德责任。此外,"消极自由"的观念把"整体"看成"个人"之总和,根本没有注意到个人和整体、眼前和长远利益之间的复杂关系,从而忽视了政府在调节这些关系问题上应当承担的作用。

自由被认为是社会最高的政治价值,是人类幸福安康的基础。尽管它是如此流行,但不同的政治思想家和不同的思想传统依然从其自由的信念中引申出了完全不同的结论。"消极自由"和"积极自由"的争论反映的是两种不同的政府模式:(1)"消极政府"——政府是一个无为的旁观者,一个不代表任何利益的中立性的裁判,一个在大街上溜达的治安警察;(2)"积极政府":政府还应该为人民实现自由提供基本保障,甚至更进一步,政府还应该成为人民幸福和福利的创造者。古典自由主义和新右派把国家政治权威压缩至最低限度;而现代自由主义和社会主义扩大国家的责任范围,特别在关系到社会福利和经济管理的时候。在争论的双方中,一方把国家看作个人自由的敌人(当它从外部限制个人自由的时候),而另一方则把国家看成个人自由的保障(当它为个人发展和自我实现创造条件的时候)。保守主义(conservatives)把自由视为对义务和责任的心甘情愿的认可。这种立场的极端代表就是法西斯主义,它把所谓"真正的"自由描绘成对领袖无可置疑的服从与个人对民族社会的完全融入和奉献。

自由和秩序的平衡关系也是政治理论的核心主题。自由主义和社会主义崇尚自由,认为人的理性能力能够保证人们做出聪明的选择;而保守主义强调秩序至上,认为人是软弱的、有限的甚至是腐败的动物,需要有权威凌驾其上。

在自由问题的讨论中,政治思想家们也围绕它的心理作用展开了争论。以密尔为代表的乐观主义者认为自由会促成人类的繁荣;而当代思想家弗洛姆(Erich Fromm)却对"自由的恐惧"(fear of freedom)给予关注,认为在必须做出选择而选择后果又不确定的情况下,自由也会成为人们的一种心理负担。① 特别是在政治不稳定和经济危机时期,人们可能倾向于逃避自由(flee from freedom),寻求服从集权领袖和极权主义国家下的安全稳定。这种理论可以用来说明法西斯主义和宗教原教旨主义产生的原因。②

最后,自由的价值是什么?它是人类基本需要的反映,还是达成其他基本需求的先决条件?面对如此问题,政治思想家也展开了广泛的讨论,并给出了两种答案:(1)浪漫主义者的答案:强调自由的内在价值——自由是最深刻的人性的需要。马斯洛(A. Maslow,1908—1970)的需要层次论(生理、安全、爱、尊重和自我实现)反映了人的最基本的需求,由此可见,自由是一种比生理需求更高的需求;汤因比也曾经指出:没有一种最低限度的自由,人就无法生存,这正如没有最低限度的安全、正义和食物,人便不能生存一样。(2)功利主义者的答案:强调自由的外在价值——自由是达成自我实现和社会进步的根本条件。自我实现的根本条件是个性的发挥,而个性的发挥需要自由;社会是每个人的总和,个性的发挥是社会繁荣和进步的根本条件。

5. 宽容(toleration)

宽容是指对不同观点和不同意见的自制和忍让。它既不同于赞同许可(permissiveness),也不同于漠不关心(indifference)。许可是一种允许他人随其心愿而行事的社会态度,它既可能出于道德上的不关心,认为对产生争议的行为无法做出道德判断;也可能出于道德上的相对主义(relativism),认为道德判断只能因人而异。宽容建立在两个道德判断的基础之上:(1)不赞同某种行为或某一种观念;(2)运用自己的观点明确拒绝或说服别人。所以,宽容并不是简单忍受不可改变的事实,比方说,受丈夫虐待的妻子出于恐惧而忍受丈夫的行为很难说成宽容。此外,宽容也不能简单等同于不干涉,虽然它也不意味着干涉和限制别人。宽容意味着通过道德的榜样和理性的说法去努力影响别人。宽容有时候也可以分为积极和消极两种。积极的宽容态度意味着欢迎、鼓励多样性和多元化。消极的宽容意味着被动地接受多样性,或

---

① 参阅 E. Fromm, *The Fear of Freedom*, London:Ark,1941。
② 参阅 Andrew Heywood, *Key Concepts in Politics*, New York:St. Martin's Press, 2000, p.131。

者只是采取"自己活也让别人活"(live and let live)的态度。①

宽容是互相冲突的观点和立场之间互相理解、允许彼此存在并力求说服和影响对方的行为态度。它是个人之间、组织之间一种比较文明的行为方式,包括以下几个环节:

(1) 彼此承认不同意见和立场是可以理解的;

(2) 彼此能够文明地(辩论而不是暴力)对待不同意见和立场;

(3) 三种行为选项:①必须合作的时候,本着求同存异的原则进行合作;②发生争议的时候,本着理性说服的原则影响对方(可能被说服,可能不被说服;可能你被说服,可能他被说服);③在不能合作或不必合作的时候,本着"自己活也让别人活"的原则,互不干涉。

宽容是现代社会生活的一种核心原则,它被认为是个人自由和社会繁荣的手段和条件。早期的政治思想家如洛克和密尔等人都曾经为宽容辩护。洛克特别为宗教宽容说话,认为国家无权在"人的灵魂方面"多管闲事。他坚信人是有理性的,真理只有在不同观念和信念的自由竞争中才能产生,所以,最好是让它们"独立谋生"。密尔将宽容视为个人自由的一个方面,认为宽容反映和代表着个人自主和独立,宽容地对待不同意见、鼓励不同观点之间的争论有助于促进社会智力和道德的健康发展。他们的观点特别得到了多元主义的赞同。

然而,宽容也有限度。即使是提倡宽容的自由主义者,为了防止宽容导致的不宽容(intolerant),也不得不对宽容采取保留意见。对那些反对宪法和挑战共同价值的极端党派采取不宽容的态度,是因为一旦他们上台,可能取消宽容,实施极权和独裁统治。另外,我们也不能过于相信人类的理性能力和抵御恶劣观念的能力,人们也常常容易受到极端思想的蛊惑。对类似法西斯主义和种族主义的极端思想的宽容,只能使社会所形成的共同价值和文化遭到破坏。

6. 自治(autonomy)

自治(self-government)是"指某个人或集体管理其自身事务,并且单独

---

① 参阅 Andrew Heywood, *Key Concepts in Politics*, New York: St. Martin's Press, 2000, p.149。

对其行为和命运负责的一种状态"①。自治被认为是一种社会生活的价值目标。在国家状态之下,自治具有两重意义:就个人而言,它意味着自决(self-determination)和免受干预的自由状态(freedom from intervention);就一个共同体而言,它意味着一个地方、一个社区、一个村落和一个组织通过其代表决定共同体的经济、社会和政治事务,控制共同体的资源和社会政策的状态。自治也被认为是"国家政治的相对物",当国家最高公共权力涉足不到或者不去涉足时,自治的概念便产生了②,因此,合理的自治也是国家善治的必要条件和基本要素。唯其如此,考察社会自治的发展历来是政治学家观察一国政治发展状况的重要方面。③

从字面上理解,自治即自我统治和自我管理。如果说自由是相对于个人而言的,那么,自治则主要是相对于组织和团体而言的。它的主体一般指非个人的组织和机构。例如,某一国家、某一机构或某一团体,如果享有独立性,并实行自我管理,我们可以说它实现了自治。

我们经常提到"自治国家""民族自治""区域自治""自治组织""村民自治"等概念。概括地说,自治概念被用在两个不同的层面:国际政治和国内政治。在国际政治中,自治国家指的是独立的实现自我管理的主权国家。这种使用在反殖民主义斗争时期是常见的。在国内政治中,自治一般与分权化(decentralization)相联系,它主要针对上一级组织和下一级组织的关系,特别在国家与社会关系的问题上,自治对于社会组织更被视为如自由对于个人一样重要。在当代政治学的研究中,市民社会(civil society)和中介组织的自治发展,更被视为民主化健康发展的必要条件。

7. 民主(democracy)

尽管民主的基本含义非常简单——"人民统治"(rule by the people),尽管民主已经在当代政治生活中受到了普遍赞誉,但是,为民主理想所做的辩护

---

① 邓正来主编:《布莱克维尔政治学百科全书》,北京:中国政法大学出版社1992年版,第693—694页。
② 参阅桑玉成:《自治政治》,香港:三联书店有限公司1994年版,第3页。
③ 有许多学术研究讨论了自治与国家能力、公民权利、民主政治等政治发展要素的关系,有关这方面的研究综述可参见徐增阳的文章:《自治:传统与现代的比较》,《经济社会体制比较》2008年第1期。

和民主理想的实施却非常复杂,而且充满了争议。① 民主概念起源于古希腊语的"demokratia",其字面含义就是"人民统治"。当时的"人民"(demos)只是指"穷人"或者多数人。后来,穷人被"人民"(people)的概念所取代,但也由此衍生出许多含混不清、语义不明的表述。今天,民主成了一种富有争议的价值,各种不同的政治体系都以民主相标榜,这更增加了理解民主的难度。

对民主最著名的表述也许出自亚伯拉罕·林肯。他用赞美的语言表述民主就是"government of the people, by the people and for the people"。这种简短的表述概括了民主的三个核心特点:(1)政治平等;(2)公民参与;(3)公共利益。在当代政治生活中,民主被普遍认为是一种政治体系,其中所有成年公民可以广泛分享参与决策的机会。

迄今为止,民主可以划分为许多不同的模式。其中,直接民主(direct democracy)和代议制民主(representative democracy)是最重要的划分。

直接民主通常也被称为古典民主(classical democracy)、激进民主(radical democracy)和参与的民主(participatory democracy)。直接民主以公民直接地、持续不断地参与管理工作为基础,消除了管理和被管理、国家和社会之间的界限,成为民众实现自我管理的体系。直接民主的成功案例就是古代雅典民主。古代雅典曾经确立一种群众大会的民主政体,所有城邦事务都要通过公民大会表决。直接民主最普遍的现代表述就是公民投票和全民公决。

代议制民主也被称为"自由民主"(liberal democracy)。它是一种有限的和间接的民主体系。所谓有限的,是指它将民众参与限定在每隔几年举行一次的公民投票行为中。所谓间接的,是指它不允许民众直接实施权力,只允许他们选择代表来实现统治和治理。目前世界上的民主国家都以代议制民主作为其主要的实践形式。

民主一开始并没有像今天这样受到热烈欢迎。政治家和政治思想家们普遍转向民主是政治历史上最富有戏剧性的重大事件。19世纪以前,民主一直被看成一种"暴民政治"(mob rule)。现在,几乎所有的人都成了民主人士。自由主义者、保守主义者、社会主义者、共产主义者、无政府主义者,

---

① 参阅 Robert E. Goodin and Philip Pettit, *A Companion to Contemporary Political Philosophy*, Basil Blackwell Ltd., 1993, p. 411。

甚至是法西斯主义者,都声明支持民主,并表现自己是民主的使者。

民主问题上的争议主要来自不同理论和不同模式之间的较量。争论的焦点是:如何实现民主？民主的实践范围应该有多大？其中,最常见的问题是代议制民主的适应性,即民主原则究竟应当被严格限定在政治事务方面,还是推广到家庭、工作单位以及经济权力的分配方面？

关于民主的优缺点的争论也在延续。下表概括了争论双方的不同观点。

支持和反对民主的观点比较①

支持民主	反对民主
● 通过确保权力受到限制并服从于人民同意,保护个人自由不受政府侵犯 ● 通过鼓励公民政治参与,了解社会运转状况,促进教育和个人发展 ● 通过让人民在决策过程中发出自己的声音,强化共同体和社会的团结 ● 通过确保政府政策最大程度反映公民利益,扩大社会和个人福利 ● 通过将政府"输出"转变为民众"输入",实现二者平衡,保证政治稳定	● 知识与智慧在社会中的分配并不平等,民主会使无知的人和见识狭隘的人上台统治 ● 个人自由和少数人权利将受到所谓"人民"的多数人的压制,所以,民主是"51%的专制" ● 因为它表达的是所谓集体利益,而不是个人利益,所以它会导致政府和国家的过分的控制 ● 它允许蛊惑人心的政客通过激发大众恶劣本能而掌权,从而导致独裁和压迫

三、价值偏好与现实政治生活

政治价值取向与现实政治生活有着密切的关系。不同的价值选择可能会产生不同的制度安排,从而形成不同的政治体系。同样,不同的价值选择也会影响政治决策,从而形成不同的公共政策。

由于上述不同价值选项关系复杂,有的互相一致,而有的存在内在冲突,这就使我们经常陷入"鱼和熊掌不可兼得"的境地。

分析不同的政治理论和政治实践,我们可以看到,每一种理论或实践,可能只是在不同选项中做了最优选择。当"自由"作为优先选项的时候,在

---

① 根据 Andrew Heywood 的概括制表,参阅 Andrew Heywood, *Key Concepts in Politics*, New York: St. Martin's Press, 2000, p. 127。

制度安排和决策中,同时要兼顾"平等""福利"和"民主",这样就需要形成有关"自由"与其他价值选项之关系的安排。

在上述所有政治价值中,自由、平等和民主是三个最主要的选项。以自由为本位兼顾平等、以平等为本位兼顾自由、以民主为本位兼顾自由和平等,形成了三种不同的治国理念。不很严格地说,以自由为本位兼顾平等是西方自由主义国家的政治模式;以平等为本位兼顾自由是第三国际下形成的社会主义国家的政治模式;以民主为本位兼顾自由和平等是第二国际下形成的社会民主党的政治模式。当然,介于这些模式之间还有很多变异模式。

此外,政治学中通常所划分的"自由民主"(liberal-democracy)模式、"极权主义"(totalitarianism)模式和"权威主义"(authoritarianism)模式,也反映了三者不同的关系模式。

下面,我们将从不同模式的三个选项的比较中,进一步阐释价值偏好与现实政治的关系。

1. 自由选项比较

自由价值在政治选择中比重的大小,直接决定了政府的模式:是所谓"大政府"模式还是"小政府"模式?是所谓"积极政府"模式还是"消极政府"模式?

自由选项下不同政府模式比较

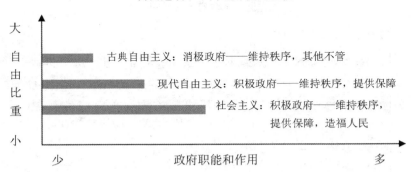

2. 平等选项比较

平等价值在政治选择中比重的大小,除了与政府模式有关外,与政府采用的税收政策也直接相关。选择的不同直接反映了我们日常所说的"民强"和"国富"、"大河"与"小河"的关系。它还关系到贫富差别的问题：是国家高税收高积累高福利来保障国家富裕，还是国家低税收低积累低福利来促进民间发展？前者对"穷人"有利，后者对"富人"有利。

一般来说，平等的比重与政府作用成正比例关系。平等比重越大，政府为实现社会平等所承担的职能和作用就越大；反之亦然。当然，从长远的发展看，无论哪种政府模式，它的平等选择模式都可能呈现周期循环的状态。

平等选项下政府政策倾向比较

富国战略	强民战略
增加平等比重	减少平等比重
增税：增加公共开支，提高社会福利	减税：减少公共开支，降低社会福利

3. 民主选项比较

民主价值的选择也可以被看成一个光谱。民主成分由少到多、由小到大，反映了民众和精英在政治生活中影响和作用的分配比例的变化。从独裁政治到比较极端的直接民主，其间不同的选择模式也反映了政府制度模式的差别。

民主选项下政府模式比较

（纵轴：民主比重 少→多；横轴：民众作用和影响 小→大）

- 大民主：直接民主，所有事情都由人民出面表决
- 有限民主：代议制的自由民主，人民也许只有在宪法公决、特殊决策、选择管理人的时候才被允许"民主"一下，其他时候都由专家和精英出面
- 权威主义独裁政治和寡头政治
- 极权主义独裁政治和寡头政治

在上述三种模式中，大民主的模式也充分贯彻了平等原则，但它可能牺

牲自由和效率。独裁模式除满足秩序需求之外，在自由和平等以及效益方面可能都会受到质疑。有限民主模式可以说是在自由、平等、效益（效率和收益）几个方面寻求平衡的结果。所以，它也是目前绝大多数国家追求的理想的民主模式。当然，在有限民主的范畴之内，人们就人民和精英作用的比例究竟如何分配、各自如何分工协作等问题仍然在进行讨论和探索。

总之，人总是要过一种群体的社会生活。既然要过一种群体的社会生活，那就有一个如何组织安排的问题。从理论上说，这种安排既要考虑公平，又要考虑效率；既要照顾自由，又要兼顾平等；既要追求发展，又要维持稳定；既要贯彻专家治理，又要保证大众参与。从现实角度看，穷人（弱势群体）有穷人的主张（左派理论），富人（强势群体）有富人的观点（右派理论），他们各自的理论主张在制度安排和政策方向上都会有显著差异（见下表）。

价值偏好与现实政治的关系

	左派	右派
政治制度	大众	精英
公共政策	平等	自由

一般而言，社会下层人士（弱者）在制度安排上强调大众的作用，偏好民主参与，而在公共政策上偏好平等；社会上层人士（强者）在制度安排上看重精英的作用，偏好专家治国，而在公共政策上偏好自由。

【思考题】

1. 政治价值体系如何构成？其作用是什么？
2. 政治价值诸要素的含义是什么？
3. 举例说明政治价值取向与政治现实的关系。

【扩展阅读文献】

1. 张凤阳等：《政治哲学关键词》，南京：江苏人民出版社2006年版。
2. 乔·萨托利：《民主新论》，冯克利、阎克文译，北京：东方出版社1998年版。
3. 邓正来主编：《布莱克维尔政治学百科全书》，北京：中国政法大学出版社1992年版。
4. 格伦·廷德：《政治思考：一些永久性的问题》，王宁坤译，北京：世界图书出版公司 2010 年版。

  5. 安德鲁·海伍德:《政治理论教程》,李智译,北京:中国人民大学出版社 2009 年版。

  6. 戴维·赫尔德:《民主的模式》,燕继荣等译,北京:中央编译出版社 2008 年版。

  7. Andrew Heywood, *Key Concepts in Politics*, New York: St. Martin's Press, 2000.

  8. Norman Barry, *An Introduction to Modern Political Theory*, New York: St. Martin's Press, 2000.

第六讲

政治理论和政治意识形态

政治理论和政治意识形态是解释政治生活的一系列概念、命题和信念的综合体系。从概念的外延分析，政治理论包含广泛的内容，包括政治科学理论、政治哲学理论和政治意识形态。它们都为认识和解释政治现实提供了必要的手段。特别是政治意识形态理论，因为它是一种相信"事物能够比现在的状态更好"的信念，是一种改造社会的计划，所以，它更能成为指导和影响人们政治行为的"观念的力量"。①

历史上存在许多不同的"意识形态"理论，如自由主义、无政府主义、保守主义、社会主义、共产主义、女权主义、生态主义、法西斯主义、社群主义、宗教原教旨主义、民族主义等等。这些意识形态理论不仅互相指责和争论，而且内部又在不断辩论和分化，从而在新的历史时期不断产生新的理论形态。本章以政治意识形态为核心，分析各种意识形态理论的产生过程、理论主张和实际影响。

核心问题：

▲ 意识形态的含义和作用
▲ 各种意识形态理论的分布状态
▲ 主要意识形态理论的主张和分歧

一、意识形态的含义和性质

意识形态是政治分析中最富有争议的概念之一。在过去的大部分时间

---

① 参阅迈克尔·罗斯金、罗伯特·科德、詹姆斯·梅代罗斯、沃尔特·琼斯：《政治科学》，林震、王锋、范贤睿等译，北京：华夏出版社2001年版，第104—105页。

里,它被看成一个贬义概念。今天,尽管人们努力从一种中立的角度来使用它,把它看成一种较为完善的社会哲学和世界观,但它仍然经常被当作谴责和批评政治对手的有力武器。比方说,在政治攻击当中,说某一观点或方案是纯粹意识形态的,差不多就是指责对方"乌托邦";说某一党派或政府开动机器,大肆进行意识形态宣传,就是谴责该党派或政府不顾事实进行政治说教。

从本义来说,意识形态作为一种"观念科学"(science of ideas),指的是一个人在教育和社会化的基础上形成观念和意识(ideas)的过程。① 意识形态作为一个概念大约有200年的历史。它最早是由法国哲学家德拉希(Destutt de Tracy,1754—1836)于1796年提出来的。他创造这个概念是指一种新的"观念科学"(idea-ology),企图揭示观念和思想的由来。他希望这个学科能够像动物学和生物学一样,享有科学学科的地位。自那以后,这个概念被不同的人所使用并被赋予不同的含义。

19世纪40年代,马克思用这个概念来分析资本主义社会,揭示阶级统治的本质。20世纪50年代,在行为主义科学兴盛时期,这个概念在"意识形态的终结"(the end of ideology)运动中得到广泛使用。② 今天,"终结意识形态"的运动并未能终止意识形态的存在,也未能阻止这个术语的继续使用。

根据马克思的理解,意识形态指的是统治阶级的思想观念。他在早期著作《德意志意识形态》中曾经指出,统治阶级的思想在任何时候都是占统治地位的思想。支配社会物质力量的阶级,同时也支配着社会的精神力量;掌握精神生产手段的阶级,同时也控制着社会的精神生产。在资本主义社会,资产阶级的思想占据统治地位,成为统治社会的意识形态。在马克思看来,意识形态是虚幻的、不真实的、富有欺骗性,它是维护阶级统治、保证阶级服从的手段。

20世纪自由主义者如卡尔·波普尔和汉娜·阿伦特等人,把意识形态

---

① 参阅 Leon Baradat, *Political Ideologies: Their Origins and Impact*, Englewood Cliffs, N. J.: Prentice Hall, 1984, p. 6; Howard Williams, *Concepts of Ideology*, New York: St. Martin's Press, 1988, p. xi。

② 参阅 Andrew Vincent, *Modern Political Ideologies*, Oxford UK & Cambridge USA: Blackwell Publishers Inc., 1995, pp. 1-16。

视为保障社会服从、实现社会控制的工具。基于对法西斯主义的分析,他们认为,意识形态是一种"封闭的思想体系",要求垄断真理,拒绝宽容反对意见;相比之下,自由和民主的思想则是一种开放的体系,允许和坚持自由争论,能够接受任何反对和批评,所以不属于意识形态。

保守主义是在深刻怀疑"理性主义"(rationalism)信念的时候使用意识形态这个概念的。例如现代保守主义思想家米歇尔·欧克肖特(Michael Oakeshott,1901—1990)[1]相信,人类的知识理性能力非常有限,世界远远超出了人类所能理解的范围,各种社会救治方案都是夸大知识理性能力的表现;意识形态作为一种抽象的思想体系,宣称能够解释世界和改造世界,事实上是对世界的歪曲。保守主义拒绝接受任何改造世界的意识形态方案,他们宁愿相信实用主义(pragmatism)和历史传统。

20世纪50—60年代,随着法西斯主义国家改造的完成,自由主义和保守主义分歧缩小,行为主义科学兴起,意识形态作为一种"官方思想",被认为是一个多余概念,"意识形态的终结"一时成为时髦话题。然而,60年代以后,意识形态在政治分析中的作用又受到了重视。此时,一方面,有新的意识形态形式出现,如60年代产生的女权主义和生态主义、70年代产生的新右派和宗教原教旨主义;另一方面,行为主义研究走向衰退,又重新唤起了人们对价值/信念体系与政治行为关系的关注,再次激发了对意识形态的研究兴趣。

综上所述,意识形态一直被看作一个消极的贬义概念。从这个概念产生以来,几乎所有使用它的人都把自己排除在意识形态的阵营之外。然而,上述所有的人所提出的主张和观点,又都带有明显的意识形态色彩——价值和行为取向都具有明显的政治倾向性。这就要求对意识形态下一个客观中立的定义,以便把所有这些学说和主义都涵盖进来。现代社会科学提供了这样的定义:它把意识形态当作一种具有行动取向(action-orientated)的信念体系,一种指导和激发政治行为的综合性的思想观念。这种观念由一系列概念、价值和符号(symbols)所组成,从总体上表达了对人性的看法、对人类行为的批评、对应然问题的阐释,以及对正确安排社会、经济和政治生

---

[1] 米歇尔·欧克肖特,英国政治哲学家,1951—1968年担任伦敦经济学院政治学教授。主要著作有:*Rationalism in Politics and Other Essays*(1962),*On Human Conduct*(1975)。

活的意见。①

那么,政治意识形态具有什么作用?用《现代政治意识形态》(*Modern Political Ideologies*)一书作者安德鲁·文森特(Andrew Vincent)教授的话说,一方面,它使某种行为和安排合法化;另一方面,使人们在某种目标下凝聚和团结起来。② 意识形态作为一种"观念的力量",是一种社会改造方案,也是一种行动计划。它之所以能够发挥重要作用,是由于具有以下三个方面的特性:

(1) 它对现存秩序表达不满,提出批评;

(2) 它提供未来理想的模式;

(3) 它指出政治变迁如何发生,指明人们应该如何改变现实。

所有的意识形态都从自己的世界观出发,批评现实社会,从而说明自己观点的道义性、合理性和合法性。同时,根据自己的价值取向,提出一个理想社会的目标,并唤起人们为这个理想目标去行动。历次重大政治运动和现实的政治实践都为意识形态所发挥的作用做了很好的注解。

二、政治意识形态的分布

运用简化的标准,可以为世界上存在的各种意识形态排序,从而看出它们的分布状态。根据各主要意识形态的观点和政治态度,我们可以把它们划分为左派、中间派和右派。左派拥护平等、福利计划、适当时机的政府干预经济;右派强调个人自主和自由、私营经济的创造力;中间派努力综合调和二者的观点。位于他们之间的人,可以称为"中左"或"中右"。③ 各意识形态左、中、右分布见下图。

---

① 参阅 Andrew Heywood, *Politics*, New York: Palgrave, 2002, p. 43; Andrew Vincent, *Modern Political Ideologies*, Oxford UK & Cambridge USA: Blackwell Publishers Inc., 1995, p. 16。

② 参阅 Andrew Vincent, *Modern Political Ideologies*, Oxford UK & Cambridge USA: Blackwell Publishers Inc., 1995, p. 16。

③ 参阅迈克尔·罗斯金、罗伯特·科德、詹姆斯·梅代罗斯、沃尔特·琼斯:《政治科学》,林震、王锋、范贤睿等译,北京:华夏出版社2001年版,第106页。

```
                根据政治态度定位各意识形态
  左派      激进的              温和的           保守的         右派
   ←————————┼————————————————┼———————————————→
        无  共           社          自          保         法
        政  产           会          由          守         西
        府  主           主          主          主         斯
        主  义           义          义          义         主
        义                                                 义
```

上图仅仅反映了早期的意识形态分布,并未能把20世纪60年代产生的女权主义和生态主义、70年代产生的新右派和宗教原教旨主义涵盖进来。此外,实际上,每一种意识形态内部也存在左、中、右的差别。因此,它们各自有一个相对宽泛的领域和范围,在某些时候会出现重叠。

运用单向度的方法来分析现实社会中各意识形态的分布,我们会感觉"左派"和"右派"界限分明,差距甚远。但是,从社会分析中"温和"和"极端"相对应的观点看,两极相通,"极左"和"极右"都属于极端主义立场,都构成了与中间派别的对立。

在现实生活中,人们一般把社会主义和自由主义看成两种对立的意识形态。其实,温和的社会主义与自由主义之间的对立和差距,要比它们分别与更左或更右的意识形态之间的对立和差距小得多。从它们所执行的政策发展的角度来看,似乎也有着互相接近的趋势。自由主义以自由为首选价值,强调社会活力,但在后来的发展中,逐步向着兼顾平等的方面靠拢,所以,走的是一条以自由为本位兼顾平等的道路;社会主义优先考虑平等,强调社会公平,但在后来的发展中,逐步向着兼顾自由的方面靠拢,所以,走的是一条以平等为本位兼顾自由的道路。二者殊途同归,目标是要解决自由和平等、公平和效率的关系。上述结论也得到了事实方面的支持。我们看到,欧洲的社会党与老牌的自由党可以轮流执政,正反映了它们有着更大的相容性,表明它们都代表着社会的中间力量和中间立场。20世纪80年代以后共产主义国家的改革,纷纷放弃原来的极"左"立场,转向以自由市场为基础的政策方向,也显示了"极端"向着"中间"趋近的事实。应当承认,中间力量的形成和壮大,各意识形态向着温和立场的转化,无论对于一个国家还是对于国际社会,都不是坏事。

另外，也可以换一个角度来认识意识形态的分布状况。如果以国家与个人、公共权力与个人权利、公共权威与个人自由的关系理论为标准来为各意识形态理论排序的话，又会得到一个新的序列。在这个序列中，根据各派观点，自左至右，国家的作用越来越大，个人自由的重要性和范围越来越小；相反，自右至左，个人自由的重要性和范围越来越大，而国家的作用越来越小（见下图①）。

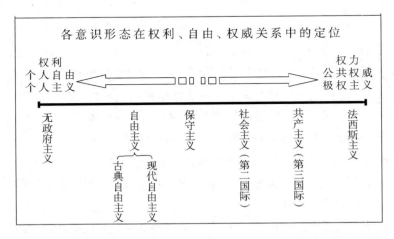

从现实的状况看，法西斯主义经过第二次世界大战以及战后的改造，已经为人们所普遍唾弃。无政府主义本身反对政府和国家，从来也不会成为官方的意识形态。保守主义作为一个比较宽泛的意识形态，因其界限的模糊性，始终未能彻底划清与自由主义的界限。在政治舞台上，占据主导地位的官方意识形态主要就是自由主义、社会主义和共产主义。

自由主义是西方国家的主流意识形态，它一直在古典自由主义和现代自由主义（新自由主义）之间周期性地摇摆。当它摆向现代自由主义方向的时候，与20世纪中期以后在欧洲上台执政的社会党所奉行的社会主义的界限开始变得模糊起来。20世纪80—90年代，在第三国际模式下建立的共产主义政党先后推行改革政策。90年代，苏联、东欧社会主义国家发生剧变，共产主义也随之从官方意识形态的位置上走了下来。作为另一支重

---

① 参阅 Stephen D. Tansey, *Politics*: *The Basics*, London and New York: Routledge, 2000, p.75。

要力量的中国共产党,经受了极"左"路线的灾难性后果之后,积极推进以市场化和民主化为导向的改革,走上了一条中国特色社会主义道路。二战以后实施权威主义政治的发展中国家和地区,在经济上奉行自由主义政策,其官方意识形态呈现多样化特点。80年代以后,这些国家也纷纷实现社会政治经济转型,进入较为温和的意识形态序列之中。

三、主要政治意识形态

迄今为止,世界上存在许多意识形态,主要包括自由主义、保守主义、社会主义/共产主义、无政府主义、法西斯主义、女权主义、生态主义/环保主义、民族主义、宗教原教旨主义等。这些不同的意识形态理论构成了不同的政治流派,而每一种政治意识形态内部又会存在不同的派别。

从历史的角度看,这些不同的政治意识形态有着深刻的历史渊源。迈克尔·罗斯金等人编著的《政治科学》用图表的形式简明扼要地显示了各主要意识形态流派的历史渊源关系①。

意识形态之间的联系:主要的思想家及其出现的年代

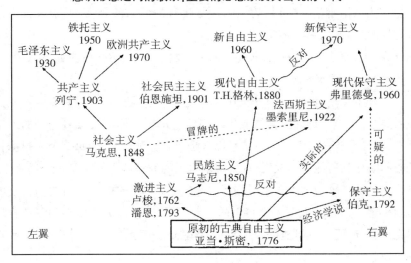

---

① 参阅迈克尔·罗斯金、罗伯特·科德、詹姆斯·梅代罗斯、沃尔特·琼斯:《政治科学》,林震、王锋、范贤睿等译,北京:华夏出版社2001年版,第105页。

1. 自由主义(liberalism)

自由主义被认为是工业化国家的意识形态,至今有三百多年的历史。它是封建主义(feudalism)走向衰亡、市场经济逐步发展的产物。早期的自由主义反映了正在上升的工业化中产阶级的愿望,与资本主义有着密切的联系。作为一种政治观念,早期它只是反对绝对主义(absolutism)和封建特权,并没有倡导宪政和代议制政府的思想。19世纪以前,自由经济的信条得到发展,自由放任(laissez-faire)的资本主义受到赞美,一切政府干涉都受到谴责。这些都成为19世纪古典自由主义的核心内容。19世纪以后,出现了赞成福利改革和经济干涉的社会自由主义,福利改革和经济干预就成了20世纪现代自由主义的主要观点。

自由主义包含了丰富的内容,它既可以说是一种政治理论,也可以说是一种经济学说,还可以说是一种伦理观念。作为伦理观念,它探讨的是个人与社会的关系问题,主张"己所不欲,勿施于人",对待他人要像你希望他人对待你那样;作为经济学说,它阐述的是自由经济、自由竞争、自由贸易的理论,反对国家对经济生活的干涉(正如上文所指出的,后期的观点有所变化);作为政治理论,它研究的是个人与政府的关系问题,强调个人自由永远是目的、国家权威始终是手段。

为了全面认识自由主义理论,我们需要把它的内容分解为如下原则。

(1) 个人主义原则

个人主义是自由主义的核心原则。它坚信社会生活中最具重要意义的是人类个体,而不是社会群体或集体组织。每个个体不仅具有同等的道德意义,而且具有独特性。自由的目标就是建立一种社会,使每个个人根据自己的判断尽其所能地去发展自己,追求自己的利益和幸福。基于上述观点,自由主义确立了一种中立的原则,给每个人以同样的机会做出他们自己的道德决定;它认为,人要得到自由的发展,不仅要排除人类活动的一切自然障碍,而且还要尽可能地排斥人为的干涉,而任其个人的本能自由发展和自我实现。

(2) 自由原则

个人自由是自由主义的核心价值。它在正义、平等、权威等价值选项中具有优越性。自由优先原则建立在这样的信念之上:相信每个人都能够按其所愿做出自己的行动选择。自由主义认识到一个人的自由可能会威胁他人的自由,所以,它倡导"法律下的自由"(freedom under the law)。按照这种观点,自由也是一种许可,每个人都必须做出承诺,最大可能地享受与其他所有人一致的自由。

(3) 理性原则

自由主义坚信,世界具有其理性的结构,凭借人的理性能力和严格审慎的研究,可以揭示这种理性结构。它相信在大多数情况下,个人能够做出明智的判断,即对个人最为有利的判断。同时,它也鼓励每个独立自由的个体相信进步,相信人类有能力通过争论和交换意见来解决分歧而无需流血和战争。

(4) 平等原则

自由主义相信平等,认为人生而平等,至少具有同等的道德价值性。这使它对平等权利采取认同态度,特别是对于"法律的平等"(法律面前人人平等)和政治平等(一人一票,每票等值)给予大力支持。然而,基于个人才能和工作愿望各不相同这样的事实,自由主义并不同意社会平等或收入平等这样的观念。它更倾向于认可机会平等(给每个人以同样的比赛场地),认为那会给每个个人以同样平等的机会去实现他们不平等的潜能。所以,自由主义支持"知识精英"(meritocracy)的原则,认为那是对天才加勤奋这一事实的认可。

(5) 宽容原则

自由主义还认为,宽容(容忍或允许持不同意见的人说话或行动)不仅是个人自由的保障,也是社会强大的手段。它相信,多元主义作为道德、文化和政治多样化的体现,是社会积极健康发展的条件和标志。它确保所有的观点都能够在自由思想的市场上得到检验,从而促进争论和智力的发展。此外,自由主义还倾向于认为竞争观点和利益之间存在一种平衡和自然和谐的关系,它往往使各种相互矛盾冲突的观念大打折扣。

(6) 同意原则

根据自由主义观点,权威和社会关系应该以同意或意愿为基础。政府必须建立在"被统治者"同意的基础上。这种观念使自由主义者更加支持代议制(representation)和民主制。同样,社会组织和机构也是通过追求自我利益的个人自愿协议而形成的。所以,权威,无论是政府的权威还是社会组织的权威,都来自下面(from below),在任何时候都需要获得合法性(legitimacy)基础。这种认识使自由主义拥护民主,但它所坚持的自由原则又使它对民主持一种审慎的态度。在自由主义看来,民主是为了防止公共权威侵害个人自由的手段和制度保障。自由主义还认为,"民主的最大危险来自多数的无限权威"——"多数的暴政",因此,民主政治实行多数原则的同时,还必须实行保护少数的原则。为了防止民主偏离正轨而走上专制的道路,自由主义者主张为民主设防,给民主以限制。

(7) 宪政主义原则

尽管自由主义认为政府是社会秩序和稳定的保护者,但是,它始终清醒地认识到,政府具有反对个人自由、实施专制统治的危险(power tends to corrupt)。因此,自由主义倡导有限政府(limited government)。同时认为,实行政府分权,在政府各制度之间实施制衡原则(checks and balance),确立保障个人权利的成文宪法(written constitution)来界定国家和个人的关系等等,是实现有限政府目标的基本途径。

以19世纪末20世纪初为分界线,自由主义可以分为古典自由主义(classical liberalism)和现代自由主义(modern liberalism)两个阶段。古典自由主义建立在比较极端的个人主义的基础上,认为人都是自私的、自我追求和自我信赖的动物,他只属于自己,而不属于社会和其他任何人。由此,它阐发了"消极自由"的观念,强调要尽可能免除对个人的任何干涉和外在限制。在社会生活领域,它采取消极态度,主张对个人所加干涉越少越好,认为任何"防止犯罪"以外的权力干涉都是对个人自由的侵犯。①

古典自由主义不同情国家,也不同情任何形式的政府干预。在它看来,"最好的政府就是管理最少的政府"。它认为,国家是一种"必要的恶"(necessary evil)。之所以说它是"必要的",是因为它确保秩序和安全,保证各种协议能够得到执行。然而,它是一种"恶",它使集体意志(collective will)凌驾于社会之上,限制了个人自由发展。因此,古典自由主义的理想在于建立一种最小的或所谓的"守夜人"(nightwatchman)式的国家,其任务是

---

① 在古典自由主义的天地里,一切都是自然和谐的。假如有什么不和谐的因素,那就是每一个人似乎都有作恶的意向。如果非要对这种自然和谐的秩序进行干涉,那么,这种干涉只能限定在"防治犯罪"(侵害别人自由)的范围之内。

保护公民不受他人侵犯。在经济领域,古典自由主义相信自由的市场机制,认为经济运转的最好状态就是政府不管的状态。因此,自由放任的资本主义被认为是保障繁荣、促进个人自由、保证社会正义的最好方式。

现代自由主义以认同和支持国家干预为特点。它支持"大政府"(big government)模式。现代自由主义之所以出现这种观念上的变化,原因在于人们对工业资本主义产生了新的认识,认为它导致了不正义,并使大量的人口在反复无常的市场面前难以应对。受密尔的影响,所谓新自由主义者(new liberals)如格林(T. H. Green, 1836—1882)、霍布豪斯(L. T. Hobhouse, 1864—1929)和霍布森(J. A. Hobson, 1858—1940)拥护一种更加宽泛的"积极自由"的观点。根据这种观点,自由并不意味着不管,"不管你"的自由只能带给人们挨饿的自由;自由意味着个人的自我实现,而关心个人发展和个人繁荣,就不得不关心人们自我实现的能力。

上述观点为社会自由主义或福利自由主义奠定了基础。这种自由主义的特点在于,认为国家干预,特别是在社会福利方面的国家干预,可以保护个人免受社会之"恶"(匮乏、无知、懒惰、贫困和疾病)的打击①,从而扩大和保障个人自由。同时,由于受经济学家凯恩斯(J. M. Keynes, 1883—1946)的影响,现代自由主义抛弃了自由放任的资本主义原则,反而认为国家承担经济责任,通过建立和实施对资本主义的控制和规范机制,可以维护经济增长和繁荣。当然,现代自由主义者并非无条件地支持政府干预。他们所关心的是社会当中那些软弱无力难以自助的人。他们的目的是要通过国家干预,帮助这些人实现自立,使之得以应对环境,并能够做出自己的道德选择。

路德维希·冯·米瑟斯在《自由与繁荣的国度》中指出:"分析旧自由主义纲领与新自由纲领之间的区别最简单、最直观的方法是看它们如何理解平等问题。"②如果说古典自由主义更加关注自由,在涉及平等问题时也只是

---

① 古典自由主义认为国家是一种"恶",关注的焦点是如何把这种"恶"限定在最小的范围。现代自由主义认为,国家之"恶"也可以用来约束社会之"恶",这种社会之"恶"在1942年英国的贝弗里奇报告(Beveridge report)中被定义为5个方面:匮乏(want)、无知(ignorance)、懒惰(idleness)、贫困(squalor)和疾病(disease)。参阅 Andrew Heywood, *Politics*, New York: Palgrave, 2002, p.46。

② 路德维希·冯·米瑟斯:《自由与繁荣的国度》,韩光明等译,北京:中国社会科学出版社1994年版,第68页。

限定在公民权利平等和机会平等方面,那么,现代自由主义较多地关注平等和正义问题,而且在平等问题上,又掺入了更多的经济平等的因素。现代自由主义力图使自由主义原则与福利政治和社会再分配(redistribution)原则协调一致。在这方面,最有影响的人物就是美国政治哲学家罗尔斯。

2. 保守主义(conservatism)

保守思想和观念大体出现在18世纪末19世纪初期。它的产生是对以法国革命为标志的经济和政治急剧变迁的反动。保守主义以一种怀旧的心情和态度面对社会重大变迁。它极力抵制来自自由主义、社会主义和民族主义的强大压力,为深陷重围的传统社会秩序辩护。

保守主义从一开始就存在着明显的分野。在欧洲大陆,保守主义以法国思想家梅斯特尔(Joseph de Maistre,1753—1821)为代表,反对任何改革思想,具有明显的专制性和反动性。在英国和美国,保守主义以英国思想家伯克(Edmund Burke,1729—1797)为代表,信奉"为了保守而变迁"(change in order to reserve)的原则,演变成一种较为谨慎、更加灵活并最终获得成功的保守思想。这种谨慎灵活的姿态使保守党人得以迎合19世纪以后所进行的改革。20世纪50年代,保守主义传统在英国达到顶点,保守党接受战后格局,并且赞同凯恩斯主义的社会民主方案。70年代以后,"新右派"的产生使英美保守主义思想受到冲击。"新右派"以保守主义为标榜,却利用古典自由主义的价值和观点,激烈批评任何形式的国家主义和家长主义,从而使英美保守主义思想传统又一次面临分化。

保守主义的基本思想要素被概括如下:

(1) 传统观

保守主义思想的一个核心主题就是"保守",其字面含义就是"保持"(keep)和"维护"(guard)。"保守"主题与保守主义者对传统美德的理解、对已经建立并持久延续的风俗习惯和制度的尊重有着密不可分的联系。在保守主义看来,传统是以往智慧的积累,代表着久经检验的制度和实践;传统也赋予个人以社会和历史归属感,从而促进社会的稳定和安全。所以,传统应该得到尊重和保护。

(2) 实用主义

强调人类理性的有限性是保守主义的传统。在它看来,我们所生活的周围世界充满了无限的复杂性,而我们所自信的那些抽象的思想原则和体系是根本不可靠的。我们只能相信经验和历史,相信实用主义(pragmatism)原则:我们只能依据实践环境和实践目标来形成我们的行为。因此,保守主义更愿意把自己的信念说成一种"主观意见"(attitude of mind),或者"接近生活的途径"(approach to life),而不是一种意识形态改造方案。怀疑人类的理性能力,使保守主义信奉实用主义,反对任何宏大的社会设计和改造方案。

(3) 人性论

保守主义对人性持一种悲观主义态度,认为人是有限的、追求安全的、依赖性很强的动物。人倾向于在一种熟悉的、经过反复验证的稳定和有秩序的环境中过一种社会生活。另外,从精神上说,人也是腐化的动物。人经常被自私和贪婪的本性以及对权力的欲望所污染。一切罪行和混乱的根基在于人类的个人本性,而不是社会制度。因此,维护社会秩序需要有强大的国家,需要实施严格的法律和严厉的惩罚。

(4) 社会有机论

反对上帝创造世界的观念,使现代许多思想家坚信社会是人类精心缔造的产物。在这个问题上,保守主义一贯的看法是,社会是一个有机的整体,或者说,是一个富有生命的实体(entity)。社会是根据自然需要所形成的,它的各种制度和结构(如家庭、社会组织和民族等)维护着社会的健康和稳定。总体大于部分之和,享有共同的价值和文化对于维护共同体和社会团结也是至关重要的。

(5) 等级观念

按照保守主义的观点,在一个有机的社会中,社会地位的等级化是自然的和不可避免的。雇主和雇员、教师和学生、父母和儿童,这些都反映了不同的角色和责任。由此看来,等级制和不平等并不会导致冲突,因为社会使人们根据相互的义务和责任结合在一起。实际上,当一个人的生活地位是由运气和偶然的出生所决定的时候,由此获得的荣耀和特权反倒使他具有了特别的责任,更加关心和在意不幸运的状况。

(6) 权威观念

在权威的问题上,保守主义认为,权威总是自上而下来实施的。它是对没有知识、缺乏经验和教育的人的一种领导、指导和支持,目的在于帮助他们在涉及自身利益的问题上采取明智的行动。在保守主义的权威观念中，自然的(即天赋的)知识精英的思想曾经一度盛行，但是，现在，保守主义者们更加普遍地认为，权威和领导主要是经验和训练的结果。权威的意义在于，它是社会凝聚力的源泉和基础，它让人们清楚地意识到：谁是权威？对他可以抱有什么期望？如果说自由必须与责任共存，那么，自由也必然以自愿接受义务和责任为内容。

(7) 财产观念

保守主义把财产私人所有看得至关重要，在它看来，财产私人所有给人们以安全和抵制政府控制的手段；同时，它也鼓励人们尊重法律，尊重他人财产。此外，财产也是人的个性的外化，人们总是用其所有来定义和评价一个人。最后，财产私人所有会增进人们的权利和责任意识。

在历史发展过程中，保守主义思想内部存在明显的分化。如果说早期的保守主义是一种反动的思想，更多地站在旧的政治势力(王党、土地贵族、上层宗教权贵)的立场上，表达了维护旧秩序和旧制度、反对社会变革的愿望，那么，工业资产阶级取代保皇势力而成为社会主力以后的保守主义，虽然也继承了保守主义的传统，如对传统、财产、秩序等的看法，但他们保守的已经不是旧的封建制度和秩序，而是传统自由主义的制度和秩序。当然，现代保守主义完全是在与自由主义、社会主义等理论的互动中发展而来的，它随着这些理论和实践的变化而不断调适自己，从而形成了保守主义内部的分化。根据历史线索，我们可以把保守主义思想的演变过程分为以下4个阶段(或者4种理论形式)。

① 古典保守主义

最早的保守主义思想被称为"权威主义的保守主义"(authoritarian conservatism)①。它产生于18世纪末期，包括前文提到的欧洲大陆的保守思想和英美的保守思想。前者以梅斯特尔为代表，带有鲜明的专制色彩。它认为自上而下的政府权威是建立秩序的唯一手段，所以，在当时的变革形势下，它被认为是一种较为顽固的反动思想。后者以伯克为代表，是一种较为温和的保守思想，它注重实效，反对激烈的社会革命，强调适应性变迁。在

---

① 参阅 Andrew Heywood, *Key Concepts in Politics*, New York: St. Martin's Press, 2000, p. 53。

伯克基础上发展而来的保守主义思想一直延续到20世纪50年代,又被称为"古典保守主义"。①

19世纪的保守主义也被称为"家长主义的保守主义"(paternalistic conservatism)②。这种保守主义思想在早期的代表是英国著名政治家迪斯雷利(Benjamin Disraeli,1804—1881)③。他曾经发出警告说,英国正在分化成为两个国度,即富人的国度和穷人的国度,在这种情况下,社会革命将难以避免。利己主义的权贵们应该清醒地认识到,自上而下的改革要比自下而上的革命好得多;在一个结成广泛利益联盟的社会中,继承了权位和财产的人,也应该继承照顾穷人的责任和义务,因为责任和义务是特权的代价(Duty is the price of privilege)。迪斯雷利的"一个国度原则"(one-nation principle)反映了一种社会关照的思想。它为保守党人赞同社会改革,采用注重实效的经济政策打下了基础。

第二次世界大战以后,主张国家干预的现代自由主义在凯恩斯主义的影响之下达到高潮。面对社会主义和现代自由主义的压力,一些被认为属于自由主义阵营的人,调整自己的立场,他们没有像老牌自由主义那样坚守亚当·斯密(Adam Smith,1723—1790)的自由主义传统阵地,由于反对社会主义和现代自由主义的政策主张而被称为保守主义者。他们向现代自由主义和社会主义所做的妥协,就是把传统保守主义思想中的权威和秩序的理论拿过来,用来阐述一种家长保护下的自由秩序。

20世纪50年代,英国一批保守主义思想家,如麦克米兰(Harold Macmillan,1894—1986)、巴特勒(R. A. Butler,1902—1982)和麦克劳德(Iain Macleod,1913—1970)等人,就是在这种思想基础上,倡导和阐发了一种"中间路线"(middle way)。这种"中间路线"避开了意识形态的两种极端模式:自由放任资本主义与国家社会主义和中央计划。前者使弱者受到伤害,从而加剧社会分化;后者使国家成为一个庞然大物,从而危害个人和企业独立。所以,可行的解决方案在于将市场竞争与政府管制结合起来。这样,国家与个人之间的平衡可以根据实际状况来得到调整。1945年,欧洲大陆的

---

① 参阅迈克尔·罗斯金、罗伯特·科德、詹姆斯·梅代罗斯、沃尔特·琼斯:《政治科学》,林震、王锋、范贤睿等译,北京:华夏出版社2001年版,第107—108页。
② 参阅Andrew Heywood, *Politics*, New York: Palgrave, 2002, pp.48-49。
③ 迪斯雷利是英国著名政治家,1868年和1874年两度担任英国首相。

保守党人士也得出了类似的结论。他们拥抱基督教民主党(Christian Democracy)的原则,特别是德国基督教民主党的所谓"社会市场"(social market)的哲学原则。这种哲学将"市场"和"社会"结合起来:在市场方面,它突出私人企业和竞争;在社会方面,它坚持通过扩大社会利益来促进繁荣。

② 现代保守主义

20世纪60年代正值国家干预大行其道之时,以诺贝尔经济学奖得主弗里德曼(Milton Friedman,1912—2006)①为代表的自由主义者,对凯恩斯主义学说和政府政策提出了尖锐的批评,他们阐述的反对现代自由主义的思想被称为"现代保守主义"。

现代保守主义倡导最大可能的经济自由和最小可能的政府管制。在他们看来,斯密所阐述的自由市场的原始教义是正确的,政府的干预只能把事情弄得更糟。此外,现代保守主义继承伯克关于传统和权威的思想,认为应当尊重自然演化而形成的各种传统的社会制度、规范、风俗习惯,包括宗教信仰的传统,反对人为干涉。对于一切新出现的问题和要求,如妇女堕胎、同性恋权利等等,保守主义采取一贯的反对态度。

现代保守主义理论为20世纪80年代英国的撒切尔政府和美国的里根政府推行的所谓新保守主义政策提供了理论基础。

③ 新保守主义

20世纪70年代,美国的一批"充满幻灭感的自由主义和左派人士"以现代保守主义理念为基础,批评民主党的左倾政策。他们的政策主张被称为"新保守主义"(Neo-conservatism)。

新保守主义重新主张19世纪保守的社会原则,希望恢复与家庭、宗教和民族国家相联系的权威和传统价值,认为权威是社会稳定的保障,对权威的服从和尊重,以及共同的价值和文化观念的形成,是社会团结和文明的条件。由此出发,新保守主义者批评20世纪60年代的"放纵"和"想做什么就做什么"的态度和观点,认为那是自由过头。他们特别反对约翰逊总统

---

① 弗里德曼和哈耶克、诺齐克又被称为"新自由主义"者(参阅 Andrew Heywood, *Politics*, New York: Palgrave, 2002, pp.49-50),他们反对凯恩斯等人的国家干预理论,有回归古典自由主义的倾向。这种称谓的变化本身就说明了现代自由主义和现代保守主义之间复杂而模糊的关系。

在20世纪60年代中期推行的旨在消除贫困和犯罪的"伟大社会运动"。

此外,新保守主义对于跨文化和跨区域社会的形成也持怀疑态度,认为文化和区域之间本来就充满冲突和不稳定。这种立场使新保守主义对于超国家机构如联合国(United Nations)和欧洲联盟(European Union)的影响也持谨慎的看法。

④ 新右派

新右派(the new right)产生于20世纪70年代后期。新右派并没有形成一贯系统的哲学,它只是传统保守主义和古典自由主义的混合物,具体表述就是:"自由经济"(the free economy)+"强国家"(the strong state)①。

新右派是在凯恩斯主义社会民主失败、战后繁荣结束这一总背景下产生的。它是保守主义思想中将市场个人主义和国家权威主义相混合而形成的一种意识形态传统。这两种不同的倾向通常被称为新自由主义(neo-liberalism)和新保守主义(neo-conservatism)。

新自由主义是对古典自由主义的修正,也是对现代自由主义的反动。它的主要代表人物包括弗里德曼、哈耶克和诺齐克。新自由主义以"市场"和"个人主义"为核心支柱,目的是要击退现代自由主义依赖特别是凯恩斯主义之后国家的进攻态势。它坚信不受限制的市场资本主义将带来效率、增长和普遍的繁荣;国家和政府的干预将会窒息人的创造力,阻碍企业的发展;福利主义政策将造就一种依赖文化。在具体政策方面,新自由主义反对福利主义,倡导私有化,主张解除经济管制和实行低税收政策。

新保守主义强调要尊重传统的风俗习惯和自然形成的各种制度,强调自由不要过头,不要放纵。秩序、权威以及共同的文化和价值是它的思想核心。国家的作用是要保护和促成社会自然形成的秩序和规则。

新右派结合上述两种思想,强调自由市场和自然秩序。实际上,它在战后国家干预普遍盛行的背景下,完成了现代自由主义和社会民主主义向普遍的市场化方向的回归。由于它强调的"强国家"的主要作用表现在维护自然秩序方面(这与凯恩斯主义和社会主义计划经济下的"强国家"是两个概念),而市场被认为是一种最自然的秩序,因此,它在反对20世纪普遍盛行的"国家优先"的思想和政策、重新建立"市场优先"的原则方面起了关键

---

① 参阅 Andrew Heywood, *Politics*, New York: Palgrave, 2002, p.49。

作用。

新右派曾经对80年代英国的撒切尔政府和美国的里根政府推行的市场化政策产生了重要的影响。然而,80年代达到高潮以后,新右派似乎开始走向衰退。其中一个重要的原因在于,自由市场和让国家退至底线的政策的确能够提供动力,加强竞争,但也扩大了不平等和社会分化。

焦点讨论:自由主义和保守主义的关系

自由主义和保守主义的关系非常复杂。

(1)早期,当自由主义(古典自由主义)产生的时候,保守主义站在对立面,反对自由主义的社会变革思想。

(2)当自由主义中分化出所谓现代自由主义的时候,现代保守主义与古典自由主义结成统一战线,站在现代自由主义的对立面,批评现代自由主义和民主社会主义的国家干预思想。

(3)当新自由主义产生的时候,新保守主义和新右派与新自由主义保持一致,共同对付社会主义和以凯恩斯为代表的现代自由主义。

概括地说,早期保守主义"保守"的是旧制度的秩序和传统,后来的保守主义"保守"的是古典自由主义的传统。

3. 社会主义(socialism)

虽然社会主义思想可以追溯到17世纪英国的平等派(Levellers)和掘地派(Diggers),甚至更早到古希腊柏拉图的《理想国》,但是社会主义者一般认为,社会主义思想形成于19世纪初期。作为对工业资本主义的反动,社会主义代表了早期工业化过程中产业工人的利益。早期的社会主义正统理论具有明显的革命性,其目标是要消灭以市场交换为基础的资本主义经济,在公有制(common ownership)原则基础上建立完全不同的社会主义社会。社会主义最具影响的代表人物是马克思(Karl Marx,1818—1883)。他被认为是"科学社会主义"的创始人。他的思想为19世纪的社会主义和20世纪的共产主义奠定了基础。

19世纪以后,一种改良主义的社会主义思想在欧洲产生。它认为通过改善工作条件,提高工资待遇,组织工会组织和政党,工人阶级可以逐步融入资本主义社会。它主张通过和平的、渐进的、合法的道路(即议会道路)来实现社会主义的转变。它的理论代表是被称为马克思主义"修正主义者"(revisionist)的伯恩斯坦(Eduard Bernstein,1850—1932)。

20世纪,社会主义运动分化为两大阵营。以列宁(Lenin,1870—1924)和俄国布尔什维克党人为代表的社会主义者,坚持走暴力革命的道路,为了与改良主义和修正主义的社会主义划清界限,他们自称共产主义者。改良的社会主义者放弃某些传统的马克思主义信条和原则,坚持议会政治,最后走上了社会民主主义的道路。上述社会主义两大阵营不仅在实现社会主义的手段和方式上存在分歧,而且在对社会主义目标的理解和设定上也存在差异。社会民主党人放弃了马克思社会主义的正统观点和原则,如公有制和计划经济等,用社会福利(welfare)、社会再分配(redistribution)和经济管理(economic management)来重新定义社会主义。共产党人坚持马克思列宁主义,坚持公有制和计划经济,坚持无产阶级专政。80年代以后,共产主义国家开始改革。

社会平等、公有制、计划经济、按需分配、无产阶级革命与专政是社会主义的基本原则。它的理论形式大体包括:

(1) 空想社会主义(utopian socialism)

19世纪马克思以前的社会主义思想被统称为"空想社会主义"。空想社会主义被认为代表了早期的手工业者和贫苦工人的利益和愿望,是渴望克服资本主义所带来的弊病的一种社会思潮。它经历了三个阶段,即:

① 16—17世纪,早期的空想社会主义。代表人物有英国的莫尔(Sir Thomas More, 1478—1535)、意大利的康帕内拉(Tommas Campanella, 1568—1639)、德国的闵采尔(Thomas Münzer, 1489?—1525)和英国的掘地派代表温斯坦莱(Gerrard Winstanley, 约 1609—1676)。此时的空想社会主义对资本主义原始积累提出了批评,对美好社会进行幻想。

② 18世纪,法国的空想社会主义。主要代表人物是法国无神论者和唯物主义思想家梅叶(Jean Meslier, 1664—1729)、摩莱里(Morelly, 约 1700—约 1780)、马布利(de Mably, 1709—1785)和法国大革命中平等派运动的领袖巴贝夫(Gracchus Babeuf, 1760—1797)。空想社会主义此时"已经有了直接共产主义的理论(摩莱里和马布利)。平等的要求已经不再限于政治权

利方面,它也应当扩大到个人的社会地位方面;必须加以消灭的不仅是阶级特权,而且是阶级差别本身。禁欲主义的、禁绝一切生活享受的、斯巴达式的共产主义,是这种新学说的第一个表现形式"①。

③ 19 世纪的三大空想社会主义。代表人物包括圣西门(Comte de Saint-Simon,1760—1825)、傅立叶(Charles Fourier,1772—1837)、欧文(Robert Owen,1771—1858)。此时的空想社会主义学说产生于工业革命之后,把攻击的矛头直接对准资本主义,对社会制度、经济制度、政治制度及道德观念进行了全面的批判,并且主张通过和平的手段和典型示范的方法来实现社会方案。

(2) 科学社会主义(scientific socialism)

19 世纪 40 年代,马克思运用辩证唯物主义和历史唯物主义的观点,科学分析历史和社会发展,阐发了一种宏观的历史发展观。根据这种科学的分析,社会主义不是从道义上应该取代资本主义,而是必然要取代资本主义。

马克思于 1864 年帮助欧洲社会主义者建立了第一国际(the First International)。1871 年由于巴枯宁(Bakunin,1814—1876)无政府主义的分裂,第一国际被迫解散。马克思去世以后,恩格斯(Friedrich Engels,1820—1895)系统阐发和总结了马克思的科学社会主义思想。这些思想通过德国社会主义者考茨基(Karl Kautsky,1854—1938)和俄国社会主义者普列汉诺夫(Georgi Plekhanov,1856—1918)等人进一步传播开来。

(3) 革命社会主义(revolutionary socialism)

马克思以后,科学社会主义出现分化。20 世纪以列宁为代表的社会主义者反对社会主义的"修正主义"路线,坚持走暴力革命推翻资本主义的道路。列宁组建布尔什维克革命政党,1917 年,利用第一次世界大战的国际形势,发动武装起义,取得了革命的成功。十月革命成功之后,各国共产党人以俄国共产党为核心,组建第三国际,形成共产主义阵营。列宁去世以后,斯大林(Joseph Stalin,1879—1953)领导苏联实行高度集权的社会主义模式,这种模式被称为"斯大林模式",后来遭到了来自社会主义阵营内部和外部的普遍批评和谴责。第二次世界大战以后,共产主义在东欧、中国、朝鲜、越南等国取得胜利,充实了共产主义阵营的力量。50 年代以后,随着

---

① 《马克思恩格斯选集》第 3 卷,北京:人民出版社 1995 年版,第 721 页。

共产主义阵营内部争论的加剧,阵营最后分化,成员国家纷纷走上了独立的社会主义发展道路。

(4) 改良社会主义(reformist socialism)

19世纪末20世纪初,马克思创立的科学社会主义分化以后,社会主义运动在西欧的重要理论形式就是改良的社会主义。改良社会主义修正马克思主义理论,在早期与列宁主义展开论战的时候,强调通过和平的议会道路来实现社会主义。在20世纪以后,进一步提出自己的目标不是推翻资本主义,而是使资本主义得到人性化的改造。

改良社会主义站在平衡市场和国家、平等和效率、个人和整体的立场上,力图建立资本主义生产方式和社会主义分配方式之间的协调关系。在它看来,资本主义是创造财富、促进繁荣和发展的唯一有效的手段和机制;所以,社会主义的目标是在资本主义基础上,实行分配方式的改造,使之按照道德原则而不完全是市场原则来分配社会财富,从而照顾受压迫者和社会中的弱势群体,实现社会平等。

改良社会主义早期吸收了空想社会主义关于平等和正义的思想,后来又深受现代自由主义"积极自由"思想甚至古典保守主义有关社会责任思想的影响。在公共政策方面,混合经济(mixed economy,即有选择地实行国有化)、经济管理(economic management,即通过积极财政政策实行全面就业的凯恩斯主义)和福利国家(welfare state,即国家是社会再分配的机制)被认为是改良社会主义的三大支柱。

改良社会主义又被称为"社会民主主义"(social democracy),在第二次世界大战以后的一段时间影响最大。它与现代自由主义一起,通过经济和社会干预,维持了西欧战后的长期繁荣。20世纪70—80年代,随着经济不景气的普遍蔓延,改良社会主义内部的分歧和矛盾(维持资本主义和促进平等)也浮现出来。这使它逐步放弃了社会民主主义的某些传统立场,向市场化的价值和政策转变。进入90年代,改良社会主义的影响仍然在下降,其原因可能在于:(1)全球化的发展使国家的经济干预受到挑战;(2)国家工业化和计划经济以及高福利政策一直受到"新右派"的攻击,在不景气的经济条件下,它的弊病更加明显;(3)苏联解体和东欧剧变不仅使国家计划的可信度遭到打击,而且也使社会主义模式的威信受到冲击。在这种背景下,"第三条道路"似乎成为一种更受欢迎的意识形态。

(5) 中国特色社会主义(socialism with Chinese characteristics)

"中国特色社会主义"这一概念由中国领导人邓小平提出。中国特色社会主义是中国共产党领导中国人民进行现代化建设,将科学社会主义的基本原则与中国实际相结合而形成的、具有鲜明时代特征和中国特色的社会主义创新理论。

中国特色社会主义是在中国共产党领导下,立足中国基本国情,以经济建设为中心,坚持四项基本原则,坚持改革开放,解放和发展社会生产力,建设中国特色社会主义市场经济、社会主义民主政治、社会主义先进文化、社会主义和谐社会、社会主义生态文明,促进人的全面发展,逐步实现全体人民共同富裕,建设富强、民主、文明、和谐、美丽的社会主义现代化强国。中国特色社会主义是中国共产党和中国人民奋斗、创造、积累的现代化经验的理论总结,中国特色社会主义道路是引领中国进步、增进人民福祉、实现民族复兴的康庄大道。

中国特色社会主义理论体系是中国共产党把马克思主义与中国实际相结合,实现马克思主义中国化的最新理论成果,包括邓小平理论、"三个代表"重要思想、科学发展观以及习近平新时代中国特色社会主义思想。

4. 第三条道路(third way)

第三条道路有许多不精确的表述。原因在于第三条道路综合了许多不同的意识形态传统,包括现代自由主义、保守主义和现代社会民主主义等。第三条道路在不同国家也有不同的方案。美国民主党和克林顿(Bill Clinton)政府宣称自己奉行"第三条道路",英国新党、工党和布莱尔(Tony Blair)也宣称自己走的是"第三条道路",德国、荷兰、意大利和新西兰也有同样的主张和说法。

就目前流行的说法,所谓"第三条道路",指的是既非资本主义也非社会主义的第三种选择的思想。它与所谓新社会民主主义和后社会主义(post-socialism)思想有着密切的关系。它倡导在传统社会民主主义(国家社会主义:自上而下的国家干预)和撒切尔、里根新保守主义(市场资本主义:自由市场)之外寻找新的政策支柱。

克林顿和布莱尔政府宣称所倡导的"第三条道路"是一种"新革新主义"(new progressivism),它倡导建立一种新的结构,并把机会平等、个人责任、公民和社区动员作为基础。同时,它提倡建立最小的"大政府",将公共政策从以福利分配为核心转向以福利创造为核心。它反对商业补贴,主张政府应该培植条件,引导企业实现创新并使工人在全球化经济中变得更有效率。①

第三条道路是全球化背景下的一种混合的政治主张和意识形态,或者更准确地说,它是一个政治口号,目前还很难对它的理论体系做出全面的分析。

5. 其他意识形态

(1) 社群主义(communitarianism)

社群主义的英文概念由 community 演化而来。Community 通常译为社区或共同体,所以也有人把它译成"社区主义""社团主义"或"共同体主义"。

社群主义最初出现在 19 世纪空想社会主义者欧文和克鲁泡特金(Peter Kropotkin, 1842—1921)等人的思想中。后来,作为一种强调互助合作的思想,贯穿于整个社会主义和共产主义思想之中。现代"社群主义"概念产生于 20 世纪后期,被用来概括一种强调社区联系、强调环境和传统的积极价值以及共同利益的理论思潮。

严格地说,社群主义并不是一种单一的意识形态,而是理论立场基本一致的不同意识形态的统称。左派的社群主义包括无政府主义和空想社会主义,强调自由和社会平等;中派的社群主义包括社会民主主义和保守党的家长主义,强调相互的权利和责任;右派的社群主义包括新保守主义和法西斯主义,强调权威和既有价值。20 世纪 80—90 年代,社群主义由学者发展成为一种特别的政治哲学,其理论代表包括阿拉斯达尔·麦金太尔(Alasdair MacIntyre)、迈克尔·桑德尔(Michael J. Sandel)和阿米泰·安兹奥尼(Amitai Etzioni)等。②

社群主义被认为站在自由主义的个人主义价值观念的对立面,致力于

---

① 参阅 Georgina Blakeley and Valerie Bryson, *Contemporary Political Concepts: A Critical Introduction*, London, Sterling, Virginia: Pluto Press, 2002, p. 148。

② 参阅 Andrew Heywood, *Key Concepts in Politics*, New York: St. Martin's Press, 2000, pp. 51-52。

社群价值观与个人价值观的相互协调,试图遏止由自由主义过分发展所带来的个人主义的消极影响。社群主义认为,个人的形成离不开社群(community)环境,社群是社会的基本单位,也是个人的基本归属;每个人不受社会义务和道德责任的限制,只为个人利益和个人权利而行动,必然破坏社会的整合和统一,损害作为个人存在之基础的社群公共利益。社群主义批评自由主义个人权利优先原则、自由放任原则和"弱国家"原则,坚持普遍的"善"(公意和公益)优先于个人权利,公共利益优先于私人利益,认为如果需要,国家为了社会的公共利益,可以牺牲个人的私人利益。由于社群主义强调公共利益压倒一切,因此,其政治观点又被称为"公益政治学"。

(2)无政府主义

无政府主义由希腊文演变而来,最初的本义即无秩序、无政府状态。中文又被译成"安那其主义",译自法文 Anarchisme 一词。无政府主义是一种不同观点、不同流派的混合物。无政府主义队伍中既有小生产者,也有流氓无产者,还可能有恐怖分子等各种激进主义者或绝望的自由主义者。其基本主张是废除一切国家和政权,实现个人充分和完全的自由。

无政府主义是一种反对权威崇尚自由的意识形态。它认为任何政治权威,特别是国家权威,不仅是"恶"的,而且是不必要的(自由主义认为国家是"必要的恶")。在无政府主义看来,权威与自由是对立的关系,国家权威意味着对自由和平等的冒犯。无政府主义对有组织的生活不抱希望,因此,它是一种特殊的理想主义。它对于任何现实的政治或政府都持一种批判和挑衅的态度。这种批判是与对互助、和平和幸福的未来世界的幻想紧密地联系在一起的。

无政府主义者渴望有一个良好的社会、自由的生活,在这种社会中,个人和集体的结合与合作得以实现,每个人过着一种无忧无虑的自由自在的生活。就这一点来说,无政府主义是一种理想主义的乌托邦,它与空想社会主义者一样,渴望使人类摆脱一切现实社会的控制和不平等。

无政府主义唤起人们的个人反叛精神以及反对传统的精神,在言论和行动上,它谴责战争、暴力、剥削、政治压迫、教育管制、宗教迷信以及经济和政治上的权力干涉,声称"对无信义的统治者和骗人的导师们的反抗将无往而不胜"。无政府主义对传统价值予以全盘否定,提出妇女解放的口号,倡导教育自由,提倡废除结婚,因而也废除离婚。

无政府主义本身反对权威,反对政府和国家,因此,它也从不打算通过组建政党等常规的政治手段赢得政权来实现自己的目标,只是主张通过自由公社或其他社团来实现社会的无强制的自由组合。

无政府主义是19世纪在欧洲的德国、法国和俄国兴起的一股反传统、反政府的社会思潮和运动。最早对无政府主义基本理论加以阐述的是德国的施蒂纳(Stirner,1806—1856)。之后,法国无政府主义者蒲鲁东(Proudhon,1809—1865)首先以无政府主义命名之,提出"不要政党,不要权力,一切人和公民的绝对自由"作为其"政治和社会的忠实誓愿",并且声称自己是第一个无政府主义者。后来的无政府主义者也将他尊称为"无政府主义之父"。

继法国蒲鲁东之后,扛起无政府主义大旗的是俄国著名的无政府主义者巴枯宁和克鲁泡特金。19世纪的无政府主义大体上分为两派,即个人主义无政府主义(individualist anarchism)和集体主义无政府主义(collectivist anarchism)。前者以施蒂纳为代表,宣称"除我自己以外,我什么也不尊重"(《唯一者及其所有物》)。后者体现为以巴枯宁为首的无政府工团主义及以克鲁泡特金和蒲鲁东为代表的无政府共产主义,主张废除私有制和国家,以小型自由公社取而代之。

20世纪初期,无政府工团主义曾经在美国和西欧流行一时;但从30年代起,由于严重的经济危机,人们深感国家干预经济活动的必要性,因此,无政府主义便趋于无声无息;自60年代以后,无政府主义在西方一些国家又死灰复燃。此时,法国、英国、荷兰、美国以及拉丁美洲都不同程度地爆发了群众、学生反传统、反政府的游行或抗议行为。此时的无政府主义与19世纪的无政府主义相比,最大的特点在于:19世纪的无政府主义是一种思潮、一种哲学;而20世纪的无政府主义则主要表现为一些具有反抗精神的男男女女,企图组织起来去破坏社会结构。因此,它变成了不相信和反对政治与权力主义的不断造反的精神状态。

无政府主义作为一种救世方案,它的目标是空想主义的:实现人类社会的自然和谐。它的手段也是不现实的:个人无政府主义希望每个人自发地与国家、政府和权力进行斗争,与政府不合作,甚至采取个人恐怖的手段去破坏国家和政治权力;无政府共产主义则主张搞试验,希望大家自觉自愿地组成一个和谐的互助互利的集体。

然而，某种意义上可以说，无政府主义作为一种精神气质，也是一股推动社会不断向自由方向前进的力量。从这一意义上讲，无政府主义并不是一种深思熟虑的经济或政治理论，而是一种造反精神和反叛情绪。

（3）法西斯主义

法西斯主义是一种相信民族国家至上的极右政治意识形态。产生于20世纪20—30年代，一度成为意大利墨索里尼（Mussolini）政府（1922—1943）、德国希特勒政府（1933—1945）以及其他军国主义和右翼独裁国家的官方意识形态。

"一切为了国家"（Everything for the state）这一口号概括了它的全部思想。在个人与国家的关系问题上，法西斯主义认为个人必须完全融入国家和集体，为国家或种族感到自豪，无条件地效忠国家，为国家尽责，为国家牺牲和献身，成为国家的英雄，这是个人作为国家成员的全部价值之所在。

法西斯主义是对法国大革命以后所形成的西方主流文化和价值观念的全面反动。在"1789死了"（1789 is dead）的口号之下，理性主义、进步、自由、平等等价值均遭到颠覆，取而代之的是斗争、领导、权力、英雄主义和战争等概念。从这个意义上说，法西斯主义具有反派特性，完全可以用它所反对的东西来为它定性：它是反理性的，反自由主义的，反保守主义的，反资本主义和资产阶级的，反共产主义的。

法西斯主义的产生是一个非常复杂的历史现象。尽管说法西斯主义的思想因素可以回溯到19世纪，但是，把这些思想要素整合在一起从而形成法西斯主义意识形态，还是在第一次世界大战以后。那时，法西斯主义在意大利和德国突起。法西斯主义得以产生可能与以下事实有关：第一次世界大战的失败促发了战败国民族主义和军国主义（militarism）情绪；民主价值在欧洲尚未完全取代旧的独裁主义价值；有产阶级和精英集团对社会革命的恐惧；20世纪20—30年代经济危机加剧了人们的不安全感。1945年随着法西斯主义战争的失败，法西斯主义也走向了灭亡。此后，政治改革和经济发展更清除了法西斯主义的影响。20世纪后期，欧洲一些国家又出现了所谓的"新法西斯主义"。在西欧，这种"新法西斯主义"往往与反对移民运动、反对全球化和超国家主义的狭隘民族主义相联系。在东欧，它利用政治不稳定和共产主义政权失落的机会，企图煽动国家敌对和种族仇恨。然而，法西斯主义的名声太坏了，它不可能在民众当中再次激发任何同情，只能被一些极端无望分子用来公开表明自己的邪恶和对社会表示威胁。

(4) 女权主义

"60 年代的新生活产生了一批女性作家,到了 70 年代,妇女运动已成为美国和西欧的一股引人注目的力量。作为一个政治问题,妇女的地位并不是新话题;它已经被辩论了几个世纪之久。许多人认为问题已经得到了解决——在很长时间里,妇女已不再被当作财产,并赢得了选举权和工作权,在教育方面也走在前面——可是女权主义作家认为这只是刚刚开始。她们指出,在相同工作位置上妇女的报酬比男性要少,难以升到高级职位,在心理上和生理上为男性所奴役,除非她们的丈夫愿意连署,否则就得不到银行贷款和保险金,女性依然处于'二等公民'的地位。"①

上述文字描述了女权主义产生的大致背景和它的基本主张。女权主义是一种旨在提高妇女社会地位的政治运动和意识形态。妇女运动的确有很久的历史了。女权主义的第一次浪潮出现在 19 世纪 40—50 年代,主要围绕妇女选举权而展开。本次运动的结果是在 20 世纪初期,西欧的大部分国家承认和实现了妇女的选举权。第二次女权主义浪潮出现在 20 世纪 60 年代,表达了妇女解放运动更加激进、更加革命的要求。70 年代初期,女权主义经历了一个非激进化的过程,导致所谓后女权主义(post-feminism)的出现。

如果说马克思主义认为社会不平等主要体现为阶级之间的不平等,那么,女权主义则认为社会不平等首先是性别的不平等。女权主义关注性别基础上的政治和社会关系,认为社会一直是由男人所支配的"父权社会",它由处于主导地位的男性和处于从属地位的女性所组成,他们只是由于性别的差异而受到不平等的待遇,消除社会不平等的首要目标就是消除性别歧视。为此,女权主义成立"意识觉醒"一类的组织,期望唤醒妇女为自己争取更高的社会地位。

70 年代以后,女权主义得到进一步发展。出现了黑人女权主义(black feminism)、心理分析的女权主义(psychoanalytic feminism)、生态女权主义(eco-feminism)和后现代女权主义(postmodern feminism)。②

---

① 参阅迈克尔·罗斯金、罗伯特·科德、詹姆斯·梅代罗斯、沃尔特·琼斯:《政治科学》,林震、王锋、范贤睿等译,北京:华夏出版社 2001 年版,第 122 页。

② 参阅 Andrew Heywood, *Key Concepts in Politics*, New York: St. Martin's Press, 2000, p.59。

女权主义已经取得了相当大的成果。性别歧视成为欧美企业招聘员工时最怕受到的指责。妇女也可以上升到高层管理职位,过去一向掌握"父权"的男性不得不迁就妻子的工作而承担更多的家务。妇女在政治上也成为一支不可忽视的力量。"帮助孩子们和有工作的母亲"成为很有分量的竞选口号。1992年克林顿的胜利被认为有一部分是妇女选民的功劳①。

(5) 生态主义

生态主义是20世纪60—70年代开始在发达工业化国家兴起的相信自然界为有机整体、倡导保护环境和生态平衡的意识形态。

生态主义和环保主义并不完全等同。环保主义提倡用温和的改良的办法对待环境危机,但并没有从根本上否定通常的关于自然世界的假设。它是大多数环境保护压力集团所持的观点,也是许多政党可能接受的立场和姿态。相比之下,生态主义是一种全新的意识形态和世界观,它以生态或生物为中心,给自然和星球以优先地位,所以,它不同于以往的以人类为中心或人道主义基础上的传统意识形态。

生态主义有许多不同的表现形式:

① 生态社会主义(Eco-socialism):受现代马克思主义影响,认为资本主义追求利润的贪婪本性是生态破坏的根源。

② 生态无政府主义(Eco-anarchism):运用社会生态学(social ecology)或社会均衡的观点,倡导自然界和人类社会的各自平衡。

③ 生态女权主义(Eco-feminism):认为女性是自然的生态保护者,父权制是环境破坏的罪魁祸首。

④ 反动的生态主义(Reactionary ecologism):以保护自然为借口,为传统社会秩序进行辩护。

在上述形式中,一些激进的生态主义者反对一切通常的政治信条,他们把资本主义和社会主义都看作工业主义的超级意识形态,认为二者都提倡扩大生产、资本积累和无节制的增长。他们支持以动物为中心的平等,主张动物应该与人类一样享有平等权利。

生态主义的思想可以回溯到19世纪反对工业化和城市化的思想。现

---

① 参阅迈克尔·罗斯金、罗伯特·科德、詹姆斯·梅代罗斯、沃尔特·琼斯:《政治科学》,林震、王锋、范贤睿等译,北京:华夏出版社2001年版,第123页。

代生态主义产生于20世纪60年代,是人们重新关注由污染、资源损耗、人口爆炸等所造成的环境破坏的产物。生态主义者组建了自己的政党——绿党(the Green party),其影响正在不断扩大。例如,德国的绿党已经分享了政权,他们提出"Think globally, Act locally"的口号,通过环保主义压力集团向政府施加压力。

然而,生态主义的发展也受到很多牵制。反对增长或主张最低限度的增长,反对工业化和技术开发的田园牧歌式的情怀,总是与现代社会不合节拍,这使它的吸引力受到了限制。结果,它往往被看成不过是城市生活的一种时尚,一种后工业社会的罗曼蒂克。不过,生态主义让人们关注自然与人类社会的关系,要求人们迫切关注已经形成的不平衡关系,这无疑为人类敲响了警钟。

【思考题】
1. 什么是意识形态?政治意识形态的作用是什么?
2. 如何描述政治意识形态的分布?
3. 如何分析和评价社会主义和自由主义的关系?
4. 如何理解自由主义和保守主义的关系?
5. 概述各意识形态的主张、历史发展过程和理论形式。

【扩展阅读文献】
1. 安德鲁·文森特:《现代政治意识形态》,袁久红译,南京:江苏人民出版社2005年版。
2. 利昂·P. 巴拉达特:《意识形态起源和影响》,张慧芝、张露璐译,北京:世界图书出版公司2010年版。
3. 爱·麦·伯恩斯:《当代世界政治理论》,曾炳钧译,北京:商务印书馆1983年版。
4. 迈克尔·罗斯金、罗伯特·科德、詹姆斯·梅代罗斯、沃尔特·琼斯:《政治科学》,林震、王锋、范贤睿等译,北京:华夏出版社2001年版。
5. 顾肃:《自由主义基本理念》,北京:中央编译出版社2005年版。
6. 李强:《自由主义》,北京:中国社会科学出版社1998年版。
7. Andrew Vincent, *Modern Political Ideologies*, Oxford UK & Cambridge USA: Blackwell Publishers Inc., 1995.

8. Andrew Heywood, *Politics*, New York: Palgrave, 2002.

9. Andrew Heywood, *Key Concepts in Politics*, New York: St. Martin's Press, 2000.

10. Georgina Blakeley and Valerie Bryson, *Contemporary Political Concepts: A Critical Introduction*, London, Sterling, Virginia: Pluto Press, 2002.

第七讲

政治权力及其限制

　　权力是一种能力,是对他人和资源的支配能力。正由于此,它才具有极大的魅力。表现在政治生活中,权力体现为对公共资源和组织成员的支配能力,它不仅成为获取和维护利益的手段,而且本身就成为一种价值。所以,个人之间、家族之间、王室之间、党派和集团之间的政治斗争的主要表现形式就是权力斗争。在传统政治生活中,权力斗争缺乏明确规则,权力运行制度化程度低,使政治过程具有极大可变性和不可预期性的特点;现代政治生活着力于规则和制度的公平性、透明化建设,并对权力运行给予多重限制,使政治生活走向文明化。

　　马克思主义认为,政治的根本问题就是国家政权问题。[①] 而所谓国家政权问题,实际上就是关于政治权力的安排和运行问题。因此,政治权力分析是政治研究的一个重要途径。本章主要讨论权力概念的界定、权力的一般特性、权力的基础和形式、权力实施的方式、限制与监督权力的一般理论。

核心问题:

▲ 权力和政治权力的含义和作用

▲ 政治权力的基础

▲ 政治权力的实施方式

▲ 政治权力的分配模式

▲ 限制权力的理论与实践

一、权力的含义和特性

　　权力是政治学的核心概念,正如货币或资本是经济学的核心概念一样。

---

① 参阅《列宁全集》第 37 卷,北京:人民出版社 1986 年版,第 60 页。

从某种意义上说,政治学也就是关于权力的学问,政治研究就是关于权力分配方式和权力运行机制的研究。古今中外的政治学者都承认权力在政治生活中的重要意义,但对于如何理解权力、如何定义和衡量权力,却有着不同的看法。

在中国古代典籍中,"权"的概念有两个基本含义,一是有衡量审度之义,二是指制约他人的能力。① 英语中"权力"(power)一词来自法语的 pouvoir,后者源自拉丁文的 potestas 或 potentia,意指"能力"。在罗马人看来,potentia 是指一个人或物影响他人或他物的能力,而 potestas 还有一层更狭隘的政治含义,是指人们通过协同一致的联系和行为而产生的特殊能力,西塞罗(Marcus Tullius Cicero,前 106—前 43)有关"权力(potentia)在于人民,权威(potestas)在于元老院"的说法就体现了这一含义。所以,在早期的观念中,权力与权威、强制、力量以及暴力等概念有着严格的区别。然而,自 17 世纪以来,自然科学发生的革命促使政治学研究也试图变得同样科学和严格。托马斯·霍布斯最早将新科学用语引入政治学研究,按照新科学机械主义构想,把权力定义为一种因果关系,即"一种主动出击的'行动者'和被动的'承受对象'之间的因果关系",并且做出推断,"全人类共同的爱好,便是对权力永恒地和无休止地追求"。②

20 世纪以后的社会科学家们在霍布斯的基础上做了进一步的阐释。例如,德国社会学家马克斯·韦伯为权力下过这样的定义:"一般地说,我们把'权力'理解为:一个人或一些人在社会行为中,甚至不顾参与该行为的其他人的反抗而实现自己意志的能力。"③美国政治学家拉斯韦尔(Harold Lasswell)和卡普兰(Abraham Kaplan)指出,权力是施加影响的过程,即借助于因不遵从所欲施行政策,予以(实际或威胁予以)严厉剥夺,从而影响他人政策的过程。④ 流行于 20 世纪中后期的行为主义政治学派,把权力的行

---

① 参阅王浦劬主编:《政治学基础》,北京:北京大学出版社 1995 年版,第二章。
② 邓正来主编:《布莱克维尔政治学百科全书》,北京:中国政法大学出版社 1992 年版,第 595 页。
③ Max Weber, *Economy and Society*, edited by Guenther Roth and Claus Wittich, New York: Bedminster Press, 1968, p. 926.
④ 参阅 Harold Lasswell and Abraham Kaplan, *Power and Society*, New Haven: Yale University Press, 1950, p. 75.

使表述为这样的关系式,即行为者 C 公然试图使另一行为者 R 按 C 的意图去做 R 所不愿意做的事,如果 C 的行动意图得逞,那么 C 被认为对 R 拥有权力。①

在今天的英语语境中,权力(power)通常用作能力(capacity)、技巧(skill)或禀赋(talent)的同义语。② 通常来说,权力从两个角度得到理解和阐释:(1) power to, 即做某事的能力,或者得到想得到的东西的能力;(2) power over, 即对某人的控制能力。美国社会学家帕森斯(Talcott Parsons)认为,政治权力就是政府利用公民认可而实现集体目标(如建立法律和秩序、保护国民免受攻击、谋求经济增长等)的能力。③ 他的定义代表了第一种思路。而美国政治学家达尔则认为,权力就是"影响力",凭借这种"影响力",A 以某些方式改变了 B 的行动或倾向。④ 他的定义代表了第二种思路。

正是在以上这些学者研究的基础上,一些政治学教科书为权力提供了几种比较简洁的定义,如:权力是实现集体目标的能力;权力是根据自己的意愿反对他人的能力;权力是使他人违背其利益而行事的影响力。⑤《简明不列颠百科全书》则把权力定义为"一个人或许多人的行为使另一个人或其他许多人的行为发生改变的一种关系"。《中国大百科全书·政治学卷》给出的解释是:权力在本质上意味着"能够"或"具备做某种事的能力"或"产生某种预想结果的能力"。权力一般被认为是人际关系中的特定影响力,即根据自己的目的去影响他人行为的能力。在社会生活中,凡是依靠一定的力量使他人的行为符合自己目的的现象,都是权力现象。⑥

---

① 参阅邓正来主编:《布莱克维尔政治学百科全书》,北京:中国政法大学出版社 1992 年版,第 595 页。
② 参阅丹尼斯·朗:《权力论》,陆震纶、郑明哲译,北京:中国社会科学出版社 2001 年版,第 1 页。
③ 参阅 T. Parsons, "On the Concept of Political Power", *Sociological Theory and Modern Society*, eds. T. Parsons, New York: Free Press, 1967.
④ 参阅罗伯特·A. 达尔:《现代政治分析》,王沪宁、陈峰译,上海:上海译文出版社 1987 年版,第 36 页。
⑤ 参阅 Rod Hague, Martin Harrop, Shaun Breslin, *Political Science: A Comparative Introduction*, New York: St. Martin's Press, 1992, p. 12.
⑥ 参阅《中国大百科全书·政治学卷》"政治权力",北京:中国大百科全书出版社 1992 年版,第 498 页。

由此可见，权力一词经常被人们在各种意义上使用。从满足概念的抽象性、概括性和简洁明了的角度考虑，我们倾向于认为，权力就是人际关系中的影响力，即社会行为主体（一个人或一些人、一个或一些组织和团体、一个或一些国家）对行为对象（其他人、其他组织或团体、其他国家）所施加的影响力。这种影响力从行为主体的角度看，表现为一种支配能力；从行为客体的角度看，体现为一种被支配和服从的关系。

进一步而言，权力概念可以从三个不同层面得到理解和解释：第一，从微观的组织行为学的角度看，把它看作个人所具有的品质或属性，表现为个人实现某种目标的能力或潜力，由此可以把它视为个人行为的动机和目标；第二，从中观的组织理论和公共管理的角度看，把它当作控制、统治和支配的同义语，表现为一个组织对内和对外的影响力或控制力；第三，从宏观的国际政治的角度看，把它看作国际社会中自然形成的不平等的分配物，这就是通常所说的"霸权"和"实力"，包括可视的物质形态的占有权与使用权，以及不可视的非物质形态的文化或语言主导权或支配权（即通常所谓的"文化霸权"或"话语霸权"）。

权力研究更是政治研究的核心内容。对政治的权力研究建立在这样的假设之上：追求权力是人的基本目标①。这种假设往往与现实主义政治分析相联系，形成了关于权力政治观念的悠久的思想和学术传统。权力政治学把政治描述为不同利益主体之间互相斗争或竞争的舞台。在国家政治层面，个人和团体之间的斗争被用来作为"强政府"（strong government）的辩护理由，在这种假设之下，政府往往被看成一种建立和维持秩序的超级权力。在国际政治层面，权力政治学强调世界由于互相竞争的国家利益的存在而处于非常自然的不稳定状态之中，和平的希望就在于建立权力的平衡。②

---

① 例如常常提到的"权力意志""权力欲"和"贪权"这样的概念，既被看作组织群体生活必然的要素，也被看作助长人与人之间敌对和冲突的反社会动机。参阅丹尼斯·朗：《权力论》，陆震纶、郑明哲译，北京：中国社会科学出版社 2001 年版，第三版引言。

② 国际政治的现实主义学派认为，国际政治完全是一种无政府的"自然状态"，在这种状态下，国家利益至上，各国为了实现自己的利益而行动，权力（主要是军事力量）是维护国家利益的最有效的手段。各国为了实现国家安全会互相结盟，于是，便形成权力平衡，和平由此产生。参阅汉斯·J. 摩根索：《国家间的政治》，杨岐鸣、王燕生、赵归、林小云译，北京：商务印书馆 1993 年版。

在政治生活中,要更加合理地安排政治权力,实现社会的"善治",需要从现实意义的角度出发,充分认识权力的特性。

(1) 支配性(predominant):政治权力是一种支配力量,掌握了政治权力,也就掌握了社会的支配力量。掌握了社会的支配力量,也就意味着在社会价值和利益分配中处于优势地位。正由于此,政治权力才成为社会势力展开角逐和斗争的焦点。

(2) 强制性(coercive):政治权力也是一种要求政治服从的强制力量。它一般通过严密的组织,以行政的、经济的、法律的、军事的等多种手段作为备用,奖励和惩罚是它的基本原则。为了实现政治服从,暴力往往是后盾。正由于此,无政府主义者反对政治权力的存在,因为它驾驭和限制了个人行动;自由主义讨厌政治权力,因为它可能威胁个人自由。

(3) 扩张性(expansionary):政治权力具有自我扩张和膨胀的能力,它的应用边际直到遇到阻力和反弹而不能前进为止。而且,有权力的人总是倾向于滥用权力,所以,"绝对的权力意味着绝对的腐化"。正由于此,限制和约束权力才成为政治学的一个普遍议题。

(4) 排他性(exclusive):政治权力作为一种支配力量,倾向于排除其他权力的介入。政治合作和妥协往往是在权力资源和能力不足的时候才有必要和可能。掌握权力的人,一般也不希望其他权力介入而发生影响;所以,专权既是某些政治领袖个性的结果,也是权力的特性使然。正由于此,合理的制度设计才有了更加重要的意义,而权力之间的制约与平衡才成为防止专权最有效的手段。

焦点讨论:权力的不同维度

权力存在于这样的状况下:如果 A 要求 B 做某件事情而 B 不得不做的时候,那么 A 对 B 就拥有了权力。A 影响 B 的方式有很多。这就要求我们界定权力的不同"维度"(dimensions):

作为决策的权力(Power as decision-making):

在这种维度下,权力意味着通过一定的方式影响决策内容的自觉的行动。对这种维度的经典表述来自罗伯特·达尔 1961 年发表的《谁统治?美国城市的民主和权力》(Who Governs? Democracy and Power in American City)。

他通过分析决策参与者的政策偏好来判断什么人真正掌握权力。不过,影响决策的方式多种多样。基思·鲍丁(Keith Boulding)在1989年出版的著作《权力的三重面孔》(*Three Faces of Power*)中区分了武力(force)或胁迫(intimidation)、多重的互惠式交换(exchanges)以及义务、忠诚和责任的产生(creation)。

作为议程安排的权力(Power as agenda setting):

权力的这种维度是由巴赫拉克(P. Bachrach)和巴拉茨(M. Baratz)于1962年撰写的题为《权力的两重面孔》(Two Faces of Power)的文章所提出来的。根据这种理解,权力就是阻止做出决策的能力,也就是"不决策"的能力。它指的是安排和控制政治议程以阻止问题和建议马上扩散的能力。例如,私人企业可能动用权力通过公开的商业活动来反对已经提出的消费者保护法(第一重面孔),同时,又通过游说党团和政治家,暗中阻止消费者权利问题的公开讨论(第二重面孔)。

作为思想控制的权力(Power as thought control):

从这一维度出发,权力被看成影响他人思想和需求的能力。它是由S.卢克斯(S. Lukes)于1974年提出的(*Power*:*A Radical View*)。他把权力看成思想灌输或心理控制。广告业通过说服消费者,让消费者认为自己的利益已经受到关照来消除要求更加严厉地执行消费者保护法的压力,就是这种权力的应用实例。在政治生活中,这种权力在政治宣传(propaganda)和意识形态影响中更为常见。

(选自 Andrew Heywood, *Politics*, New York:Palgrave, 2002, p.11。)

政治权力是权力现象和权力行为在社会生活中的集中体现。在日常生活和政治学的专业研究中,人们通常从广义和狭义两个方面来使用政治权力这个概念。

就广义而言,政治权力作为权力现象的一种,与一般权力的不同之处在于,它是一种政治力量,所要实现的目的与政治相联系。我们可以给它这样的定义:政治权力是政治共同体中行为者(个人、群体、组织、正式的机构)自身的行动力和对他人他物的控制力。具体而言,是指一个或一些人、群体、组织或机构从事社会活动,控制社会资源,影响相关行为者和公共政策的能力。这里需要说明的是,首先,政治权力是"权力"概念在公共事务中的应用,它表现为公共生活中的个体、群体或组织对公共事务的影响力,这种影响力表现为该主体的行动能力和控制能力;其次,政治权力的主体相当广泛,它包括:国际组织、国家权力机关——政府、各社会团体、有组织的或无组织的群体,以及处于政治体系之中的个体,它们构成复杂的社会权力关系;最后,政治权力以政治服从为目标,以政治强制力为后盾,通过各种制度化和非制度化的手段得以实施,通过公开或隐蔽的方式得以实现,其作用和效果取决于它的对象的服从程度。

就狭义而言,政治权力一般指一个政治共同体的统治和管理权力,统称为管辖权。这种权力在国家层面体现为"主权",在地方层面体现为自主权或自治权;它因权力行使的方式不同而分解为立法权、司法权、行政管理权、军事领导权等等,往往与政府职权相联系,因权力行使主体和制度分化的差异而分解为总统权力、总理(首相)权力、议会权力、法院或法官的权力等等,通常与自上而下的管理或管制行为相联系,而与自下而上的参与行为相对应。

当然,政治权力也会在更加狭隘的意义上使用。对于一个社团组织或政治性组织——如政党——来说,其内部组织管理行为也具有政治性质,因此,人们也用政治权力来加以说明。

政治权力作为一种力量,具有积极和消极两个方面的作用。从积极的角度讲,它是组织社会、维持秩序、实施公共政策、实现组织目标不可缺少的手段。从消极的方面讲,它也可以成为实施专制和暴政、谋取不正当利益的工具。因此,它被许多人看作"必要的恶"。正因为如此,政治学者在肯定它的积极作用的同时,力图规范政治权力,努力通过制度安排来实现政治权力有效性和有限性的平衡。

二、政治权力的来源和基础

权力是一种实在的控制力和影响力。在政治生活中,是什么因素使某些行为者(个人、群体或组织)具有了影响他人的力量?

美国学者希尔斯曼(Roger Hilsman)曾经在《美国是如何治理的》一书中对权力的来源做了基本概括,认为权力来自暴力或军事力量、财富、社会地位、组织制度、专门知识和社会舆论等多种途径。① 他的归纳有助于我们回答上文所提出的问题。

中国的政治学教科书对上述问题的解释有不同的角度。20世纪90年代以前出版的政治学教科书一般根据马克思主义的基本原理,从阶级统治和暴力镇压的角度出发,间接地回答政治权力的来源和基础。② 90年代以后出版的政治学教科书一般是从分析政治权力的构成要素入手来解释上述问题,认为政治权力中包含着主客观两个方面的构成要素。③

1. 客观构成要素

政治权力的客观构成要素是指政治权力形成过程中,外在于政治权力主体的促成因素和条件。就其内容来说,它主要是指政治资源,但并不仅限于政治资源。政治权力的客观构成要素是多种多样的,其中最主要的有:

(1) 生产资料:劳动是人类社会得以生存和发展的前提,而生产资料则是人类劳动得以进行的必要条件,所以,谁占有生产资料,谁就可以获得支配社会生存和发展的能力,生产资料的占有者必然成为政治权力的主体。

(2) 物质财富:一般是指劳动形成的物质产品。任何物质财富本身都代表着一定的力量,物质财富的积累就意味着力量的扩大,物质财富的占有就意味着力量的拥有。同时,物质财富又具有使用价值,这种使用价值从两个方面影响着社会政治权力:首先,物质财富的使用价值可以解决政治力量形成和活动中的技术要求,比如通信工具的拥有可以解决政治力量内部的沟通。其次,物质财富的使用价值可以满足人的各种需要,掌握满足人们实际需要的物质财富,也就具备了对他人的支配能力。

(3) 暴力:暴力本身就是一种力量,因此,它构成了政治力量的有机组成部分。暴力具有直接强制力,而强制和制约是政治权力的基本特性。作为政治权力构成要素的暴力包含三方面的基本内容,即暴力执行者、暴力组织和暴力工具。这种表述来自恩格斯的观点:"构成这种权力的,不仅有武

---

① 参阅希尔斯曼:《美国是如何治理的》,曹大鹏译,北京:商务印书馆1986年版,第21—23页。
② 参见赵宝煦主编:《政治学概论》,北京:北京大学出版社1982年版。
③ 参阅王浦劬主编:《政治学基础》,北京:北京大学出版社1995年版,第二章。

装的人,而且还有物质的附属物,如监狱和各种强制设施……"①暴力的强弱取决于暴力执行者的能力、暴力组织的严密程度和运行的有效程度、暴力工具的技术水平和适用程度等因素。

(4) 其他:政治权力的客观构成要素还包括所拥有的自然资源、所处的地理条件、有益的文化传统、有利的形势变化和时机以及政治权力客体的服从心理等等。

2. 主观构成要素

政治权力的主观构成要素是指政治权力形成过程中,政治权力主体自身的状况和条件。政治权力的主观构成要素主要有:

(1) 能力素质:政治权力主体的能力素质是其智力和体力的总和。不过,由于政治权力主体有个人和群体之分,因而政治权力主体能力素质的实际含义也不一样。就个人来说,其能力素质主要有知识水平、品德修养、经验阅历、性格意志,在政治生活中表现为分析判断能力、领导决策能力、组织动员能力、革新创造能力等等。而对于群体来说,主要包括群体的教育水平、心理素养、体能素质、文化传统、成就状况等等。能力素质是政治权力主观构成要素中最为基本的要素,它是政治权力得以形成和保持的基础。

(2) 身份资格:政治权力主体的身份资格的含义同样因主体不同而相异。个人的身份资格主要指个人的资历、所担任的职位、所具有的威望以及某种血缘关系或法定关系的继承资格等等,概言之,个人的身份资格就是人的社会政治角色。群体也有其特定的身份资格,主要包括群体的社会形象、社会地位、社会政治威望和声誉等等。

(3) 理论与策略:理论是政治权力主体对于社会政治目标及其原则的构思。作为政治权力的主观构成要素,理论实际上反映和代表着部分人的利益和要求,即政治权力主体的政治目标及其原则符合于部分人的利益。策略是政治权力主体在具体的客观条件下强化自身力量、弱化对方力量的方式,因此,策略是与实际政治生活的具体时间、地点、性质、内容、对象、矛盾程度等等复杂因素紧密联系在一起的,从这个意义上讲,策略是政治权力在具体情况下能否形成和保持的关键。

---

① 《马克思恩格斯选集》第 4 卷,北京:人民出版社 1995 年版,第 171 页。

(4) 组织:组织是若干个人的有机集合。组织的力量取决于组织基础、组织原则、组织结构、组织运行方式以及组织成员的相互关系等多方面因素。

关于政治权力的主观和客观构成要素的分析是建立在权力主体和客体的分析基础上的。从权力要素本身的性质来看,我们还可以从物质资源(刚性的)和精神资源(柔性的)两个方面做出进一步的分析。下表概括了政治权力构成的物质要素和精神要素。

政治权力的构成要素

物质要素(刚性的)	精神要素(柔性的)
(1) 物质财富(wealth): ● 物质财富既是一种力量,也是获取力量的手段,它包括生产资料、生活必需品、自然资源。在政治生活中,掌握了对物质资源的支配权,就意味着拥有了对他人和社会的控制力。 ● 在经济社会中,物质财富作为权力的要素,其重要性日显突出。 ● 对物质财富的支配有不同方式:直接占有和间接影响财富分配。	(1) 意识形态(ideology): ● 意识形态是一种思想的支配力量,它体现为"文化的领导权"或"文化的霸权"(hegemony)。掌握了社会意识形态的主导权,也就拥有了对他人和社会的控制力。 ● 意识形态主要表现为思想的说服力和影响力。 ● 意识形态作为权力要素,具有可变性,一种过时的意识形态理论不仅不能构成权力,反而削减权力。
(2) 组织和规则(organizations & norms): ● "团结就是力量"。在社会生活中,组织本身就是力量。同时,组织也提供使别人不得不服从的法定权威。政府组织和非政府组织是政治权力最主要的构成要素。 ● 各种社会规则(包括正式和非正式的、政治的、经济的、法律的)提供了规制人们行为的准则和力量。	(2) 社会舆论(consensus): ● 社会舆论作为一种公共意见,是一种道义力量。它也被认为是行政、立法、司法三权之外的"第四种权力"。代表或主导社会舆论,意味着拥有了某种道义力量。 ● 控制社会舆论、垄断舆论工具(媒体)既是权力实现的手段,也是权力实施的结果。

(续　表)

物质要素(刚性的)	精神要素(柔性的)
(3) 社会地位(social status): ● 它作为一种客观的符号和象征,代表了社会成员在社会关系中的身份和角色。	(3) 专业知识(knowledge): ● "知识就是力量"。专业知识作为权威的力量,对于权力个体具有更加重要的意义。它也会强化个体的社会地位作为权力要素的作用。
(4) 暴力(violence): ● 暴力或军事力量是最直接的强制力。正如毛泽东所言:枪杆子里面出政权。 ● 暴力是权力的后盾,一般作为一种威慑力而存在。暴力的使用往往是最后的选择。	(4) 道德(moral): ● 道德观念作为社会心理认可的行为准则,本身不能成为权力,但道德评价却构成权力的因素。 ● 道德观念和其他社会价值观念一样,是文化积淀的产物,它的作用在于为行为人提供道义力量。

三、政治权力的实现方式

政治权力有多种实现方式。一般可以划分为"积极"(正面的)和"消极"(反面的)两个方面。前者以奖励为手段,后者以惩罚为策略。政治权力以武力为后盾,但武力和暴力在权力"套餐"中,总是最后的选择。奖励和惩罚是政治权力实施的基本原则。通常所说的"恩威并用""刚柔并举",以及"胡萝卜加大棒"(carrot and stick),就是权力运用积极和消极两方面的结合。①

经济学家基思·鲍丁教授在1989年撰写的著作《权力的三重面孔》中从另外的角度分析了权力实施的方式。他区分了武力(force)或胁迫(intimidation)、多重互惠式交换(exchanges)以及忠诚和服从义务与责任的产生(creation)三种方式。根据他的逻辑,这三种方式也反映了政治权力运行和实施的基本过程:武力威胁(the stick)—交易(the deal)—忠诚(the kiss)。

---

① 参阅 Alan R. Ball and B. Guy Peters, *Modern Politics & Government*, New York, London: Chatham House Publishers, 2000, p. 34。

权力实施的三种方式

	动用武力 (Use force) The stick	交易 (Make deals) The deal	服从义务形成 (Create obligations) The kiss
特　点	强力胁迫	多重互惠式交换	形成一体关系
服从的动机	畏惧(Fear)	获利(Gain)	承担义务(Commitment)
制度体现	军事的	经济的	社会的

资料来源：K. Boulding, *Three Faces of Power*, London：Sage, 1989。

　　从上表可见，武力威胁(大棒)一般与暴力机器如军队和警察等机构相联系。暴力是国家权力的基础，它是政治的后备力量。尽管真正动用的机会很少，但它的存在却巩固了政治权力关系。例如，"如果有人胆敢不纳税或者拒绝服从法律，国家将剥夺他的自由"，这就是国家暴力机器发出的威胁。它暗示我们必须服从，并用惩罚的手段来对待和矫正不服从的行为。

　　社会交易是政治权力最常用也是最有效的实施方式。简单的表述就是：假如你能够按照我的要求去做，那么，我将为你做某些事情作为回报。武力威胁和社会交易构成了权力实施"消极"和"积极"的两个方面。二者的使用都是为了改变他人的行为，所不同的是，前者建立在惩罚的基础上，而后者则建立在奖赏的基础上。

　　社会交易在经济和政治关系中都非常重要。公民之间以及公民与国家之间存在着大量的交易关系。契约理论就是对这种交易关系最好的表述：公民同意服从国家权威，作为回报，国家为公民提供保护伞——人身安全、教育体系、福利保障等。公民纳税，国家提供服务。当感觉国家所给予的和它拿走的大体一致，认为自己的付出和回报基本持平时，人们倾向于服从。在这种情况下，政治制度就是比较稳定的。

　　服从义务的形成主要通过培养权力客体的政治忠诚和认同来实现。在这种形式下，权力表现为唤起别人忠诚、尊敬和服从义务的能力。"你按照我的要求去做是因为你爱戴我、尊敬我。"基于义务和忠诚的服从在社会制度和机构中最为常见，例如家庭、教会和慈善机构等社会组织就是例子。在政治生活中，民族主义和宗教派别也经常利用这种方式来动员民众。

　　上述权力方式也反映了权力运用的三种基本手段和策略：(1)培养政治忠诚，形成政治核心力量；(2)利益拉动（"拉"的策略），形成政治合作；

(3)威胁惩罚("打"的策略),矫正不服从行为。这些策略和手段在商业竞争中也被广泛采用。在市场竞争中,企业制定品牌策略,培养消费者对品牌的忠诚度,实施"推"(push)和"拉"(pull)的策略,打压竞争对手,就是上述权力手段的具体应用。在政治竞争中,分清"敌我友",广泛结成统一战线,孤立和打击竞争对手等策略,也都是上述权力手段的具体表现。

在具体实施过程中,政治权力主体根据不同的对象,可能选择不同的组合方式:

(1)直接动用武力(political violence)

武力一般见诸根本对立的政治权力关系之中,或者当政治矛盾激化而无法通过合作、谈判和妥协的途径得到解决的时候,如推翻一个政权的暴力行动。武力方式包括暴力镇压、武装起义、军事政变、政治暗杀等。其中,战争是武力方式的一种大规模的极端形式,因此,被认为是"政治的特殊手段的继续"①。

(2)使用政治威胁(political intimidation)

使用政治威胁是政治权力的潜在作用方式。它存在于对抗性的利益之间。权力主体通过政治警告、政治恐怖、政治戒严、政治威胁、政治舆论、院外活动等途径施行压力,以达到政治服从或实现政治目标的目的。

(3)制定政治规则(political rules)

政治规则是一种行为规范,它包括法律规则、制度规则和纪律等,具有规范和约束社会行为的强制作用。谁能够制定规则,谁就拥有整个"游戏"的控制权。政治权力主体通过制定社会规则,可以贯彻自己的意志,约束权力客体的行为。

(4)下达政治指令(political order)

政治权力主体明确表达自己的意志,要求政治权力客体照此行动。政治指令通常发生于上下级之间的权力结构关系中,如中央权力对地方权力、上级权力对下级权力。

(5)展开政治说服(political persuading)

政治说服是政治权力主体以具有说服力的理论、方案或建议说服权力客体的沟通活动。其中大众式的理论宣传和有针对性的游说活动是常见的

---

① 《毛泽东选集》第 2 卷,北京:人民出版社 1991 年版,第 479 页。

方式。它的成功运用是道义性和技巧性的有机结合。

(6) 实施政治激励(political promotion)

政治激励即政治权力主体运用自己掌握的资源对政治权力客体施行奖赏,以激励其按照设定目标和方式采取行动。政治激励有多种方式,既可以是物质的,也可以是精神的,常见方式包括表扬、记功、颁发奖金或者委以重任等等。

(7) 实行政治处罚(political punishment)

政治处罚是政治权力主体依据一定规则和要求对政治权力客体的违规行为实施惩罚以保障政治服从的方式,包括物质的处罚和精神的处罚。在特定情况下,还可以通过制裁和剥夺权利的方式来实现。

从宏观的社会角度来分析,政治权力的实施呈现复杂的状态。因为各种政治力量之间关系复杂,并且经常处于互动之中,所以,各种权力主体构成一个非常复杂的权力关系网络。

四、政治权力分配的理论和原则

在任何政治体系中,政治权力都不是被平均分配的。非常现实的例子就是,富人比穷人拥有更多的政治资源。他们(既可能是个人,也可能是合作的团体)可以出钱资助竞选,可以贿赂支持者和反对派,可以花钱获得其他竞争优势,如获得良好的教育等。另外,某些人也确实比一般人掌握更多的政治技巧,他们凭借自己的口才和政治智慧影响听众。

政治学关注权力分配,因为它关系到社会制度的合理与稳定性问题。但是,几乎所有的政治学家都会同意,在任何政治体系中,政治权力的分配都是不平等的。也许,比较有意义的工作并不在于努力实现权力的平等或平均化分配,而在于使不平等的权力分配规则公开化、合理化和制度化。

在政治学研究中,形成了政治权力分配的不同模式,这些模式既有对现实的概括和认可,也有对权力分配现实合理性的论证或批判。

(1) 精英主义模式(Elitism)

统治精英(ruling elite)的概念与三位学者有密切联系。他们是意大利的帕累托(Vilfredo Pareto, 1848—1923)、莫斯卡(Gaetano Mosca, 1858—1941)和德国的米歇尔斯(Robert Michels, 1876—1936)。他们的理论构成了

精英主义三重唱,对20世纪政治学关于权力的思考产生了深刻的影响。

帕累托认为,任何社会均可以分为三个集团(groups),即人数不多的统治精英集团、非统治的精英集团(如富人或贵族)、普通大众或非精英集团。少数精英统治社会,而人数更少的精英实施政治统治,这是任何社会的普遍规律。精英的构成随时发生变化,他们始终处于流通状态,但也始终不可缺少。社会权力就在精英之中进行分配。

莫斯卡认为,一切社会都存在两个阶级:统治阶级和被统治阶级。统治阶级是一个很小的群体,他们属于政治精英,控制着社会的大多数,承担政治的所有功能,垄断权力并享受权力所带来的一切好处。① 精英的统治之所以得以实施,权力之所以能够在精英之中进行分配,原因在于精英的组织化。一个有组织的少数对于无组织的多数实施统治是必然的。而作为统治的少数(ruling minority)的成员,精英一般具有某些明显的不同凡人且又令人尊敬的品质。

米歇尔斯从特殊组织(政党)的角度研究权力问题,提出了著名的"寡头铁律"(iron law of oligarchy),认为组织从来就是寡头的组织。任何社会都由组织(政党)来实施统治,而组织又是由少数领袖(寡头)来实施统治。即使民主的政党也是如此。

权力分配的精英主义观点可能导致对民主价值的怀疑。人民统治(rule of people)一直是传统民主价值的核心观念。精英主义理论否定了这种观念。这种否定曾经使帕累托和米歇尔斯对法西斯主义采取同情的态度,也为熊彼特的现实主义的精英主义民主理论奠定了基础。

权力分配的精英主义观点在美国也得到了学术研究的验证。20世纪20—50年代,一些学者通过调查得出结论,具有上层或中上阶层背景或代表商业利益的少数人,在不同的社区居于支配地位,他们作为社区中最有影响力的人,在地方选举中一再得到提名。所以,权力分配的精英主义理论至少在美国地方社区中具有解释力。②

50年代,赖特·米尔斯(Wright Mills)将这种研究进一步应用在美国联

---

① 参阅 Gaetano Mosca, *The Ruling Class*, New York: McGraw-Hill, 1939, p.50。
② 参阅 Rod Hague, Martin Harrop, Shaun Breslin, *Political Science: A Comparative Introduction*, New York: St. Martin's Press, 1992, p.13。

邦国家层面。1956年,他出版了很有影响的著作《权力精英》(*The Power Elite*)。他的研究表明,三种互相封闭的集团支配着美国社会,即政治领袖集团(political leaders)、社团领袖集团(corporate leaders)和军事领袖集团(military leaders)。他们构成了美国的精英集团,虽然他们中的大多数人并非选举产生,但他们控制着美国政治的方向。

(2) 多元主义模式(Pluralism)

精英主义理论是对早期天真的民主理论的反动,而多元主义理论则是对极端现实主义(ultra-realism)的精英理论的反动。当精英主义宣称社会由一个"少数"(minority)集团来统治的时候,多元主义则认为社会由多个"少数"(minorities)集团来统治。

多元主义是一种多样化的观念。它认为现代民主是一个开放和竞争的舞台,不同的利益和团体为了影响社会而展开竞争。多元主义被认为是介于精英主义和传统民主主义之间的中间立场①。它与精英主义的不同在于,它否认一个单一的统治精英集团的存在;它与传统的"多数人统治"的民主主义的区别在于,它不承认多数人在实施统治。作为中间立场,它认为统治社会的是许多不同的"少数",即所谓"多元的"少数(见下图)。

多元主义和精英主义比较

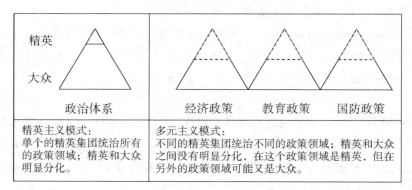

多元主义认为,在一个开放的民主社会,权力在不同的团体之间得到广泛的分配。这些社会团体处于不断的竞争之中,并不断地产生新的社会团

---

① 参阅 Rod Hague, Martin Harrop, Shaun Breslin, *Political Science: A Comparative Introduction*, New York: St. Martin's Press, 1992, p.14。

体。决策被视为具有影响力的不同团体之间讨价还价的结果。根据多元主义的观点,尽管权力分配是不平等的,但是,没有哪个团体能够垄断所有的政策领域。医学组织可能在健康政策方面具有绝对的权力,但在农业政策方面可能就会无足轻重。社会的多元化和社会成员多重的组织身份,容易达成有利于维护政治体系和政治稳定的广泛的社会共识。在这种多元化的权力分配结构中,人们解决冲突一般也会倾向于采用非暴力的方式,例如,进行谈判和讨价还价,或者采用类似选举投票一样的程序设计。

多元主义既被看作对现实的描述,也被视为一种理想。在多元主义理论下,精英主义所描述的事实被认为是决策和权力垄断的产物而遭到摒弃和批判。它坚持认为,不同的少数(精英)决定或者影响不同领域的决策,是权力比较合理的分配方式。具有特殊利益的团体只有在特殊的领域具有发言权。例如,军官团体可以在国防事务上表达自己的偏好,教师团体在教育政策方面拥有发言权。

(3)法团主义模式(Corporatism)

20世纪70年代,法团主义理论被重新用来分析自由民主国家中权力分配的模式。德国和奥地利被认为是法团主义模式的典型。

法团主义强调,社会中一些群体(主要是经济性的)组合成为社团并进入决策程序是实现权力分配的有效途径。在这种分配模式中,国家从与社团的合作中获得好处。在政治决策过程中,国家听取社团(如工业组织和工会组织)专家意见。社团作为一定社会成员的代表,在承认国家垄断权力的同时也分享了政治权力。群体社团化使决策过程在许多方面得到了非政治化(depoliticized)的处理。换句话说,正式的政治机构,如内阁和国民议会,看起来是在做出决策,但实际上只是签署非正式方式下所形成的决议。

(4)马克思主义模式(Marxism)

不同于所有上述理论模式,马克思主义为政治权力分配提供了完全不同的解释。马克思主义认为,社会的经济秩序决定政治权力的分配。在阶级社会中,由于经济权力掌握在少数人手中,因此,政治权力也必然集中在处于少数的统治阶级的手中。国家作为一种强制机器,也是用来维护统治阶级权力的工具。

同时,马克思主义也承认统治阶级内部的分化(division),这种分化使国家具有了一定程度的自治性(autonomy)以便控制政治和经济冲突。此外,为了维护统治阶级的统治,国家也在力图避免政治权力分化的最坏结果,努力安抚那些不满现状并希望打破现状的人。

政治学家在解释权力分配的时候,面临多种复杂而又互相竞争的模式。人们普遍认为权力分配是不平等的,而且所谓"平等"分配也是不现实的。但是,权力是不是应该被精英或统治阶级所垄断?或者,权力是不是只应当在竞争的精英之间进行分配?这是值得讨论的。如果说权力应当在精英之间进行分配,那么,这些精英怎么产生?他们是世袭的封闭的集团(像封建社会的特权贵族),还是开放的竞争的集团,权力又通过什么方式在他们之间进行分配?是通过和平的公开的程序,还是通过武力的不透明的方式?在权力分配过程中,民主制度或程序能提供什么帮助?

精英主义理论值得肯定的一点是,它揭示了这样一个事实,即任何社会都是由精英来实施管理的。那么,随之而引发的一个值得讨论的问题是,独裁制度下的精英统治与民主制度下的精英管理有什么不同?回答这个问题也就解释了现代社会权力分配应当遵循什么原则的问题。如果换一个角度,我们也可以这样提出问题,即现代社会权力分配的合理原则是什么?多元主义理论给我们的启示在于,在权力结构分化的不同领域,通过公开的竞争的程序,将该领域权威式的精英纳入决策过程当中,使其主导该领域的决策。由此,我们可以看到权力分配的一些最为基本的合理原则,包括:(1)结构分化原则;(2)多元主义原则;(3)精英主义原则;(4)公开竞争原则;(5)程序公开原则。

在现代政治生活中,我们看到国家的不同制度、行政机构、官僚机构、民意机构、司法机关,以及政党、社会组织等,作为政治主体都加入权力分配的行列中来;程序性设计,如选举制度的合理化,使政治精英进入一个开放的、流动的、竞争的权力分配过程;决策流程的科学化设计,又使政治精英在自己擅长的领域得以广泛分享决策权力。这就完成了"准入"—"规则"—"制约"的权力分配制度化的全过程。当然,这个制度远未完善,而且各个国家的发展程度也大不相同。但无论如何,现代社会的各种政治要素加入权力分配的过程,使权力分配的方式远比上述理论模式丰富得多。

五、限制权力的理论与实践

权力是人类集体生活不可缺少的,因为它是构成社会秩序的基本要素。但是,权力也被认为是一把"双刃剑",具有积极和消极两方面的作用:用好了,它能推动社会发展,增进社会福祉,促进社会公益;用不好,它会阻碍社会进步,损害社会福利,成为社会公害。这被称为"权力的悖论"①。正因为如此,政治学才把限制和监督权力(尤其是政府权力)作为一大课题来加以研究。

自从英国早期自由主义思想家托马斯·霍布斯运用著名的"利维坦"比喻来论证强有力的国家和政府对于维护社会秩序、避免"战争状态"的必要性之后,有许多政治学家开始思考如何控制"利维坦"这只怪兽,想方设法为政府设置种种限制。

约翰·洛克在《政府论》中把政府看作"必要的恶",明确提出"有限政府"的概念,强调以基本人权(生命权、财产权和自由权)来为政府行为设置"底线",以法治和人民的"革命"权来抗击政府强权。美国思想家托马斯·潘恩(Thomas Paine)对社会与政府做了区分,认为"社会在各种情况下都是受人欢迎的,可是政府呢,即使在其最好的情况下,也不过是一件免不了的祸害;在其最坏的情况下,就成了不可容忍的祸害"②,主张以宪法至上的共和制度来降低政府"祸害"的程度。马克思和恩格斯则索性采取了更加激烈的看法,把国家称为社会的"累赘"和"肿瘤","最多也不过是无产阶级在争取阶级统治的斗争胜利以后所继承下来的一个祸害",胜利了的无产阶级"不得不立即尽量除去这个祸害的最坏方面,直到在新的自由的社会条件下成长起来的一代能够把这全部国家废物完全抛掉为止"。③

政府在社会公共生活中是必要的,但是,正如潘恩所指出的:政府是由

---

① "权力的悖论"被表述为:"暴力的存在和权力的构成是使政府不断地处于困境的根源,而二者又是我们对于安全与秩序需求的必然产物,暴力与权力不可或缺,否则就不会有政府,国家的一些基本目的也不会得以实现。"(莱斯利·里普森:《政治学的重大问题——政治学导论》,刘晓等译,北京:华夏出版社 2001 年版,第 63 页)
② 《潘恩选集》,马清槐等译,北京:商务印书馆 1982 年版,第 3 页。
③ 《马克思恩格斯选集》第 2 卷,北京:人民出版社 1995 年版,第 336 页。

我们的罪恶产生的,因为我们不是天使,所以我们才需要政府。但政府也不是天使,因而,对待政府的权力就需要时时警惕。基于这样的判断,人们阐发了以"有限政府"为核心理念的包括人民主权、权力制衡、依法行政、司法独立在内的基本原则。

政治学家对政府权力为什么必须受到制约和监督做出了大量研究,提出了各种观点,综合起来看,主要有以下三个理由。

1. 政府决策失误

政府干预市场、调控社会的基本手段是制定并实施有效的公共政策。但由于政策过程异常复杂,存在着种种障碍或制约因素,因此,政府难以及时制定并有效执行科学的公共政策。在这种情况下,政府非但不能起到弥补市场缺陷和志愿失灵的作用,反而加剧了市场失灵和志愿失灵,带来巨大浪费,甚至造成社会灾难。

政府有自身的"理性"即利益偏好,并不一定追求真正的公共利益;政府的决策机制不可能尽善尽美;政府的决策信息常常是不全面的。所有这些原因,都可能使政府产生重大决策失误。一旦政府决策失误,社会的公共利益必定受到不同程度的损害。

对于政府决策失误的上述认识和判断,使人们对政府不敢抱有太高的期望。同时,设法避免政府决策失误,使人们更加专注于"有限政府"的制度设计,尽量压缩政府决策的事务范围,给市场机制留下更多的机会,给个人自理和社会自治以更大的空间。

2. 政府扩张,官僚低效

在现实生活中,政府官员和政府机构自身利益的客观存在,带来了政府的自我扩张行为。政府官员谋求权力与机构的扩大,追求升官、高薪、轻松的工作和各种附加的福利,最终导致政府部门人员数量的增加和支出水平的增长。进一步而言,政府扩张造成社会资源浪费,经济效益降低,资源配置低效,社会福利减少;政府开支的增长,还是引发通货膨胀的诱因之一。

政府官僚机构产出的质与量难以测定和衡量,使政府绩效考核在很多情况下难以实施,这种状况影响政府效率。政府部门垄断公共物品的供给,由于公共物品的成本与收益难以测定,官僚不能像企业经理那样公开合法地参与盈余分配,因此,官僚的目标不是利润的最大化,而是机构及人员规模的最大化——以此增加自己的升迁机会和扩大自己的势力范围,这势必导致机构臃肿,人浮于事,效率低下。此外,作为监督者的公民与作为被监督者的政府机构处于事实上的不平等地位,政府在垄断相关监督信息的同时,很有可能利用强权操纵监督过程,使公众监督软弱无力,这是政府"懒惰成性"的外在条件。

政府扩张和官僚低效使"防范政府"成为政治思考的核心议题,通过宪法和法律来限制政府、约束官员,是最起码的思路。而选任制度、限任制度、责任制度、舆论自由和社会监督制度,就成为这一思路下必不可少的制度安排。

3. 官员腐败和政府俘获

权力不加限制就会滥用,这已经让人们对政府及其官员的行为极不放心了。当有人指出加以限制的权力也不可能完全杜绝腐败或滥用时,那就更让人们没有理由放松对政府及其官员的警惕。波普尔曾经说道:"国家尽管是必要的,但却必定是一种始终存在的危险或者(如我斗胆形容的)一种罪恶。因为,如果国家要履行它的职能,那它不管怎样必定拥有比任何个别国民或公众团体更大的力量;虽然我们可以设计各种制度,以使这些权力被滥用的危险减少到最低限度,但我们决不可能杜绝这种危险。"[①]他的认识为"有限政府"的理论提供了更加有力的论证。

政府"寻租"理论把"经济人"假设引入对政治腐败的分析中,认为政府也是追求自身利益的"理性经济人",并在人为地制造稀缺,一旦制造出稀缺,寻租活动便有了可能,腐败也由此而产生。因此,正是行政机构对市场的干预产生了租金,从而使企业为了寻求租金而不得不向官员行贿。由租金获益的官商既得利益者,力求保持原有租金制度并不断设立新的租金制度,进一步扩大租金规模,权力腐败现象因此更为严重。

政府"管制俘获"理论也深刻揭示了政府官员权力腐败的社会经济根源。该理论给出的结论是,管制与被管制双方看似对立,实则利益一致,可

[①] 卡尔·波普尔:《猜想与反驳——科学知识的增长》,傅季重、纪树立、周昌忠、蒋弋为译,上海:上海译文出版社1986年版,第500页。

以达成紧密的联盟。一方面，每个有足够政治力量利用国家机器的产业或企业都会谋求控制进入，而管制政策经常是按照阻碍新厂商成长的目的制定的，因此，正是受管制的企业为了自身的利益才要求政府进行管制的。另一方面，政府及其官员出于自身利益，很乐于被企业集团所"俘获"。① 政府管制可以创造大笔租金，企业为了寻求这些租金，不惜对政府官员进行贿赂，为的是谋求在行业之中的垄断地位。②

"寻租"理论和"管制俘获"理论打破了人们对政府所抱有的最后一丝幻想，行政审批、政府管制这些被人们所看好的政府的积极功效也受到了质疑，它们所强化的信念是：不仅"有限政府"和民主这样的大原则不容置疑，而且，为政府设置更加严厉苛刻的限制也决不为过。

最新的经济学研究丰富了政治学关于国家与政府的传统理论。制度经济学家诺思（Douglass C. North）论证了"国家悖论"（即所谓"诺思悖论"）的存在，指出"国家的存在是经济增长的关键，然而国家又是人为经济衰退的根源"③。尽管国家和政府有所区别，但在诺思那里，它们被当作同等概念交替使用。"诺思悖论"道出了现代人的无奈：没有政府办不成事，有了政府又办不好事。许多行业因为事关国计民生，需要管制和行业准入，因而需要政府干预；但政府却又因为种种原因，如出于自身利益的考虑、有限理性的限制等等，其努力常常不能带来好的效果，相反却造成更坏的结果。

不管是早期"政府是必要的恶"，还是今天的"诺思悖论"，所有上述理论都揭示了这样一个事实：虽然从理论上说，政府的权力来源于社会的委托，应成为谋取公共利益的"公器"，但在实际政治生活中，由于人性的幽暗和监督不力，政府权力"公器私用"的情况屡见不鲜。

"政府是恶，公权是害"，正是基于这样的认识和判断，人们才对国家和政府产生深刻的怀疑和高度的戒备。正是因为认识到再好的政府也是

---

① 参阅乔治·J.施蒂格勒：《产业组织和政府管制》，潘振民译，上海：上海三联书店1989年版。

② 参阅丹尼斯·C.缪勒：《公共选择理论》，杨春学等译，北京：中国社会科学出版社1999年版，第288—293页。

③ 道格拉斯·C.诺思：《经济史中的结构与变迁》，陈郁、罗华平等译，上海：上海三联书店、上海人民出版社1994年版，第20页。

"恶",才要以恶制恶,以毒攻毒,想方设法为政府设置紧箍咒,通过宪法和法律来约束其行为,通过制度安排来制约和监督其权力,从而使可能的"祸害"降到最低限度。

限制政府权力的一条主要路径就是以权力制约权力。以权力制约权力,就是让承担不同功能的权力部门(机构)互相分立,相互制约,即所谓的"分权制衡"。立法权力、行政权力和司法权力是社会公共权力的一种功能性划分。现代政府一般采用立法、行政、司法三个机构分开,使其履行不同职责和功能(即所谓的横向分权),这就是通常所谓的"三权分立"。在政治实践中,各国对这三种基本权力机关之间的关系有着不完全相同的规定,从而形成了不同的政治制度。例如,美国实行的是三权分立和制衡的原则,在政治制度设计中,不仅强调三种权力机关分开,而且强调三种权力机关之间互相制约与平衡,以防止任何一个权力机关专权。

以权力制约权力的分权制衡还体现在中央权力与地方权力的关系上,即实现中央与地方的适当分权,即所谓的纵向分权。在中央与地方关系上,一方面,中央政府代表国家,行使关系全国普遍利益的权力;另一方面,由于地方具有特殊利益,因而赋予地方政府一定的自治或自主权限。中央与地方的适度分权,目的在于建立多元化的权力结构,使权力相对分散,防止权力过分集中而导致的专权,尽可能地分散化解权力"作恶"所带来的风险。

限制政府权力的另一条路径就是以权利约束权力。以权利约束权力,就是通过宪法和法律,明确规定公民在政治、经济、文化和社会生活领域广泛享有的自由权、生命权、财产权、民主权、社会经济权等各项权利,并赋予其维护自身权利的手段,通过公民维护自身权益的行动来抵制政府权力部门和当权者滥用权力。

当代美国法哲学和政治哲学家、纽约大学罗纳德·德沃金(Ronald Dworkin)教授在《认真对待权利》(*Taking Rights Seriously*)一书中指出,权利"可以防止政府和政治官员将制定、实施和运用法律用于自私或不正当的目的",或者在这样的情况不幸出现时,能够阻止法律对权利的侵害的仍然是权利。[①] 通过公民的维权行动来抗击当权者的专权和滥权行为,必须满

---

① 罗纳德·德沃金:《认真对待权利》,信春鹰、吴玉章译,北京:中国大百科全书出版社1998年版,中文版序言第3页。

足四个条件：宪法和法律需要对公民权利做出明确规定；公民需要具有权利观念和自觉维护自身权益的意识；政治制度安排中需要提供公民维权的有效途径；建立公正独立的司法系统，保证侵权行为得到及时合理的惩治。

在以权利约束权力的路径下，现代社会对政府权力形成了广泛的社会监督机制。这些监督机制主要包括公民监督、社会团体监督和舆论监督等。

【思考题】

1. 什么是权力？权力具有什么特性？
2. 如何定义政治权力？
3. 政治权力的来源和基础是什么？如何强化政治权力？
4. 举例说明政治权力实施方式。
5. 如何评价政治权力分配的不同模式？
6. 限制和监督权力的理由是什么？
7. 简要说明权力限制的主要制度安排。
8. 结合中国的现实，说明如何完善权力监督体系。

【扩展阅读文献】

1. 伯特兰·罗素：《权力论》，吴友三译，北京：商务印书馆1991年版。
2. 丹尼斯·朗：《权力论》，陆震纶、郑明哲译，北京：中国社会科学出版社2001年版。
3. 约翰·肯尼思·加尔布雷思：《权力的分析》，陶远华、苏世军译，石家庄：河北人民出版社1988年版。
4. 李景鹏：《权力政治学》，北京：北京大学出版社2008年版。
5. 约瑟夫·S.奈：《硬权力与软权力》，门洪华译，北京：北京大学出版社2005年版。
6. 罗伯特·A.达尔：《现代政治分析》，王沪宁、陈峰译，上海：上海译文出版社1987年版。
7. 燕继荣：《现代政治分析原理》，北京：高等教育出版社2004年版。
8. 马基雅维利：《君主论》，潘汉典译，北京：商务印书馆1985年版。
9. K. Boulding, *Three Faces of Power*, London: Sage, 1989.
10. Alan R. Ball and B. Guy Peters, *Modern Politics & Government*, New York. London: Chatham House Publishers, 2000.

第八讲

政治合法性及其危机

在组织和安排社会生活的时候,权力是必需的,因为它是建立和维持秩序的必要手段。但是,构建一个良好的社会,仅仅依靠权力是不够的。马克思主义认为,国家是暴力机器,但是,我们切不可以为国家仅仅依靠暴力就可以维持一种持久稳定的秩序。一种统治能够得以维持,一种制度能够得以持续,还取决于这种统治或制度下的人们对于该统治或制度一定程度的认可和接受。换句话说,这种统治或制度要具备合法性或正统性。即使是使用暴力,也要使用得合理合法。

在政治学研究中,政治合法性被理解为统治者与被统治者的关系,它研究的是公民产生对国家或政府的政治忠诚、将政府权威视为正当的道德条件(moral conditions)。本讲主要讨论政治合法性的意义、政治合法性的基础和原则、政治合法性的危机,以及政治合法性的实现途径。

核心问题:
▲ 政治合法性的含义
▲ 政治合法性的作用和意义
▲ 政治合法性的基础
▲ 政治合法性建立的途径

一、政治合法性的意义

"合法性"即指正当性或正统性。"合法性"的英文概念是 legitimacy,来源于拉丁语 legitimare,意思为"法律许可的"或"宣称合法的"。Legitimacy 的广义含义就是合理性或公正性(rightfulness)。[1]

---

[1] 参阅 D. Sternberger, "Legitimacy", *International Encyclopedia of Social Sciences*, Vol. 9, London/New York, 1972.

在英语表述中,合法性(legitimacy)与 legality(合法)和 authority(权威)密切相关,但又不能等同。合法性不同于守法意义上的"合法"(legality)。这里的 legality 更多地是一个法律概念,它指的是公民对法律的服从态度,而不管这个法律的制定是不是正义(即不讨论它是"好法"还是"坏法")。换句话说,法律意义上的合法并不必然保证政府受人尊重,公民也不一定承认服从政府是出于义务。① 中国古代法家所强调的"法治"观念,实际上就属于这个范畴。

此外,法律意义上的合法概念,强调的是某一法律的制定是否符合程序,一般指是否符合宪法规定;而政治意义的合法性强调的是人们是不是能够把这个法律当成合理的东西加以接受。例如,实施种族隔离政策时期的南非,处于人口多数的黑人并不会认为具有种族隔离性质的法律具有合法性,尽管它的制定和通过是符合国家宪法的。相反,一些非法行为,如为了实现某一目标而举行的和平示威,有时候却具有合法性,至少被一部分人认为是正当的。20 世纪许多国家的公民不服从的抗议活动,为争取平等的选举权和国家摆脱殖民统治而独立做出了很大的贡献。这些事实也说明,此合法性(政治的 legitimacy)不同于彼合法性(法律的 legality)。

政治意义的合法性与权威也有紧密关系。具有了合法性也就具有了行为的正统性或正当性,因而,也就等于拥有了权威。所以,有人也把合法性简单地理解为"赋命令以权威的特性",即使命令具有权威性。据此,合法性概念也被理解为将权力转化为权威。但是,合法性不简单等同于权威。在使用合法性概念的时候,我们一般是针对整个政府或政治体系;而使用权威概念的时候,一般针对的是政府中某一个具体的职位、机构或领导人。因此,合法性涉及的是政权和制度(regime),而权威一般涉及的是机构或个人(official)。②

所谓政治合法性,就是指政府基于被民众认可的原则实施统治的正统性或正当性(the right to rule on the basis of recognized principles)。简单而言,就是政府实施统治在多大程度上被公民视为合理的和符合道义的。当

---

① 参阅 Andrew Heywood, *Key Concepts in Politics*, New York: St. Martin's Press, 2000, p.29。
② 参阅 Rod Hague, Martin Harrop, Shaun Breslin, *Political Science: A Comparative Introduction*, New York: St. Martin's Press, 1992, p.19。

大多数民众认为政府实施统治(包括使用武力威胁)是正当的,也就是政府具有合法性的时候,民众对政府的统治会自觉加以服从,即使出现抵触,也不会危及根本统治。在这种情况下,该政权是稳固的,该政权统治下的政治秩序一般也是比较稳定的,政府的个别过错或政策的某些失误,不会导致整个政治体系的崩溃。相反,当大多数民众认为某一政府实施统治是不正当的,比如,认为该政府建立在强盗逻辑和黑帮政治(包括篡权、政变、暗杀、强迫民意、武力修宪、贿选上台、家族操控、暴力执政等)的基础上,该政府就不具有合法性。在这种情况下,民众在暴力压制下被迫服从,但是,一有机会就会发泄不满,形成大规模的抗议运动;而且,政府的任何一个失误都有可能导致政府的垮台和整个政治体系的全面危机。

政治合法性在政治哲学和政治科学中都有不同的运用。政治哲学家一般从道德的角度使用这个概念,把合法性视为道德的或理性的原则,看成政府要求公民服从的理由。在政治哲学家看来,拥有合法性要比掌握使人服从的权力更加重要。政治科学家一般是从社会学的意义上使用这个术语的,把合法性仅仅看成服从某种统治体系而不考虑它是如何使人服从的。从这个意义上说,政治合法性是一个政治哲学概念。它对于政治科学来说,不具有特别的意义。

此外,政治合法性最早的提出和使用主要用来说明政权建立的基础和模式,如马克斯·韦伯所做的研究,就是用来分析不同政权建立时的权威基础,即所谓的"传统型"(traditional)、"个人魅力型"(charismatic)和"法理型"(legal-rational)。[①] 今天,这一概念不仅被用来分析政权建立时的权威来源,而且被用来衡量政权建立以后的权威程度。

然而,在现实政治中,不同的政权具有不同的合法性基础。相对于不同国家的人民来说,很难找到一个统一的标准来衡量。而且,同一国家不同时期构成合法性基础的不同要素的权重也不一样。所以,也很难在不同政权之间进行政治合法性程度的比较。

但是,比较的难度并不妨碍就个别国家的政权合法性基础进行研究。这种研究可以帮助我们认识合法性的来源和基础,确立政权合法性的类型,

---

[①] 参阅 Max Weber, *Economy and Society*, Vol.1, University of California Press, 1978, pp. 215-215。

找到拓展政治合法性基础的途径。

政治合法性是政治统治的正当性和合理性，它可以通过民众对政权的认可和拥护程度表现出来。但是，政治合法性的基础和要素非常广泛，换句话说，一个政权赢得民众支持和认可的因素很多，有的是因为根本制度合理，有的是因为某个政治领袖受人拥戴，有的是因为某种意识形态受到偏爱，有的是因为某一届政府受到欢迎（比较而言），有的则是因为某一政策使民众受益。从长远发展和政权持久延续的角度看，对于维护政治统治来说，因为制度合理而受到民众认可，显然比因为某个领袖、某个政策和某届政府受人欢迎更加根本，也比意识形态的感召更加切实。领袖的寿命是短暂的，政策的时效是有限的，政府是要换届的，意识形态也是会过时的，但是，合理的制度却是永存的。在制度缺乏合理性的情况下，政治领袖个人魅力的逝去、政策效益的降低、意识形态说服力的消退，都可能危及整个政权统治。相反，在合理制度被民众广泛认可的基础上，所有这些变化，充其量只能导致某个领袖或某一届政府的下台。

基于上述分析，我们可以用两种指标来考察政治合法性：(1)公民对政权的认可和支持率，它可以通过民意调查显示出来；(2)公民认可和支持政权的持久性，它可以通过分析公民支持政权的原因而判断出来。一般而言，如果民众对政权的认可和支持来自合理的制度设计，或者反过来说，民众对政府的不满与制度本身无关，那我们就可以判断该政权的合法性具有持久性；如果民众对政权的认可和支持来自短期的可变因素（如主要是因为某个人、某项政策或一时的意识形态导向等），那我们就可以判断该政权的合法性存在一定问题，可能将来由于这些可变因素的改变而导致政权危机。

政治合法性对于现实政治生活具有重要意义。首先，它关系到政治秩序和政治统治持久性的问题：社会秩序的稳定性、政局的稳定性、政权的稳定性。从理论上说，缺乏政治合法性或者政治合法性资源严重不足的政府，往往是完全或主要依靠暴力（强制力）来维持统治的政府，由于得不到民众认可，所以社会秩序不稳定，民众抗议政府的某种作为或不作为，可能直接危及政权的存在；高压所实现的稳定成为一种表面现象，社会犹如随时爆发的火山，政府危机四伏穷于应对。在这样的政权下，政府内部一般实行强人统治，统治集团内部的斗争、成员的分化变动，特别是政治强人个人命运的变化都会成为政局变动的决定性因素。当政府全面危机时，一般也很难靠政府换届或变更领袖来解决问题,危机的最终结果往往是该政府所赖以存在的整个政治体系被彻底否定,比方说,不仅该政府或强人统治被推翻,而且该政权和制度被否定,该政府所依赖的"宪法"和法律也被废止,整个社会秩序重新构建。

其次,政治合法性意味着政权或制度(regime)的合理性。从积极意义上说,建立政权的合法性基础非常重要。它意味着立足长治久安,构建政府制度的权威,而不是某一届政府或某一个执政者的个人权威。它提醒我们,必须致力于制度的合理化建设,将政治体系和政治秩序建立在无可置疑的公认的原则之上。

二、政治合法性的基础

国家是否和如何被认为正当是政治合法性讨论的核心议题[①]。在前一章关于"政治权力"的讨论中,我们已经阐明了这样一个事实,即政治秩序是以政治权力的不平等分配为基础的。那么,作为权力主体的政治统治者和作为权力客体的被统治者之间不平等的权力关系是如何被认可的?一般来说,人总是希望选择做统治者而不愿意选择做被统治者,那么,为什么"你"就有权力命令"我"来服从?如果要避免"你""我"之间的决斗或战争,仅仅靠展示"你"的暴力来压制我是不够的,因为暴力可以被暴力所推翻,"你"还必须提供让"我"服从的更加充分的理由。这就是政治合法性。

那么,政治合法性的基础是什么?也就是说,是什么因素使愿意当被统治者的人自愿服从统治者的统治?对这个问题最有权威的解释还应该归于马克斯·韦伯。他考察人类历史上存在过的政治统治秩序,认为任何有效的政治统治秩序都由两个方面的因素促成:(1)客观因素:服从的习惯或习俗以及强制性的法律的存在;(2)主观因素:被统治者形成了对统治者的服从义务。他划分了统治体系的不同类型,并指出每一种统治体系都有其赖以建立的合法性基础。他构建了三种理想的或理论的模型来说明高度复杂的政

[①] 参阅 R. B. Friedman, "On the Concept of Authority in Political Philosophy", in J. Raz (ed.), *Authority*, New York, 1990; S. Lukes, *Moral Conflict and Politics*, chap. 7, "Perspectives on Authority", Oxford, 1991, pp. 141-154。

治统治和政治服从的基础。这三种模型是传统权威型、个人魅力型和法理型,每一种模型都有其自己的合法性资源,这些资源也就是人们服从一个政权的理由。它们的特点分别如下:

韦伯关于合法性基础的三种类型

合法性类型	政治服从的基础	适用范例
传统型	已经确立的习俗或习惯	世袭的君主制
个人魅力型	政治领袖的非凡人格或超凡感召力	革命型的领袖和政权
法理型	合理的规则和程序	现代官僚制

(1)传统权威型:传统权威型的政治合法性建立在长期形成的传统风俗和习惯的基础上。这种形式的政治统治之所以被人接受,是因为历史沿袭,从来如此。先辈定下的规矩,早先形成的秩序,今天自然也应该得到遵守。传统习惯不需要得到证明,"服从我,因为我所代表的秩序是传统沿袭下来的"。传统权威型最明显的例子就是部落统治、家长制下的小群体统治以及村落中的老人政治。它往往与权力或特权的世袭制有密切关系。古代的世袭君主制以及现代世界幸存的王朝统治(如沙特阿拉伯、科威特和摩洛哥)也属此列。现代的君主立宪制国家(如英国、比利时和荷兰)虽然不能归结于传统权威型,但它们的政治文化中的传统因素依然在发挥作用。

(2)个人魅力型:个人魅力型的政治合法性建立在某个人的非凡个性和超凡感召力(个人魅力)的基础上。个人魅力型权威表现为政治领袖作为英雄和"圣人"引导和召唤追随者的能力。这种形式的政治统治建立在领袖个人权威的基础上,"服从我,因为我能带领大家走向光明"。尽管现代政治生活中个人魅力依然起着重要作用,政治领袖如戴高乐(de Gaulle)、肯尼迪(Kennedy)和撒切尔(Thatcher)也都尽力通过个人能力激发政治忠诚,扩大其权威,但是,他们的政权统治并不能被视为个人魅力型统治,因为他们的权威主要还是来自正式制度下的权力职位。像拿破仑(Napoleon)、墨索里尼(Mussolini)、希特勒(Hitler)、霍梅尼(Ayatollah Khomeini)、卡扎菲(Colonel Gaddafi)等人的政权才被视为"个人魅力型"统治。个人魅力型权威往往出现在社会危机和巨变时期,并通过对领袖的个人崇拜得到强化。但是,假如一个社会的秩序主要建立在个人威信的基础上,那么,往往有两个后果难以避免:①因为领袖权威并不是建立在正式的规则和程序的基础上,所以,个人权威几乎无所限制,领袖被看成救世主,他的权威无可置疑,大众只有跟随和服从。②政权过于依赖个人权威,其统治秩序的期限很难超过奠基人的自然寿命。所以,完全依靠领袖个人权威所建立的政权往往是短命的,除非权威领袖能够将自己的个人权威转化为一种持久的制度或职位的权威。①

（3）法理型:法理型权威建立在一系列清晰而明确的规则和制度的基础上。根据韦伯的观点,法理型权威是现代国家典型的权威形式。总统的权威、总理的权威以及政府机关的权威最终都是由正式的宪法规则所赋予的。这些规则同时也限制了这些官员和机构的行为。在这种权威形式下,"服从我,因为我的权力是根据法定程序产生的"。法理型权威最好的例子是现代官僚制,在这种制度下,人们服从法律不是出于恐惧,不是因为风俗传统,也不是由于对某一个人的忠诚,而是因为觉得法律和秩序是一个理性的社会所必要的。人们承认的是法律的权威,而不仅仅是执法者的权力。法理型权威优于其他两种权威形式的地方是,它的权威寄托在规则、程序和制度之上,而不是寄托于个人,所以,它较少被滥用,也不易引起严重的不正义。如果某一个官员的行为超出了自己的权限,人们可以拒绝服从。法理型权威实行的是有限政府(limited government)的统治,而且通过合理的劳动分工来促进效率。它的不足在于,随着官僚制组织形式的扩张,社会环境的去个性化(depersonalization)和非人性化(inhumanization)是其高效率所付出的必然代价。

韦伯的分析基本上是中肯的,但也有局限性。首先,他关注了政治制度和统治体系的合法性,但并没有分析一个不受欢迎的政策或失信于民的政治领袖和政府所导致的政治权威危机的原因和环境。例如,1990 年英国反人头税运动无疑表明了民众对政府政策的敌意,民众的反对正是撒切尔政府于当年 11 月下台的原因。韦伯的理论并没有考虑政治合法性为什么会消失的问题。另外,他也没有解释这些合法性的信念到底是如何产生的,因而也没有明确回答为什么权力会转变为权威的问题。

对于韦伯所遗留的问题,现代政治学家做了进一步的探讨。针对权威

---

① 参阅 Rod Hague, Martin Harrop, Shaun Breslin, *Political Science: A Comparative Introduction*, New York: St. Martin's Press, 1992, p. 18。

究竟如何形成、权力如何转化为权威的问题,有人通过研究指出,起初暴力威胁下的服从最终变成了服从的习惯,"今日的权威是昨日权力斗争的结果"①。权力要转化为合法的权威,必须具备三个条件②:

(1) 权力的实施必须依照已经确立的规则,不管这种规则是正式的合法的安排,还是非正式的惯例或习俗;

(2) 这些规则必须在统治者和被统治者共同的价值观念下被双方认为是合理的;

(3) 被统治者的同意必须得到证明或显示:①通过选举或竞争体系来形成和显示民众的同意;②通过宪法或法律规则让民众明确感到他们将如何被统治。

韦伯所讨论的三种权威模式是一种理想形式。在实际政治生活中,没有哪个国家纯粹属于某一种模式,它们往往是一种混合模式,只不过有的国家偏重这种类型,而有的国家偏重另外一种类型。

在韦伯理论的基础上,现代政治学研究从多种角度继续探讨合法性问题。下表归纳了政治学研究在这方面的新观点。

现代政治学关于"合法性"或"权威性"研究观点概要

代表人物	研究角度或方法	主要观点
政治角色说:帕森斯(T. Parsons)	从结构功能的角度分析现代公民社会政治服从的社会基础	现代社会中,公民服从官员,是因为官员的政治角色,而不是因为官员的个人品性;政治角色是权利和义务的统一;政府官员的权力地位之所以具有合法性,是因为政府官员角色使公民角色所要求的权利得到了实现的可能。正是这种权利和义务关系,构成了官员角色和公民角色之间权力和服从关系的基础。(T. Parsons, *The Social System*, New York: Free Press, 1961)

---

① B. Goodwin, *Using Political Ideas*, 2nd, Ed Chichester: Wiley, 1987, p.215.
② 参阅 D. Beetham, *The Legitimation of Power*, Basingstoke: Macmillan, 1991.

(续　表)

代表人物	研究角度或方法	主要观点
公共利益说：本特利（Arthur Bentley）	从公共利益的角度分析政府政策与公共利益的一致性	公共利益是各方利益冲突和妥协的结果，如果政府行为表达了这种妥协结果，它就是合法的，反之即不合法。（Arthur Bentley, *The Process of Government*, Evanston, Illinois: Principia, 1908）
政府中立说：亨廷顿（S. P. Huntington）	从政治制度的角度分析政府的权威性	政府行为的合法性来自政府制度的中立性，政府制度越是代表自身利益（中立），它就越不代表某一特定社会集团的利益，它的行为就越合法。（塞缪尔·亨廷顿：《变革社会中的政治秩序》，北京：华夏出版社1988年版）
政治文化说：阿尔蒙德（G. A. Almond）	从政治文化的角度说明政治体系的权威性	政治体系的合法性或权威性来自同质的政治文化，即共同的价值和理念。如果一个政权能够坚持或造就国民一种共同的信念，那么该政权就是合法的或有权威的。（加布里埃尔·A.阿尔蒙德、西德尼·维巴：《公民文化——五国的政治态度和民主》，杭州：浙江人民出版社1989年版）
政府绩效说：利普塞特（S. M. Lipset）、阿尔蒙德、林茨（Juan J. Linz）	从政府绩效（如经济发展）的角度考察政治秩序的稳定性，主要关注发展中国家的稳定和民主化问题	政府绩效是一个复杂的概念，并非单项经济指标所能衡量；政治民主化的合法性需要政府绩效来保障；政府绩效可以为威权政治体制提供合法性，但是它的作用是有限的，因为政府绩效是可变的，而且持续的时间也是短暂的。（马丁·利普塞特：《政治人》，北京：商务印书馆1993年版；Juan J. Linz, *The Breakdown of Democratic Regimes: Crisis, Breakdown, and Reequilibration*, Baltimore: The Johns Hopkins University Press, 1978）

三、政治合法性危机和政治革命

合法性危机意味着政府的信任危机和权威危机。严格地讲,任何社会都有产生合法性危机的可能,只是发生危机的时候程度有所不同。也许在有的国家会导致整个系统的崩溃和重建,而在有的国家则只需要做出适当的改革或调整。正如我们在前文所分析的那样,如果一个国家的合法性基础主要建立在短期的可变因素之上,而它又不能或不愿意及时将这种短期的可变性权威转化为合理的制度性权威,那么,一旦出现合法性危机,程度会较为严重,而且后果可能就是整个体系的崩溃;相反,如果一个国家的合法性基础主要建立在合理的制度之上,那么,它一旦遇到合法性危机,也不会危及整个政治系统。

当以下情况中的任何一种出现的时候,政治权威乃至统治的合法性都会受到挑战:

(1) 反对政治共同体的构成和界限,即当社会共同体内部有一部分势力不承认自己属于该共同体而要求打破现有构成状况的时候;

(2) 反对共同体内的宪法性安排,即当政治共同体内有成员反对已有的宪法制度,要求推翻这种宪法安排的时候;

(3) 反对政府做出的某项特殊政策,即当政治共同体内部有人反对政府的某一重大决策(如税收政策、种族政策等)的时候。

上述三种情况都会危及政府权威乃至政治合法性,但结果可能不同。第(1)种挑战可能导致政治共同体的解体;第(2)种挑战可能导致政治制度的瓦解和重建;第(3)种挑战可能导致政策的修改,或某一届政府的下台。

世界各国的政治合法性基础各不相同,因此,所面临的合法性危机的性质和程度也不一样。根据政治学研究理论,建立在制度和程序合理基础上的发达国家、建立在意识形态基础上的共产主义国家以及建立在"政绩"基础上的威权主义国家,可能分别面临不同的合法性危机。

1. 发达国家的合法性危机

发达国家经历了长期的"理性化"过程(韦伯的观点),实现了较高程度的政治制度民主化和政治生活法治化,所以,它的合法性主要建立在韦伯所谓的"法理型权威"的基础上。应当说,它实现了基本制度和社会秩序的稳定。然而,它也面临不同程度的合法性危机。

德国思想家、新马克思主义者哈贝马斯(Habermas)认为,资本主义发达国家通过民主过程、政党竞争、社会福利和社会改革等机制,使其合法性得到延续,但是,它们也面临一系列社会内部的"危机倾向",从而使它们很难仅仅依靠"同意"(consent)就完全维持政治稳定。资本主义积累以及民主政治所释放出来的大众压力之间的矛盾和冲突导致资本主义发达国家的各种社会紧张关系。①

根据哈贝马斯的观点,资本主义经济受到利润追求的直接驱使,存在着不断扩张的趋势。然而,在该体系下为建立合法性基础而扩大政治和社会权利的努力又不断激发一种新的压力。特别是,民主过程导致人们对社会福利以及大众参与和社会平等的要求不断提高,结果,国家对经济和社会生活所承担的责任不断扩大,同时,税收和公共开支急剧增加,这又限制了利润水平,阻碍了企业的发展,进而又抑制了资本主义积累。在哈贝马斯看来,资本主义民主无法永久地同时满足两个方面的要求:(1)大众对于社会保障和福利权利的要求;(2)基于不断扩张的私人利润的市场经济的需要。这种社会要么被迫抑制民众压力,要么冒经济崩溃的风险,政府会发现,维持其合法性的难度越来越大,最终几乎不可能。

哈贝马斯所讨论的问题在20世纪70年代所谓政府的"超负荷"(overload)运转中得到了印证。许多学者指出,政府面对过多的额外要求越来越难以实施其统治。② 之所以出现如此结果,原因在于政治领袖和政党为了获得权力而相互抬价,而利益集团又以毫不妥协和难以相容的种种要求围剿政府。在此情况下,政府能力由于普遍转向使政府机构和有组织的团体进一步相互依赖的工团主义(corporatism)方向而遭到了更大的破坏。有鉴于此,人们呼吁政治和意识形态变革,以彻底放弃"大政府"(big government)的构想和实践。

80—90年代西方的政治实践可以说就是对这种合法性基础以及超负

---

① 参阅 Habermas, *Legitimation Crisis*, Boston: Beacon, 1973。
② 参阅 A. King, "Overload: Problems of Governing in the 1970s'", *Political Studies* (1975), Vol. 23, pp. 284-296; R. Rose, (ed.) *Challenge to Governance: Studies in Overloaded Politics*, London: Sage, 1980。

荷危机的反映。新右派理论家发出了变革的最强烈的呼声。他们突出福利国家的财政危机(the fiscal crisis of the welfare state),讨论所谓"民主的经济矛盾"(economic contradiction of democracy)。① 就是在这种呼声当中,80年代开始,美国的里根政府和英国的撒切尔政府都开始实行改革。它们力图降低大众对政府的期望,并通过将国家责任转移和分担给私人的方式来大幅削减国家责任。在这种新的政策方向下,福利被看成由个人负责的事务,鼓励个人通过努力工作、储蓄、个人养老金和实施医疗保险等方式来实现福利保障;解决失业问题也不再被视为政府必须承担的责任,自然失业率被理解为职工为自己定价过高的结果。

新右派更加激进地挑战并努力取代从前使国家责任不断扩大而获得合法化的理论和价值,力图建立一系列个人和市场优先的价值和理论。它赞美个人主义,反对"保姆国家"(nanny state)。新右派的这些思想和改革设计也得到了社会党的积极响应。正是在这种背景下,过去强调社会正义、福利权利和公共责任的政治文化开始为突出市场选择、企业竞争和个人责任的政治文化让路了。②

2. 共产主义国家的信仰危机

1917年俄国十月革命以后,一直到70年代,共产主义政权在东欧、亚洲和非洲得到了巨大的发展,有近30个国家通过国内革命、民族解放运动或者通过苏联的武力介入,宣称建立了社会主义/共产主义制度。在60—70年代的高潮时期,共产主义制度下的人口占到了世界总人口的1/3。

社会主义/共产主义阵营成员国存在巨大差异,从相当落后的前工业社会,如老挝、柬埔寨,到相当程度的工业化国家,如捷克斯洛伐克、匈牙利。尽管所有共产主义国家都宣称师从马克思和列宁,但内部存在较大分歧。从60年代开始,共产主义国家就不再构成一个团结统一的阵营。

作为与资本主义阵营对立的社会主义和共产主义国家,其立国基础是马克思的科学社会主义和共产主义学说。马克思主义学说揭示和批判了资本主义制度的不合理性,受到下层民众的广泛认同,从而为社会主义和共产

---

① 参阅 S. Brittan, *The Economic Consequences of Democracy*, London: Temple Smith, 1977。
② 参阅 Andrew Heywood, *Politics*, New York: Palgrave, 2002, pp. 214-215。

主义国家提供了强大的合法性基础。

然而,理论和现实存在着巨大的差距。某些社会主义和共产主义国家后来的集权和计划模式,在如何提高经济和社会发展效率、反对政治特权、克服权力腐败、抑制个人专权、处理党与国家关系等方面存在着明显的不足,由于制度的不完善和不合理,导致了政治斗争和经济政策的灾难性后果,进而引发了民众对共产主义的信仰危机。这种危机在20世纪80年代末和90年代初导致了苏联和东欧的剧变,使这些国家不得不在民主化的基础上重新构建其政治合法性。

作为社会主义成员的中国,从70年代末期开始,积极推进改革开放政策,改造传统集权计划模式,引进外国资本,大力推进市场经济,促进经济发展,改善人民生活,从而为合法性基础注入了新的因素。

3. 威权国家的合法性危机

第二次世界大战以后,一些新型的发展中国家建立了独立的政权。这些国家一般实行一党制、军人政体或个人专制统治,在政治上实施集权统治和高度控制,在经济上适度自由,实行市场经济。它们被称为威权主义或威权国家。

威权主义国家的现实代表包括东南亚国家和地区、拉美国家和佛朗哥时期的西班牙等。这些国家立国之时建立的是不同形式的强权统治,既缺乏合理化的制度基础,又没有具有感召力的完整的意识形态基础。威权政治都倾向于运用诸如"国家目标"或"发展计划"来说服人民,因此,它们几乎毫无例外地被迫把政绩当作合法性的主要来源。为了换取民众的支持,威权政权的领袖们往往被迫做出尽快提高人民生活水平的承诺,而且还要反复强调这种经济增长是在其他政权下根本无法实现的。

从20世纪60年代开始,威权主义国家在自由市场的基础上推行现代化经济政策,赢得了经济的持续增长。经济发展的成就和政府绩效为这些国家政权提供了一定的合法性基础。

然而,经济政策和政府绩效作为威权主义国家政权合法性基础的积极作用是十分有限的。实际上,经济政策(经济成就)和政府绩效在多大程度上和多长时间内能够为政府提供合法性,取决于民众对威权政治所设定的目标的共识和认可程度。公众心理预期的改变必然动摇威权政治的合法性基础。以下任何一种情况的出现，对于建立在经济政策和政府绩效基础上的威权政治合法性都可能是一种严重的危机：

（1）经济发展受到打击，不能实现政府承诺。

（2）经济增长缓慢，但民众预期更高。

（3）经济发展速度虽然不低，但民众的非经济要求得到了释放。

威权主义国家政治合法性的一个致命弱点在于，它将合法性基础建立在短期的、可变的而且是唯一的（经济发展）因素之上。政府绩效的合法性作用，取决于民众对政府政策的评估。民众的评估标准并不相同。有的人可能运用经济增长和生活水平等经济指标；有的人可能运用社会平等和社会秩序等社会指标；有的人可能运用公民权利和政治腐败等政治指标。变化中的公众期望和不确定的政府绩效评价标准，使得政权的合法性无法持久和固化。

严格来说，任何国家的民众都会看重政府绩效。但在以法理型权威为基础的国家，民众只是用政绩来衡量和取舍政治领袖，而不是用来为政治制度辩护。对于威权主义政权来说，存在着亨廷顿所谓"政绩的困境"。民主国家以合理程序为基础，统治者的合法性通常依赖于满足一些关键选民对其政绩的期望。但是在这种制度下，那些在职的统治者不可避免会做不出政绩，于是，他们就失去了在职的合法性，就会在选举中被淘汰，由新的统治者来接替。因此，统治者失去职位的合法性导致这个体制重新肯定其程序的合法性。但是在威权体制下，政绩平平既瓦解了统治者在职的合法性，也瓦解了这一制度的合法性。①

面对合法性危机，威权政治能够采取什么应对策略？亨廷顿指出，威权主义领袖们可以做下列五种方式中的一种或数种策略选择：

（1）直接拒绝承认他们的合法性日益受到削弱，同时希望或相信他们能够把权力保持下去。于是，他们可以渲染民主转型的失败案例以及民主政权的种种弊端，以此获得"负面合法性"。

（2）通过用强制的服从取代日益涣散的义务而生存下来。如果统治集团能够就此达成一致意见，他们也许能够延迟因不断衰落的合法性所造成的后果。

---

① 塞缪尔·亨廷顿：《第三波：20世纪后期的民主化浪潮》，刘军宁译，上海：上海三联书店1998年版，第59页。

（3）挑起外部冲突,并试图通过诉诸民族主义来恢复合法性。但战争的风险和代价也是很高的。

（4）为他们的政权穿上民主合法性的外衣。比如做出民主化的承诺,但随着政绩合法性的下降,他们将面临越来越重的压力,要求他们兑现上述承诺。

（5）毅然决然、因势利导地主动结束威权统治,导入民主体制。除了非洲以及其他地方的少数几个国家之外,民主制已经开始被看成所有威权政治的唯一合法和可行的选择。①

80年代,威权政治的合法性似乎走到了尽头,南欧、拉美以及东南亚国家和地区都出现了政治危机。不管采用以上哪一种策略,民主化都成了最终的归宿。只是那些不识时务的统治者失去的更多,在转型后的政治安排中丧失了一切机会。

不过,威权主义政治为民主化转变创造了条件。二战以后高速发展的威权主义体制在政治上实行集权高压,但在经济上发展出一个主要操纵在私人手里的市场经济。市场经济的发展将整个社会引向了民主转变。

综上所述,如果合法性有助于政治稳定和政治制度的延续,那么,当合法性基础崩溃,即产生严重合法性危机的时候,无非出现两种后果:要么诉诸武力镇压,要么发生深远的政治变迁。

镇压只能起到一时的效果,它会使政权进一步失去合法性基础,最终在重复威权政治发展过程的基础上,使统治者和被统治者按照博弈的方式,进入一种对峙状态,民众和政府之间进行一种类似于"小孩捅马蜂窝"的游戏:政府压制一有松动,或者民众一有机会,就会"骚扰"政府,或者"给政府制造麻烦",政治秩序难以稳定。

无论哪一类国家,政治革命都是合法性危机的可能结果。马克思主义认为,革命是阶级矛盾激化达到极点的产物,它是被压迫者和被剥削者不再忍受压迫和剥削的激进行为。革命到来的时候,对原有政治体系的破坏和对既有社会秩序的冲击是不可避免的。一个社会能否走出"不断革命"的循环困境,关键还在于能否形成一种合理的制度,确立韦伯所谓的法理型权威体系。

---

① 参阅塞缪尔·亨廷顿:《第三波:20世纪后期的民主化浪潮》,刘军宁译,上海:上海三联书店1998年版。

四、实现政治合法性的途径

任何政权和任何社会都不希望发生革命,因为革命意味着暴力。即使是最和平的革命,也难免要流血,要有人付出生命的代价。革命还意味着对原有社会秩序的彻底破坏。如果不能迅速结束革命过程,尽快建立新的社会秩序,与革命相伴随的往往是长期的内战和政局的不稳。在这种情况下,社会经济的发展将受到打击,民众的生活也会受到战乱和暴力的冲击。如果在推翻旧政权以后能够顺利建立一个以法理型权威为基础的社会政治制度的话,革命的代价还算得到了补偿;如果革命仅仅意味着推翻了一个暴政而用一个新的暴政取而代之,那就是革命的最大悲哀。

那么,如何避免革命?从政治合法性的角度讲,就是如何实现和提高政治合法性的问题。

运用系统分析的方法,我们可以将政治合法化的过程分为输入(input)和输出(output)两个程序或环节。从输入的角度分析,社会成员个体的愿望和资源需求需要经过国家和政府而得到处理和安排,所以,共和主义(republicanism)和自由主义的理论会给我们一些启示。共和主义的理论告诉我们,国家政权的合法性来自民主过程(the democratic process)、代议制度(representative institutions)以及各种透明化的程序(transparent procedures)。自由主义理论则告诉我们,国家政权的合法性建立在法治(rule of law)和限制国家行为(the restriction of state action)的基础上。

从输出的角度分析,政治合法性也来自国家和政府政策满足社会成员的愿望和需求。在这方面,功利主义(utilitarianism)理论会给我们一些启示。功利主义认为,趋利避害是人的本性,人以追求最大功利为目的,人们之所以服从国家,是因为服从的利益大于不服从的利益,所以,国家只能通过尽可能地提供公共物品和服务以最大满足人们的需要来赢得合法性。

由此可见,实现政治合法性的问题是一个复杂的概念,实现政治秩序稳定持久的手段和途径也一定是多样化的。一个国家政权要实现长治久安,除了必须掌握暴力机器(军队和警察)、拥有文化领导权(令人信服的理论和意识形态)之外,还必须通过以下原则和途径建立广泛的政治合法性基础:

(1)程序合理化原则(legitimating by legal-rational process)

权威观念的核心是实现合法的统治,而合法统治的实现离不开合理的制度和程序。根据韦伯关于法理型权威的理论,合理的规则和程序本身就是一种权威。所以,形成合理公正的法律并保证公正地执法,即所谓"依法治国",是统治权威的坚强基础。在现代政治生活中,民主制作为一种合理性的制度和程序得到了普遍的接受和认可,因此,民主化才成为各国政治发展的共同趋势。

(2) 公共供给和服务原则(legitimating by provision of goods and service)

政府作为一种公共权力机关,维护社会秩序、提供公共物品和服务是它的基本任务和职责。从政治经济学的角度看,政府与民众之间的统治与被统治的关系实则是一种交易关系,一部分人组成政府,收了民众的钱(税收),就要提供民众所需要的物品和服务。民众对政府的满意度和信任度取决于政府提供物品和服务的质量。所以,为社会提供令人满意的公共物品和服务是政府权威的重要来源。

(3) 共同政治价值和理念原则(legitimating by consent on the political conceptions)

广泛的社会共识是一个稳定的政治体系和政治秩序的文化基础。如果统治者和被统治者、不同族群、不同阶层、不同政治力量之间就政治正义、社会平等、个人权利、政治程序等最根本的政治价值和政治观念形成基本一致的看法,那么,社会就具有了高度的凝聚力和稳定性。政府建立在这种共识的基础上,并且不违背这些共识而行事,那么,它就可以获得民众的认可和支持。"文化领导权"(特别是合理的政治哲学和理念)是一个政权的无形资产和资源。一个政权背离大众的共识而行事,不仅会造成该政权资源的浪费,而且会导致整个社会信念的耗散。因此,政府不背离社会共识并不断主导和创新社会共识是保持和提高其合法性的重要原则和途径。

(4) 政治中立原则(legitimating by political neutrality)

政治合法性取决于政治的公正性。所谓"公正",即坚持不偏不倚的"中立"原则。一个政府如果被认为只是代表某一个集团、某一个阶层或某个家族的利益,那么,政府行为就只有局部的合法性(对于它所代表的集团、阶层或家族而言具有合法性),而不可能具有普遍的合法性。[①] 所以,坚

---

① 参阅塞缪尔·亨廷顿:《变革社会中的政治秩序》,李盛平、杨玉生等译,北京:华夏出版社1988年版,第25—26页。

持政治中立原则,也是政府赢得民众支持的重要途径。

(5)共同商讨原则(legitimating through deliberation)

政府的中立原则是政府权威的来源。而政府决策的中立性,只能通过向社会各方开放决策程序、各利益团体广泛参与理性协商过程而得到实现和体现。① 因此,在重大决策问题上,政府吸收主要社会团体和力量参与决策,形成协商机制,也是强化政治合法性的重要原则和途径。

【思考题】

1. 什么是政治合法性?它具有什么重要意义?
2. 政治合法性的基础是什么?
3. 运用马克斯·韦伯的理论,比较说明不同政治合法性基础的特点和优劣。
4. 分析威权国家政治合法性基础的局限性。
5. 如何提高或强化政治合法性?
6. 根据对政治合法性的理解,设计一份政治合法性调查问卷。

【扩展阅读文献】

1. 马克斯·韦伯:《经济与社会》,林荣远译,北京:商务印书馆1997年版。
2. 尤尔根·哈贝马斯:《合法化危机》,刘北成、曹卫东译,上海:上海人民出版社2000年版。
3. 伯兰特·罗素:《权威与个人》,肖巍译,北京:中国社会科学出版社1990年版。
4. 迈克尔·罗斯金、罗伯特·科德、詹姆斯·梅代罗斯、沃尔特·琼斯:《政治科学》,林震、王锋、范贤睿等译,北京:华夏出版社2001年版。
5. 塞缪尔·亨廷顿:《第三波:20世纪后期的民主化浪潮》,刘军宁译,上海:上海三联书店1998年版。
6. Robert E. Goodin and Philip Pettit, *A Companion to Contemporary Political Philosophy*, Basil Blackwell Ltd., 1993.

---

① 参阅 J. Cohen, "Deliberation and Democratic Legitimacy", in A. Hamlin, P. Pettit (eds.), *The Good Polity*, Oxford, 1991。

第九讲

政治结构与功能

　　政治结构(political structure)是政治体系的组织安排,它反映了政治生活各组成要素之间的依存关系。现代政治学把整个社会政治生活看成一个庞大而又复杂的体系,在这个体系中,不同的机构、组织、团体和个人形成一个互相关联的政治结构,其中,不同的要素具有不同的定位,发挥着不同的功能。

　　政治结构分析是政治研究的一个重要途径和方法。通过政治结构分析,我们可以对政治生活和政治体系进行结构性解剖,从而了解整个政治体系的构成,以及各组成要素在整个系统中的地位和作用,进而在组织政治生活的过程中,做出合理的结构调整和安排。

核心问题:
　　▲ 政治体系的构成和基本功能
　　▲ 政治体系各主要构成要素的地位和作用
　　▲ 安排政治组织结构的基本方式和方法

一、政治体系及其结构

　　所谓系统或体系(system)是指由互相依赖互相作用的部分所形成的一个有组织的复杂的整体。政治体系(political system)就是由有关政治生活的所有相互关联的要素所构成的一个整体。借用美国政治学家阿尔蒙德和鲍威尔的说法,所谓政治体系就是指构成政治生活的所有方面,它不仅包括政府机构,如立法机关、法院和行政部门,而且包括所有结构中与政治有关的方面,其中有亲属关系、社会等级集团等传统结构,还有诸如动乱之类的社会非正规现象,以及政党、利益集团和大众传播工具之类非政府性组织等。①

政治体系作为政治分析的一个基本概念,是系统分析理论在政治学及社会学科中应用的产物。根据系统分析理论,整个社会被看作一个完整的系统,由政治、经济、文化等不同体系所构成。每一个完整的体系都可以分为"输入"(input)和"输出"(output)两个过程。政治体系也由"输入"和"输出"两个部分所构成,它接受来自公众的"要求"和"支持"作为其"输入"部分,通过政府决策,形成政策或法律作为其"输出"部分(见下图)。②

政治体系模式

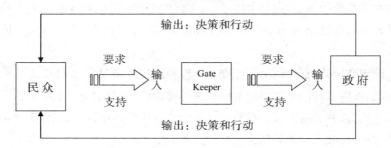

政治体系的"输入"部分包括两方面内容:(1)"要求":来自民众的各种要求,包括提高生活水平、改善就业状况、提供社会福利、保护个人权利等;(2)"支持":民众给予政府的物质的和非物质的支持,包括纳税、服从、自觉参与公共生活等。"输出"也包括(1)决策和(2)行动两个方面的内容,如制定某项政策、通过某一法律、强制征税、分配公共基金等。这就是说,政治系统运转的基本原理就是,民众在通过向政府纳税和服从政府管理而给政府以支持的同时,也向政府提出政治要求;政府根据民众的支持和要求做出相应的决策和行动;政府的决策和行动作为输出结果,又成为一种"反馈"(feedback),对民众产生影响,从而形成新的"要求"和"支持"。政治系统分析显示,不断地将政治输出转化为输入是保证政治体系长期平衡稳定的关键。③

---

① 参阅加布里埃尔·A.阿尔蒙德、小G.宾厄姆·鲍威尔:《比较政治学:体系、过程和政策》,曹沛霖、郑世平、公婷、陈峰译,上海:上海译文出版社1987年版,第5页。
② 参阅戴维·伊斯顿:《政治生活的系统分析》,王浦劬主译,北京:人民出版社2012年版。
③ 参阅 D. Easton, *The Political System*, Chicago, IL: University of Chicago Press, 1981.

在现代政治生活中，公民被组织在各种团体之中，通过不同的渠道，形成政治输入。所以，政治组织、社会团体是公民进入政治体系（市场），形成政治输入的中介，即所谓的"Gate Keeper"。这样，我们可以看到，现代政治体系基本呈现三级化的结构模式：(1) 个体公民，(2) 作为"中介"的非政府组织和社会团体，(3) 作为"国家"或公共权力代表的政府。

作为个体的公民是政治系统最基本的单元结构，也是政府权力的最终对象。每个公民都具有自身的利益和权利，他们从自己的利益和权利出发，提出种种初始的政治要求。

个体的公民通过各种自治的团体和社会组织，如商业组织、工作单位、利益集团、俱乐部、社区组织、行业协会、家庭等，过一种有组织的社会生活，从而形成"市民社会"（civil society）。市民社会组织介于公民个体（individuals）和国家政府之间，成为公民和政府的"中介"组织，其作用在于实现利益聚集和表达，过滤公民所提出的个性化的利益要求，形成相对一致的组织化的团体利益，并有组织地表达给政府，以便政府做出进一步加工，形成决策。

政府是公共权力的象征，代表公共利益行事，它以提供公共物品和公共服务为职责。政府以决策和行动的方式来满足和协调通过"中介"组织而形成的公民利益要求。

下图显示了政府、"市民社会"和个体公民所形成的政治体系三级化结构模式的全部特征。

政治体系结构模式

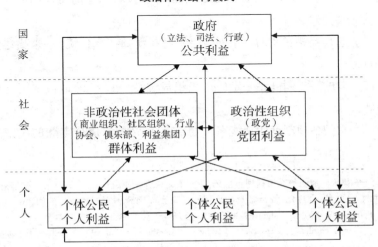

在上述结构中,各结构要素之间存在着相互依赖、相互作用的关系。所有向上的箭头表示政治"输入",即给予支持和提出要求,主要表现为"政治参与"行为,在现代政治体系中,主要体现为公民的政治权利,即权利关系;而所有向下的箭头表示政治"输出"或"反馈",即通过政策和行动实现政治控制的行为(政治统治和政治管理),主要体现为政治权力,即权力关系。

二、国家及其形式

尽管政治系统分析尽量避免使用"国家"概念,尽管国家的地位和作用受到了全球化浪潮的冲击,但是,国家依然是人们分析和研究政治体系的基本单位,按照国家来划分政治体系依然是当代政治分析的惯用手法。

1. 国家的性质

在关于政治学概念的辨析中,我们已经区分了 country、state 和 nation-state 三者的差异。简单地说,国家(state)作为一个政治概念,就是指一定地域之内建立主权并通过一系列持久的制度实施权威的政治共同体。

以往,人们通常用国家构成三要素,即人民(population)、领土(territory)和主权(sovereignty)来概括国家的特点。今天,人们也从更多的角度来认识和阐述国家的特性[1]。例如,英国伦敦经济学院(London School of Economics)的帕特里克·邓利维(Patrick Dunleavy)教授将国家的特征归纳为以下11个方面[2]:

(1)它是互相联系的一系列有组织的制度,通常用"统一"来描述其行为特点;

(2)它的各项制度在一定的居民组成独特"社会"的地域空间之内得以运转;

(3)它的各项制度的功能在于制定有关"社会"成员事务的决策并使

---

[1] 安德鲁·海伍德在概括理想主义、功能主义和组织理论对国家的不同研究角度后,曾经从主权、公共性、合法化、统治工具和地域性5个方面阐释国家的特性。参阅 Andrew Heywood, *Politics*, New York: Palgrave, 2002, pp. 86-87。

[2] Patrick Dunleavy, "The State", Robert E. Goodin and Philip Pettit (ed.), *A Companion to Contemporary Political Philosophy*, Basil Blackwell Ltd., 1993, p. 611.

成员共同服从；

（4）它的存在形成了一个"公共"领域以区别于"私人"领域的活动或决策；

（5）它拥有凌驾于其他社会制度之上的主权（sovereignty），有效地垄断了在该地域之内合法运用武力的权力；

（6）它以其所辖地域为基础，界定社会成员和非社会成员，控制人口的进出；

（7）它提出强烈的意识形态或道德诉求，以促进社会成员的共同利益或普遍意志；

（8）它得到了社会主要团体或成员的合法性认可；

（9）它掌握官僚资源以便能够征集税收，推动政务有效运转；

（10）它通过法律手段约束社会行为，通过宪法手段规制政府活动；

（11）它得到了其他国家的承认。

在国家的所有特性中，主权是至关重要的。所谓主权就是一定地域之内不受限制的绝对的政治统治权。亚里士多德曾经认为，国家是一定数目的公民联合体，是社会组织中最高的组织。法国思想家让·布丹（Jean Bodin）则进一步提出，国家与其他社会组织的根本区别在于国家拥有绝对的主权，即最高统治权，包括：

（1）立法权；

（2）宣战和缔约权；

（3）官吏任免权；

（4）最高司法权；

（5）赦免权；

（6）货币铸造和度量衡的选定权；

（7）课税权等。

今天，国家绝对主权理论虽然受到了"人权"的挑战，国际社会（联合国）也经常限制和干涉某国政治，但各国享有的国家主权依然得到人们的普遍承认。

其次，"公共性"也是国家的一个重要特性。正如法国启蒙思想家卢梭所言，国家是"公意"的体现，也被认为是一国公共利益的代表。因此，国家制度和机关（政府）被认为是公共的，就像亨廷顿所认为的，国家制度要具有"中立性";国家利益就是公共利益。国家的"公共性"使其区别于"市民社会"的私人组织和制度①。国家作为公共权力的象征,建立在公共财政基础上,制定和实施有关公共事务的各项政策。国家的"公共性"正是其合法性的来源和基础。

最后,国家也是实施统治的工具。正如马克斯·韦伯所指出的,国家垄断了"合法的暴力"(legitimate violence)手段,以保证各项法律得到遵守。同时,国家也垄断了司法的权力。在国际政治中,国家的这种垄断权力使它被看作一个国际社会中的自治实体。

那么,国家如何产生?政治学在这个问题上形成了不同的理论解释,其中主要包括暴力论、社会契约论、自然演化论和阶级对立论等。

马克思主义认为,国家是阶级对立的产物。原始社会末期,随着社会分工的产生和发展,社会生产力得到了一定的发展。生产力的发展,使得占有剩余产品成为可能。原始社会的部落酋长和军事首领利用自己的地位和实力,把社会生产资料和剩余财富据为己有,把战俘以及贫穷和负债的人变为劳动力,于是,社会分裂为两种对立的阶级:作为统治阶级的奴隶主阶级和作为被统治阶级的奴隶阶级。

社会分工、私有制和阶级的产生,使人类社会出现了巨大的利益分化和对立。面对社会利益结构和利益关系的变化,氏族社会原有的公共权力及其组织制度已失去了共同利益的基础。奴隶主阶级为了维护和实现自己的经济利益,镇压和控制奴隶阶级的反抗,协调其他利益矛盾,需要一种新的、不同以往的公共权力。于是,它利用自己的经济统治地位,创设新的机关和官职以保护自己的利益,创立暴力组织以镇压反抗,国家由此而产生。

根据马克思主义的观点,国家是社会在一定发展阶段上的产物,是社会陷入不可解决的自我矛盾,分裂为不可调和的对立面而又无力摆脱的结果。"为了使这些对立面,这些经济利益互相冲突的阶级,不致在无谓的斗争中把自己和社会消灭,就需要有一种表面上凌驾于社会之上的力量,这种力量应当缓和冲突,把冲突保持在'秩序'的范围以内;这种从社会中产生但又

---

① 社会中的各种政治和非政治组织(如政党、行业协会、俱乐部、利益集团等)虽然也具有公共性,但它只代表和反映了特殊的集团利益或个别意志(即卢梭所谓的"众意")。

自居于社会之上并且日益同社会相异化的力量,就是国家。"①因此,"国家无非是一个阶级镇压另一个阶级的机器"②,"是维护一个阶级对另一个阶级的统治的机器"③。

2. 国家的形式

政治学家根据国家的不同特征,运用不同的标准对国家进行分类,形成了国家形式的不同理论。

(1) 传统分类理论

国家形式的传统理论以亚里士多德政体划分理论为代表。亚里士多德曾经对希腊城邦进行比较研究,在希罗多德(Herodotus)和柏拉图关于政体分类研究思想的基础上,根据掌握最高国家权力的人数与最高国家权力执掌者的产生方式和任职期限两个标准,将国家形式分为三类6种(见下表)。

亚里士多德为代表的传统政体分类理论

谁统治 \ 政府所要达到的目的 \ 政体类型	正常的政府 (以增进人民的福祉为目的)	腐败的政府 (以执政者私利为目的)
行使最高权力者为一人	君主政体(Monarchy)	暴君政体(Tyranny)
行使最高权力者为少数人	贵族政体(Aristocracy)	寡头政体(Oligarchy)
行使最高权力者为多数人	共和政体(Polity)	民主政体(Democracy)

亚里士多德根据统治人数和统治利益两项标准划分国家类型,为后来的政治学家所普遍沿用。但是,20世纪以后,随着政治民主化的发展,一方面,亚里士多德所划分的某些政体形式已经成为历史,另一方面,政治实践的变化要求按照新的标准来加以分类总结。

(2) 当代分类理论

第二次世界大战以后关于国家形式比较流行的划分是,根据政治制度、

---

① 《马克思恩格斯选集》第4卷,北京:人民出版社1995年版,第170页。
② 《列宁选集》第3卷,北京:人民出版社1995年版,第182页。
③ 《列宁选集》第4卷,北京:人民出版社1995年版,第31页。

意识形态、市场或计划等多项综合标准,将世界上存在的200多个国家分为自由民主主义、权威主义和极权主义三种类型(见下表)。①

国家形式的当代划分

自由民主主义国家	权威主义国家	极权主义国家②
• 两党或多党制 • 代议制民主宪政 • 宪法规定有限政府 • 新闻的非政府管制 • 自由选举 • 自由市场	• 一党/个人/军人执政 • 个人独裁/军事独裁 • 宪法对政府缺乏限制 • 政府控制新闻和媒体 • 意识形态弱控制 • 政府主导下自由市场	• 一党制度 • 领袖个人独裁 • 国家决定社会结构 • 政府控制大众传媒 • 意识形态强控制 • 政府对经济高度控制
美国、英国、法国等发达国家	80年代以前拉美、东南亚国家、叙利亚、缅甸、伊拉克等发展中国家	法西斯国家

上述划分属于纯理论划分,实际上,许多国家介于这些类型之间,属于混合形式。

3. 国家的结构形式:单一制和复合制

国家的结构形式是国家的中央权力机关与地方权力机关、整体与局部之间关系的构成方式,它是中央权力与地方权力的关系在国家组织结构形式和原则上的体现。按照中央权力与地方权力的不同构成方式,国家结构形式主要可以分为单一制国家和复合制国家两种。在一般政治学研究中,复合制又被分为联邦制和邦联制(有关这方面的内容请见"政治制度及其评价"一讲)。

三、政府及其构成

政府的英文概念为"government",其词根"govern"的含义即统治或对他人的控制。所以,广义地讲,政府可以被看成一种制定和实施公共决策,实

---

① 参阅迈克尔·罗斯金、罗伯特·科德、詹姆斯·梅代罗斯、沃尔特·琼斯:《政治科学》,林震、王锋、范贤睿等译,北京:华夏出版社2001年版,第四章。

② 对极权主义的专门论述还可参阅 Robert E. Goodin and Philip Pettit, *A Companion to Contemporary Political Philosophy*, Basil Blackwell Ltd., 1993, pp. 629—637。

现有序统治的机制;狭义地说,政府即国家权力机关的统称。

政府区别于家庭、学校、商务、工会等一切社会机构。政府被视为一种正式的和制度化的过程(processes),它在国家政治(national level)、国际政治(international level)、区域政治(regional level)和地方政治(local level)不同层面得到应用,旨在维持秩序,实施集体行动。其主要功能在于:制定法律(立法)、实施法律(行政)和解释法律(司法)。

有的时候,人们也把行政机构称为"政府"。在这种情况下,"政府"等同于"行政机关"(administration)。比如,在美国,人们往往把总统制下的"白宫"称为"政府",区别于国会和法院;在中国,人们也把"国务院"系统称为"政府",区别于党委、人大、检察院和法院。

通常,人们对政府会形成不同的评价意见,比如,认为政府是公意和公益的体现者(leader);政府是中立的裁判者(judge);政府是强权意志的体现(ruler);政府是追求私利的理性经济人(bureaucrats)。

政治学所谓的政府是对国家权力机关的统称,主要包括国家元首(chief of state)、议会(assembly)、行政机关(executive)和司法机关(judiciary)、官僚(bureaucracies)、军队和警察(militaries and police forces)等。

1. 国家元首(chief of state)

国家元首是一个国家实际上或形式上的对内对外的最高代表,是国家主权的实际掌握者或象征,是国家制度体系中实际上或形式上的首脑。

国家元首的设置既是国家政府机构内部分工的需要,也是国家对外交往的需要,甚至是民族精神支柱的需要,因此,各种类型的国家一般都设有国家元首。

国家元首制一般分为两种形式:一是个体国家元首制,即由一个人独自担任国家元首,英、法、美、日、意等绝大多数国家都是个体国家元首制;二是集体国家元首制,即由两个以上的人共同担任国家元首,如瑞士、圣马力诺等即是如此。

国家元首可以由行政长官担任,如美国总统;也可以由象征的权力执掌者担任,如日本天皇、英国女王等。前者一般由选举产生并实行任期制,如法国总统和美国总统;后者一般实行世袭和终身任职,如各王国的元首。

各国国家元首的职权不尽相同,但一般主要包括:公布法律;任免国家机关中的高级官员;召集议会,宣布戒严、大赦、紧急状态或对外宣战;以国家最高代表身份对外交往;代表国家颁布荣誉、授予荣誉称号和证书。此外,有些国家元首还是国家武装力量统帅,具有全国武装力量的指挥权。

2. 立法机关(legislation)

立法机关是指有权制定、修改、废止或恢复法律的国家机关,在现代国家中,它一般是指代表大会、国会、议会、国民议会等机构。立法机关是国家立法权的组织体现。

立法机关的组织制度一般被称为"议会制度"。按照立法机关的内部组织结构,议会制度又可以分为两院制和一院制。两院制立法机构由两个议院组成,如美国的参议院和众议院、英国的上院和下院、苏联的联邦院和民族院;两院职权范围及其成员产生办法、任期都有所不同,且相互之间有制约作用。一院制立法机关只有一个立法实体,其权限规定、立法程序、成员产生和任期规定统一。

立法机关的具体职责主要包括:(1)制定、修改、废止法律。立法机关不仅具有制定、修改、废止国家根本大法——宪法的权力,而且具有制定、修改、废止各项具体法律的权力。在有些国家,法律的解释权也归立法机关所有。不过,在有些联盟共和国,各加盟共和国或州的立法机关在不违背联邦根本法的前提下享有制定、修改、废止自己法律的权力。(2)审查和通过国家财政预算、决算,并监督其实施。行政机关提出的国家财政预算、赋税、公债、专门拨款等等必须经立法机关审定,其实施情况须向立法机关报告。(3)组织或监督政府。立法机关可以组织政府,或对政府的政策和成员行为进行监督,其主要方式是质询、审议、解散政府或弹劾、罢免政府成员。(4)决定其他有关国家大政方针,如批准对外宣战等等。

3. 行政机关(execution)

国家行政机关是实施国家政治决策、管理国家行政事务和各行政职能部门的机关,它是国家行政权的组织体现。

国家行政机关一般由国家行政首脑如总理(premier)、首相(prime minister)、总统(president)等和各行政职能部门负责人(ministers)以及行政公务人员(civil servant)组成。构成国家行政机关的这三部分成员的产生方法各不相同:行政首脑或是由选民选举产生,或是由议会或国家元首任命;各行政职能部门负责人一般由行政首脑任命;一般公务人员或是通过考试或是由各级负责人或人事部门挑选进入行政机关。

行政机关的职责范围较为广泛,主要有:(1)组织人力物力,贯彻立法机关通过的各项决策、议案、提案;(2)制定各项政策,发布行政命令,管理社会经济、文化、科学、教育和卫生等各方面的工作;(3)领导全国行政机关工作,管理和任免行政工作人员;(4)负责或协助处理军事力量的编制、训练、调遣和指挥事宜;(5)处理对外事务。

4. 司法机关(jurisdiction)

司法机关是以司法审判的方式维护法律的权力机关,它是国家司法权的组织体现。

司法机关的职能一般划分为三部分,即侦察、诉讼和审判,分别由国家安全部门、检察部门(检察部门只有公诉权)和法院担任。法院分为普通法院和特殊法院。普通法院按不同政府级别分为不同层次,如高级、中级、基层法院。特殊法院根据特殊领域或特殊事务组成,如军事法院等等。

政府上述各个结构具有不同的组织方式,这就形成了"总统制""半总统制""议会制""人民代表大会制""三权分立制""君主立宪制"等不同的制度(有关"总统制""半总统制""议会制"的比较见"政治制度及其评价"一讲)。

四、政党及其功能

政党政治是现代政治生活的重要原则。无论被视为实现民主的手段,还是被看成专制压迫的根源,政党在国家与社会、政府制度与社会利益集团之间都起着重要的连接作用。

1. 政党的历史考察

所谓政党(political party)就是指人们为了通过选举或其他手段赢得政府权力而组织的政治团体。政党区别于一般社会组织和利益集团的特性是:

(1)政党的目标是通过竞取政府职位而赢得政府权力;

(2)政党是一个拥有正式会员的较为稳定的组织机构;

(3) 政党对政府政策的每一个问题都给予广泛的关注;

(4) 政党以一定程度的共同政治偏好和意识形态为基础。

政党的上述特性,在马克思主义经典作家那里也得到了充分的阐述。马克思主义认为,政党是特定阶级利益的集中代表,是特定阶级政治力量中的领导力量,是由各阶级的政治中坚分子为了夺取或巩固国家政治权力而组成的政治组织。① 它具有特定的政治目标和纲领,具有特定的组织和纪律,是特定阶级的先锋队。

现代社会存在许多不同的组织和团体,特别是在西方社会,利益集团十分活跃,在政治生活中也扮演着重要的角色。那么,政党与这些组织和团体的主要区别是什么?

政党和其他有组织的社会团体的关键区别在于,它们与整个政治体系的关系根本不同。比方说,利益集团(interest groups)的目标是影响政府政策,而政党的目的是要占据国家权力机关。所以,政党旨在夺取决策权(decision-making power),不管是单独行动还是联合其他政党共同行动;它一般通过选举来争取民众的支持;它是一个持久的而不是临时性的组织。这些特性使它划清了与包括利益集团在内的其他社会团体的界限。②

政党是现代政治的产物。作为有组织地赢得选举从而获得政府权力的政治机制,政党形成于19世纪初期。它的产生是现代议会民主政治发展的产物。

法国思想家托克维尔(Alexis Tocqueville,1805—1859)曾经指出:在政治生活中,共同的敌意几乎总是友谊的基础。第一代政党就是由议会内部的小派别集团为了反对共同"敌人"而组织形成的。北欧和英国保守党(The Conservative Party)都属于议会"内部产生"(internally created)的政党。它们最早代表的是来自宫廷和贵族社会的传统精英。这些人最初以松散的和非正式的方式组织在一起,旨在应对大规模的选举,以便在实现普选权的社会转变中能够幸存下来。他们确实获得了成功。其中,英国保守党收获最大,它在1900—1990年间统治英国(单独或联合执政)长达60年。

---

① 参阅王浦劬主编:《政治学基础》关于"政党"的定义,北京:北京大学出版社 1995年版。

② 参阅 Rod Hague, Martin Harrop, Shaun Breslin, *Political Science*: *A Comparative Introduction*, New York: St. Martin's Press, 1992, p.235。

后来的绝大多数政党都属于"外部产生"（externally created）的政党。它们力图进入议会，争取在立法机关中能有自己的代表。19世纪末20世纪初，欧洲兴起的工人阶级政党以及后来产生的共产党和民族主义政党都属于此种类型。它们不仅要求改革，而且要求彻底的社会转变。二战以后因为关心环境问题而产生的绿党（The Green Party）也在此列。

目前绝大多数国家都有政党存在。这些政党既可能是权威型政党，也可能是民主型政党，既可能通过选举也可能通过革命来谋取政权。它们的意识形态特性也完全不同，既可能属于左派，也可能属于右派或中派，或者索性反对任何意识形态观念。但无论如何，政党已经成为现代各国政治生活中不可或缺的要素。而政党的发展和政党体系的形成也被视为政治现代化的标志。

政党化是现代政治发展的必然趋势。20世纪50年代末期，大约有80%的国家实行政党统治。60—70年代初，军人执政使发展中国家的政党政治受到了打击。政党被认为分裂社会、因无力解决贫困问题以及道德与部落冲突而遭到谴责，政党的存在也被认为不利于经济和军事寡头的利益而遭到这两部分人的反对和抵制。但是，80—90年代的民主化浪潮导致了政党的复兴。在亚洲、非洲和拉美，伴随着军人统治的垮台，政党再次复活，即使在一些一党制国家，也开始形成了竞争性政党体系。

焦点讨论：两种类型政党的产生案例

西方传统政党最早出现于英国。17世纪40年代，英国革命胜利后，建立了议会。1679年，国会议员们在讨论詹姆士是否能够继承英国王位时发生激烈对立。代表资产阶级和新贵族利益的议员反对詹姆士继承王位，而代表地主贵族利益的议员则竭力支持詹姆士继承王位。在对立和争执中，前者称后者为"托利"（Tories，意为歹徒），后者称前者为"辉格"（Whigs，意为强盗），托利党和辉格党由此形成。在后来的选举改革、议会改革中，托利党和辉格党逐渐演变成为全国性政党，并分别于1833年和1839年易名为保守党和自由党。18世纪70年代，美国独立后，美国国会中出现了联邦党人和反联邦党人这两大政治派别，1800年总统选举期间，形成具有群众基础的政党，至19世纪60年代演变为民主党和共和党。法国、加拿大的政党产生过程也大抵如此。

工人阶级政党来自反对资本家阶级的早期工人组织。随着马克思主义的产生,工人运动步入了有理论有组织的发展阶段。1847年,马克思、恩格斯创立了第一个国际性的工人阶级政党——共产主义者同盟。1869年8月,德国创立了第一个民族国家范围内的工人阶级政党,即德国社会民主工党。1903年,列宁对原俄国社会民主工党进行改造,创立了革命型政党——俄国布尔什维克党(共产党前身)。1921年,马克思主义与中国工人运动相结合,产生了中国共产党。除此之外,在19世纪和20世纪上半叶,无产阶级还组建过国际性政党,如第一国际、第二国际和第三国际。

2. 政党的分类研究

在日常政治生活中,人们从不同的角度,根据不同的标准把政党划分为不同的类型,比如按照政党是否具有法律地位而把它们划分为合法政党和非法政党;按照政党是否掌握政权而把它们划分为执政党、参政党和在野党;按照政党在议会中占有议席的数量而把它们划分为多数党和少数党;按照政党的政治主张和意识形态倾向而把它们划分为保守政党、激进政党和中间政党等。

在政治学研究中,政党的组织的特点是人们所关注的核心问题之一,所以,根据政党组织的特点来划分政党类型,是较常见的一种方法。据此,各国政党可以被划分为以下几种类型①:

(1) 核心会议型政党(Caucus party):以领导成员会议和活动为核心,组织松散,政党活动围绕选举而展开。欧美保守党、自由党、民主党、共和党等都属于此类政党。

(2) 支部型政党(Branch party):根据地域建立自上而下的支部化组织,广泛招募成员,实行相对集中的职业化领导,议会党团在议会中具有高度的纪律性。1914年以前欧洲的社会主义政党是其典型代表。

(3) 单位化政党(Cell party):成员被组织在小的单位中,横向沟通少,禁止内部派别活动,实行高度集权的领导体制。共产党组织被认为是这种类型政党的典型。

---

① 参阅 M. Duverger, *Political Parties*, London: Methuen, 1964, pp. 17-40。

(4) 准军事性(民兵性)政党(Militia party):高度纪律性,组织结构职业军事化。纳粹政党属于此种类型。

此外,依据政党的组织方式、动员方式、参政方式以及政治态度等标准,我们也可以把政党归纳为以下4组类型。

政党类型划分①

划分标准	政党类型	特点说明
政党的组织方式	精英型政党 Cadre parties	由社会少数精英组成,拥有专业训练的成员、高度的政治认同和组织纪律,组织严密,入党条件严格。共产党、印度国大党以及纳粹党都属于此种类型
	群众型政党 Mass parties	以选举为基础,尽可能囊括选民加入政党,所以,入党条件宽松,组织相对松散,不要求高度的意识形态认同。以英国工党和德国社会民主党为代表
政党的动员方式	代表性政党 Representative parties	主要功能在于代表公众意见以保障选举,尽可能扩大成员数量,为了赢得选举,一般采用实用主义策略以动员民众。欧美议会政党多属于此种类型
	凝聚性政党 Integrative parties	主要功能在于积极地动员、教育和唤起民众,而不仅仅是代表民意,具有高度的意识形态认同。精英型政党基本属于这一类型
政党的参与方式	宪法型政党 Constitutional Parties	承认国家宪法安排和政治制度,承认其他政党的权利,尊重竞争选举规则,通过选举掌握政权。按照这种划分标准,目前大多数政党都属于这一类型
	革命型政党 Revolutionary parties	反对宪法性安排和现存政治制度,力图通过革命推翻现有政权;统治革命成功以后,组建一党制政治体系。通过革命执政的政党被认为属于这一类型

---

① 参阅 Andrew Heywood, *Politics*, New York: Palgrave, 2002, pp. 249-252。

(续　表)

划分标准	政党类型	特点说明
政党的政治态度	左翼政党 Left-wing parties	倡导激进变革,主张自由、平等、友爱、权利、进步和国际主义。现代自由主义政党、社会主义和共产主义政党多属此类
	右翼政党 Right-wing parties	倡导维持现有体系,主张权威、等级、秩序、责任、传统和民族主义。保守主义和法西斯主义政党被视为这一类型政党的典型

3. 政党的功能分析

政党在现代政治生活中发挥着广泛的作用。总的来说,政党是现代社会变迁的推动力。社会主义革命过程中的共产党、第三世界民族独立过程中的民族主义政党以及政治经济改革过程中发达国家的政党,都在这方面扮演了重要角色。概括而言,政党的功能和作用主要体现在如下方面:

(1) 实现利益聚集和表达的途径(interest aggregation and articulation)

政党是其成员和选民意志、利益的代表者。在整个政治体系结构中,政党是一种利益聚集的机构,也是联系统治者(政府)和被统治者(民众)的桥梁。政党是一个双向的(自上而下和自下而上)表达渠道(a channel of expression)。它通过综合、选择和简化等方式,把社会成员的个别需求转化为易于操控的集体性建议和方案。另一方面,它通过自己的组织渠道和对大众的影响力,将自己作为政府执政党的政策和方针传导给社会。"它犹如一个政治百货商场,决定什么利益可以展示出来,什么利益应该被留在仓库,什么利益不可以成交。"①

(2) 形成和培养政治精英的渠道(elite formation and recruitment)

政党是招募精英(elite recruitment)和培养政治骨干的重要途径。它提供了准备、选择和培养国家各级领导人的重要机制。它像是政府的门卫(gate keeper),控制着个人进入政府的程序。它选拔政治精英,通过多种方

---

① Rod Hague, Martin Harrop, Shaun Breslin, *Political Science: A Comparative Introduction*, New York: St. Martin's Press, 1992, p.235.

式培养组织精英的实际政治能力。在许多情况下,政党为政治家提供了培训的场所,为他们提供从事政治活动所必需的技术、知识和经验以及职业结构。

(3) 实现社会化和政治动员的途径(socialization and mobilization)

政党是形成、教育和影响民意的媒介,是政治教育和实现社会化的机构。政党以其意识形态、理论纲领和方针政策影响成员和选民,从而实现成员广泛的社会化。此外,政党通过自己的政策主张和竞选纲领动员民众。在当代社会,它更是成员或选民的情感依托物。由于政党一贯致力于影响其支持者的思想和行为,因而支持者支持其政党甚至不关心某个具体政策和候选人的现象已经非常普遍。政党变成了人们记忆和情感寄托的实体。①

(4) 组织政府的手段(organization of government)

政党协助形成政府,并为政府提供稳定基础。它为政府的两大重要机关(立法机关和行政机关)创造了合作的基础和机制。在没有赢得政权的时候,政党通过制定自己的政纲、方针、政策和策略,动员党员和群众影响政府政策,监督政府行使权力。在获得政权以后,政党以执政党的身份组织政府,直接参与国家政策执行过程,支配和影响国家政治生活的发展方向和实际过程。

政党在政治生活中的重要性并不仅仅在于它承担了一系列重要的政治功能,而且还在于政党之间的相互关系也决定了政治体系的结构形式。目前,各国形成了不同的政党制度,其中主要包括一党制(One-party system)、两党制(Two-party system)、一党居优制(Dominant-party system)和多党制(Multi-party system)。这些不同的政党制度在一定程度上决定了一个国家的政府制度形式(有关政党制度的研究见"政治制度及其评价"一讲)。

五、社团组织及其意义

社团组织(groups)作为现代政治体系的重要组成部分,与政党一样,是现代社会政府与公民大众之间联系的纽带和桥梁。从某种意义上说,它们

---

① Rod Hague, Martin Harrop, Shaun Breslin, *Political Science: A Comparative Introduction*, New York: St. Martin's Press, 1992, p. 236.

的产生与政党的产生相平行。它们的形成和出现表明了工业社会的分工和分化的发展。当政党关心选举,力求建立政治联盟以拓展自己政治诉求的时候,社团组织则根据人们的追求爱好以及价值取向,使单个的人结成有组织的团体,以求实现其成员特定的共同利益。因此,政治性社团组织的发展程度标志着社会政治的发展程度。

所谓社团组织就是在社会政治生活中,按照特定的利益或价值取向集合在一起,有组织地参与、影响政治事务和政府决策的社会组织或团体,可能包括各种形式的行业协会、商会、工会、俱乐部、兴趣爱好者协会、利益集团等等。

很难界定最早的政治性社团组织产生的年代,至少在18世纪就已经出现了这样的组织。如1787年英国就成立了反对奴隶贸易的"废奴组织"(Abolition Society)。1839年建立的"反谷物法联盟"(Anti-Corn Law League)通常被视为较为成型的政治性社团组织,因为它的目的更加明确,就是要对政府施加压力,影响政府决策。19世纪30年代,托克维尔访问美国以后就曾经指出,美国的社团组织(association)已经成为社会行动的有力工具。1831年由意大利爱国者马志尼(Giuseppe Mazzini,1805—1872)所建立的"青年意大利"(Young Italy)作为民族主义组织很快遍布欧洲。"女权协会"(Society for Women's Rights)于1886年在法国成立,推动了全球范围的女权运动。19世纪末期,大多数工业社会都形成了很有影响力的农业和商业集团组织,同时,工会运动也得到了发展。当今西方社会中最有影响的利益集团(interest group)主要形成于20世纪60年代以后。它们被认为是政党政治之外的又一种政治结构和机制,弥补了政党政治的不足。

在目前的政治研究中,人们一般把社团组织分为三大种类,即社区性团体(communal groups)、制度性团体(institutional groups)和协会性团体(associational groups)。①

---

① 参阅 Andrew Heywood, *Politics*, New York: Palgrave, 2002, p.271。稍有不同的划分来自布隆德尔(J. Blondel),他认为社团(groups)在社区性(communal)和协会性(associational)之间存在不同的形式:习惯形成的社团(customary,包括部落和种族集团)、制度形成的社团(institutional,包括军人集团、官僚集团和教会集团)、保护性社团(protective,包括工会、职员和职业组织)、促进性社团(promotional,包括环保组织、反色情团体)。参阅 J. Blondel, *Comparing Political Systems*, London: Weidenfeld, 1972, p.77。

1. 社区性团体

社区性团体的最大特点是,它是自然形成的一种社会组织或团体,也就是说,它的成员不是靠组织招募而产生的,而是根据出生自然形成的。家庭、部落、种姓组织、种族集团都属于此类组织。它与人为组织的或者习惯形成的社会组织的区别就在于,后者是其成员选择的结果,而且具有正式的组织结构,而社区性团体完全建立在自然继承的传统基础上。此类组织在现代政治过程中的作用正在淡化,但是在发展中国家的政治生活中依然扮演重要的角色。例如,在非洲,种族团体、部落和血缘组织仍然是利益表达的最主要的途径。在发达的工业社会,社区性团体还有一定的影响,例如,欧洲基于种族的民族主义的复活和天主教集团的活动,都可以看作这种自然的社区性团体在起作用。

2. 制度性团体

制度性团体可以被看成政府制度内部产生的集团性利益群体,政府官僚、军事集团就属于这一类型的团体。官僚总是追求扩大自己的影响力;军人总是希望增加国防预算,改进武器装备。制度性团体由于担任某种正式的制度化职位而形成,如官僚由于担任政府文职而形成官僚集团,军人由于担当国家保卫的特殊任务而形成军人集团。因为依赖于正式的制度和结构,并且受正式制度的约束,所以由于制度存在而生成的利益团体不具有严密的组织性。但因为它们直接参与政府决策过程,所以具有谋取利益的便利。在权威主义和极权主义国家,政府官僚集团和军人集团往往是政府的重要支持力量。在民主制度下,来自军事系统、政府部门和代理机构的官僚也发挥着重要的作用。他们制约着由民选产生的政治领袖和政府的决策。他们也可能与既有的利益集团结成联盟,共同对政府施加压力。

3. 协会性团体

协会性团体是由具有共同目标和利益追求的人们自发组织形成的组织或团体。它们的特点在于,组织成员具有共同的利益、共同的愿望或态度,并自愿加入。西方社会的利益集团或压力集团是这种组织的典型代表。在现代政治生活中,协会性政治社团数目繁多,也可以分为不同类型:

（1）按照政治性社团所维护和寻求的利益来划分，人们常常把政治社团划分为维护和寻求特殊利益保护的政治社团(protective)与促进和寻求公共利益的政治社团(promotional)。前者的活动围绕保护特定群体（工人、雇员、消费者、种族或宗教团体）的个别利益而展开，如工会、商会、贸易协会和职业组织等。后者的活动旨在推动和促进某一公共事业或公共利益，如反对电视色情和暴力运动、抗议污染和善待动物协会、保护鲸鱼组织等。

（2）按照政治性社团成员的特征来划分，人们把此类社团划分为产业工人、企业主、农民、农场主、教师、学生、有色人种、妇女、青年、退伍军人、宗教徒等组织。

（3）按照政治社团自主性程度来划分，人们也把这些协会性组织分为自主性政治社团、依附性政治社团和合作性政治社团。①自主性政治社团是指从事政治活动以保护、增进其成员利益时不依赖于其他政治组织，如西方国家的工会组织。②依附性政治社团是指代表某一政党利益并依赖于政党，或在政党领导下开展政治活动的组织，如社会主义国家中共产党领导下的政治性社团（工会、共青团、妇联）。③合作性政治社团也被称为"内部"组织(insider groups)，它们通过为政府提供日常咨询和顾问而享有特权，并拥有与政府沟通的制度化渠道。这样的政治社团在发达国家的各个行业领域都有分布，它们与政府保持常规联系，有时也共同组成谈判委员会，通过谈判制订政策。

（4）按照政治社团的法律地位来划分，人们又把政治性社团划分为合法性政治社团和非法性政治社团。合法性政治社团是指在国家法律承认其存在和从事活动的前提下，以合法性方式进行活动的社团组织。一般来说，政治生活中存在的大量社团组织都属于合法性政治社团。非法性政治社团是未经法律允许即形成并以非法方式展开活动的社团组织，如非法行会、帮会、恐怖组织、密谋和情报组织等等。

政治性社团组织是现代社会政治发展的标志。它作为一种非政府组织(NGO)，提供了正式的政治组织（政府组织和政党组织）之外的政治制度化途径，也提供了政治沟通的多重渠道。因此，政治社团组织的发展不仅被看成实现政治制度化和政治稳定的途径，而且也被认为是实现政治民主、达到社会"善治"的条件和标志。

在日常政治生活中，政治性社团组织承担着许多重要的功能：象征性功能、意识形态功能、信息咨询功能、工具性功能、经济性功能以及政治社会化功能等。① 政治性社团发挥这些功能的主要途径是:(1)政府官僚体系;(2)立法机关;(3)法院;(4)政党和议会党团;(5)大众传媒;(6)超国家机构。

社团组织影响作用示意图

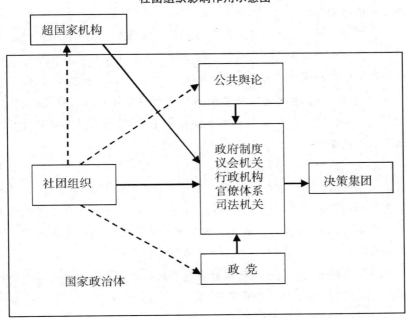

说明：图中实线为直接作用关系；虚线为间接作用关系。

焦点讨论：西方国家政治性社团组织的政治方式

（1）游说。由政治社团代表或专职院外说客(lobbyist)直接对参与决策的议员和行政官员进行说服工作。游说活动主要包括，陈述本集团对审议中的议案的立场、观点和重视的程度。许多国家的行政部门派专人与政治性利益集团对话。如法国政府行政部门设有咨询机构，专门组织政治社团的代表人物就一些重大问题进行辩论。

---

① 参阅王浦劬主编:《政治学基础》关于"政治社团"部分,北京:北京大学出版社 1995年版。

（2）决策咨询。政治社团针对政府官员和议员的不同决策提供专门的信息咨询和顾问，从而影响政府公共政策。提供信息咨询和顾问服务的方式包括派人帮助政府官员或议员进行专题研究，帮助他们起草法案和报告，出席立法委员会和小组委员会的听证会，就有关议案发表意见、参加政府的各种顾问委员会等。

（3）社交活动。政治社团针对政府官员和议员展开公关活动的重要方式就是定期不定期地举行社交活动。社交活动形式多样。各种政治社团以及院外说客常常根据政府官员及议员的爱好，为其安排种种社交活动。

（4）支持竞选。在竞选过程中政治社团通过支持候选人的提名、提供政治捐款、协助选民登记、动员选民参加投票等活动，支持对其表示友好的候选人当选或连任。

（5）主导舆论。政治社团利用公众舆论和大众传媒影响政府公共决策人员。政治社团发动会员甚至动员有关选区的选民进行游说活动，如动员会员及有关选民向议员写信、打电话，甚至登门拜访；运用大众传播媒介造成社会舆论；甚至越过政府公共决策者直接诉诸广大公众就某一问题进行表决，如发动公开创议书、举行自作主张的公民投票等。

（6）非常规方式。政治社团有时候也采用非常规手段或方式实现利益表达，包括合法的方式如司法诉讼、合法示威抗议等，以及非法的方式如政变、恐怖活动以及非法示威抗议等。

【思考题】

1. 什么是政治体系？政治体系结构形式如何表述？
2. 如何理解国家的特性？
3. 什么是国家主权？
4. 国家构成的基本要素是什么？
5. 说明权威主义和极权主义国家的不同特点。
6. 说明政府的构成。
7. 说明政党的特性和功能。
8. 如何划分政党的类型？
9. 说明社团的类型和发挥作用的途径。
10. 分析政治性社团存在和发展的意义。

【扩展阅读文献】

1. 迈克尔·罗斯金、罗伯特·科德、詹姆斯·梅代罗斯、沃尔特·琼斯:《政治科学》,林震、王锋、范贤睿等译,北京:华夏出版社 2001 年版。

2. 戴维·伊斯顿:《政治生活的系统分析》,王浦劬主译,北京:人民出版社 2012 年版。

3. 加布里埃尔·A.阿尔蒙德、小 G.宾厄姆·鲍威尔:《比较政治学:体系、过程和政策》,曹沛霖、郑世平、公婷、陈峰译,上海:上海译文出版社 1987 年版。

4. 安东尼·M.奥勒姆:《政治社会学导论——对政治实体的社会剖析》,董云虎、李云龙译,杭州:浙江人民出版社 1989 年版。

5. 罗伯特·A.达尔:《现代政治分析》,王沪宁、陈峰译,上海:上海译文出版社 1987 年版。

6. 安德鲁·海伍德:《政治理论教程》,李智译,北京:中国人民大学出版社 2009 年版。

7. Andrew Heywood, *Politics*, New York: Palgrave, 2002.

8. Rod Hague, Martin Harrop, Shaun Breslin, *Political Science: A Comparative Introduction*, New York: St. Martin's Press, 1992.

第十讲

政治制度及其评价

　　政治制度(political institution)是组织和安排政治生活、规范人们政治行为的规则。它是人们在长期的社会政治实践中形成的,通过各种法律、规定、规则、程序、习俗等形式表现出来,功能在于约束个体行为,解决社会冲突,维持政治共同体的存在。

　　迄今为止,人类形成了种种政治制度。从宏观的角度讲,包括国家的组织制度,政府组织制度,政府内部的议会制度、司法制度、行政制度、公务员制度(官僚制度),政党制度,选举制度,等等;从微观的角度讲,每一种制度之下又有更多更具体更细致的制度来支撑这些制度的运行。由于历史和文化背景的不同,各个国家在这些制度方面呈现不同的特点,有的表现出更多的相似性,而有的表现出更多的差异性。这就构成了世界政治制度的复杂性。

核心问题:

　　▲ 政治制度的含义
　　▲ 政治制度研究一般方法
　　▲ 主要政治制度分析
　　▲ 政治制度化水平的衡量尺度

一、政治制度及制度分析

　　制度是组织人类共同生活、规范和约束个体行为的一系列规则,因此,也可以说是一个社会的游戏规则,是决定人们的相互关系而人为设定的一些制约。① 作为一套稳定组合在一起的规范和规则,它广泛存在于社会生活的各个领域和各个方面,因此被人们冠以不同的名称,如家庭制度、婚姻制度、教育制度、经济制度、法律制度和政治制度等等。一套较为完整的制度,应该包括明确的"准入规则""游戏规则"和"奖惩规则"。"准入规则"决定了什么人可以进入游戏比赛过程;"游戏规则"决定了参与游戏比赛的各行为主体应该如何行动;"奖惩规则"决定了对于遵守或打破游戏规则的人的奖励和惩罚办法以及游戏比赛结束后分配奖品的方法。

政治制度(political institution)是基于一定规则和程序之上规范个人和团体行为的长期稳定的安排,体现为各种明确的带有强制性的规则和决策程序,具有正式和合法的特点,通常被视为国家机器的组成部分。②

政治制度是规范个人和团体行为的基本准则。在传统的政治共同体中,由于成员数量少,社会分工单一,社会事务简单,因此,往往通过种族、宗教、风俗习惯等较为简单的制度规则就可以约束人们的行为,使其生活在一起。但是,在复杂的现代社会,单纯的种族、宗教、风俗习惯和其他社会自然因素已经不足以使人们在一个政治共同体中和平共处,这就需要有新的机制来维持政治共同体的存在,而政治制度就成为最有效的手段。在现代社会生活中,形成了一系列的政治制度,一般包括宪法制度、选举制度、议会制度、官僚制度、司法制度、政党制度等。

政治制度作为政治生活较为固定的安排,是人们长期政治实践的产物。它"产生于各种社会势力间的分歧和相互作用;它是解决各种势力间分歧的程序,也是组织手段逐步发展的结果。某种成份单一的统治阶级的解体,社会势力的分化,以及这些社会势力之间相互作用的加强,都是形成政治组织和程序、最终建立政治制度的先决条件"③。

政治制度是一种比较正式的合法规则,它具有一定的强制性,要求全社会的所有成员加以遵守。在"准入"程序中,它规定了什么人可以进入政治生活,享有什么样的政治权利和权力;在"游戏"程序中,它规定了各类政治

---

① 参阅道格拉斯·C. 诺斯:《制度、制度变迁与经济绩效》,刘守英译,上海:上海三联书店1994年版,第3页。
② 参阅 Andrew Heywood, *Key Concepts in Politics*, New York: St. Martin's Press, 2000, p.93。
③ 塞缪尔·亨廷顿:《变革社会中的政治秩序》,李盛平、杨玉生等译,北京:华夏出版社1988年版,第11页。

角色开展政治活动和实施政治行为的基本准则;在"奖惩"程序中,它规定了政治资源的分配方式,决定了什么人会得到什么样的价值。

由此可见,政治制度的功能就在于规定和形成政治秩序。在一个复杂的社会,社会成员由于家庭、血缘、文化、心理、教育、社会地位等背景的不同,具有不同的社会需求和行为动机,结成不同的社会势力和利益团体。这些不同的社会势力或利益团体之间经常发生利益冲突。政治制度就是解决冲突,维持政治共同体的基本手段,它通过各种规定和规则,使不同的个人和利益团体按照既定规则行事,避免社会陷入无序状态。正因为如此,人们才把政治制度化视为政治稳定的基本条件。①

正是由于制度在社会生活中具有重要的意义,所以政治学、社会学、经济学等不同学科都把制度研究视为研究社会政治经济生活的主要方法。不同学科对人类各种制度进行专门研究,从而在学术领域形成了所谓的"制度主义"(institutionalism)。

作为政治分析的一种途径和方法,制度主义力图通过研究政治制度的因果关系来获得对政治现实的认识,它把制度看作独立于社会、经济和文化之外并能够对社会、经济和文化产生影响的核心要素,专门研究和考察制度的功能和实际的效果。

在政治制度研究中,人们把制度划分为正式制度(formal)和非正式制度(informal)两种。前者指的是国家法律正式规定的制度,如议会制度、司法制度、行政制度等等,后者主要指社会中自发形成的自治组织制度,如社区联防、村民自治等。由于人们对这两类制度在政治社会生活中的重要性认识不同,也由于人们对制度研究的关注点不同,因此,在制度研究过程中,形成了所谓"传统制度主义"(traditional institutionalism)和"新制度主义"(neo-institutionalism)的差别。

二、主要政治制度分析

如上文所言,政治制度是规范个人和团体行为的基本准则。但是,在复

---

① 塞缪尔·亨廷顿在《变革社会中的政治秩序》中专门论述了政治制度化和政治稳定的关系,认为政治制度化与政治不稳定成反比,政治制度化水平越高,政治稳定的程度就越高。

杂的高度分工的现代社会,需要有新的机制来维持政治共同体的存在,建立专门的正式的政治制度就成为不可或缺的手段。

从制度起源和发展的历程看,远古时代,由于地理和自然条件以及生产和生存能力的限制,人们生活在狭小的范围之内。在地域狭小、人口较少的社会共同体中(部落、公社或城邦),一般事务可依照风俗习惯和传统惯例来处理,遇到相对重大的公共事务,也可采用由全体成员共同参与的"即时办公"、一事一议的方式来解决,这就是古代社会(部落、公社或城邦)直接民主制度的起源。随着生产力的提高以及社会交往范围的扩大,原始部落、小规模的公社或城邦类型的社会共同体最终瓦解,人们通过征战兼并等方式建立了更大范围的社会共同体(帝国)。在地域和人口远远超越部落、公社或城邦规模的古代帝国,公共事务的处理采用一事一议的"即时办公"方式已经不再可能,于是就需要事先订立规矩和规则。另外,社会事务繁杂,也需要职业化的管理来满足专业分工的要求。因此,制度化就成为公共管理的必然要求,这就是历史上诸种形式的法律制度的起源。现代民族国家形成以后,封建等级君主制以及形形色色的皇家统治逐渐遭到质疑,具有垄断性和专断性特点的世袭制度失去了合法性,具有开放性、公开性和竞争性的制度成为必要,这就是现代民主法治制度的起源。

迄今为止,人类历史上形成了形形色色的政治制度。从政治发展的角度看,现代政治制度是最完备最复杂的。如前所述,在现代政治生活中,一个政治体系分化为许多相互依赖的次级体系;每一个次级体系都形成了错综复杂的制度,其中包括国家组织制度,政府组织制度,政府内部的议会制度、司法制度、行政制度、公务员制度(官僚制度),政党制度,选举制度等等;在每一个次级体系的不同层面,又产生更多更具体更细致的制度来支撑这些制度的运行。

下表提供了政治制度的基本方面,由此可以把握各种政治制度的基本定位、应用层面和一般功能。

现代政治制度一览表

政治制度	制度实践	特征描述	基本功能
宪法制度	民主制	通过自由选举组成政府	规定一个国家公共权力的目的、来源、结构、产生方式、组织原则、相互关系等
	独裁制	通过非自由选举方式组成政府,包括世袭君主制、军人政权等	
国家组织结构制度	联邦制	由不同独立和自治的地方政治实体联合组成统一国家	规定了国家不同地域以及中央与地方之间的结构形式
	单一制	由若干行政区域组成统一主权国家	
议会制度	一院制	由单一民选机构组成立法机关	规定了民意机构和立法机构的地位和职能、组织形式、运行方式等
	两院制	由两个相互独立的机构(上院和下院)共同组成立法机关	
司法制度	审判制度	司法独立,承担不同职能的职业法官、检察官和律师参与司法过程,审判过程采用辩护、陪审团、上诉等制度和程序	规定了国家司法体系的作用、组成和运行方式
	监察制度		
	律师制度		
行政制度	内阁制	以总理为首的行政内阁向议会负责的行政体制	确定了行政机关的地位、组成、责任、运行方式
	总统制	总统作为行政首脑直接向选民负责的行政体制	
官僚制度	文官制度	职业文官(公务员)独立负责国家日常行政事务	职业行政官员管理国家日常事务,以免由于政权变更造成社会动荡和混乱
选举制度	多数代表制	赢得多数选票者就赢得选举	规定了公民通过选举产生国家政权机关的具体方式和方法
	比例代表制	按照所得选票比例分配政治权力	

(续　表)

政治制度	制度实践	特征描述	基本功能
政党制度	一党制	一个政党垄断执政机会	确立了社会各种政治势力和党派的地位、赢得政权的方式和规则等
	一党居优制	一个政党居于绝对主导地位,其他政党处于从属地位	
	两党制	两个政党通过竞取选票赢得执政机会	
	多党制	两个以上政党通过选举分享政权	

1. 国家组织结构:单一制和复合制

国家组织结构制度规定了中央权力机关与地方权力机关、整体与局部之间的关系。现代国家形成了不同的组织结构制度,这些不同的制度被政治学归纳为单一制国家和复合制国家两种。①

（1）单一制国家

单一制国家是由若干行政区域组成的统一主权国家,其基本特点是:

① 各行政区域宪法和法律统一;

② 立法、行政和司法体系一致;

③ 统一的中央政权机关掌握最高国家权力;

④ 地方权力必须受中央权力的统辖;

⑤ 国民具有统一的国籍;

⑥ 中央机关统一行使外交权。

英国、法国、新西兰、中国和日本均属于单一制国家。

（2）复合制国家

复合制国家是由若干独立的国家或政治实体(如共和国、州、盟、邦)通过协议而组成的联合体。按照其联合程度的不同,又分为联邦制(federalism)和

---

① 关于各国政治制度的概括性介绍可参阅李晨絮、谭融编著:《外国政治制度》,天津:南开大学出版社1998年版;唐晓、王为、王春英:《当代西方国家政治制度》,北京:世界知识出版社1996年版。

邦联制(confederalism)。

联邦制国家是由两个以上独立的政治实体(州、共和国或邦)根据联邦宪法组合而成的国家。其主要特点是：

① 联邦政府(立法、行政和司法机关)行使国家最高政治权力。地方政府同时拥有自己独立的立法、行政、司法系统,与联邦政府之间不是隶属关系。

② 国家有统一的宪法,但是,在国家统一宪法范围内,地方政府又有自己的宪法和法律。

③ 在对外关系方面,联邦政府拥有外交权。不过,各联邦组成单位也有一定的对外交往独立性,可以在联邦宪法允许范围内,与外国政府就某些次要事项签约,有些联邦国家的组成单位还可以以独立资格加入国际组织。

美国,以前的英属殖民地(加拿大、澳大利亚、印度、尼日利亚),拉美国家(阿根廷、巴西、委内瑞拉、墨西哥),欧洲国家(奥地利、德国、瑞典),以前东欧的社会主义国家(南斯拉夫、苏联、捷克斯洛伐克)都被认为是联邦制国家。

联邦主义遵循了"求同存异"的原则。它承认中央权威的重要性,但同时努力限定其权限范围。它鼓励少数团体自治,有利于社会的多样化发展。但是,它也阻碍了全国统一事业(如国民平等的福利政策)的推进。正如有学者指出的,美国的联邦主义让全国的少数派在州一级政府舞台上利用政府力量推进他们所喜欢的政策,实际上,它有利于按照地域集中在一起的少数派。[1]

邦联制国家实际上是一种国家联盟,它是若干独立的主权国家为了特定目的而组成的联盟体。邦联制国家的特点主要是：

① 各成员国独立行使国家主权,相互平等,只有在某些方面采取一致行动。

② 邦联一般不设统一的最高权力机关,没有统一的军队、赋税和国籍。

③ 邦联设有成员国协商机构,其成员主要由各成员国的政府首脑组成。

---

[1] W. Riker, "Federalism", in *Handbook of Political Science*, Vol. 5, ed. F. Greenstein and N. Polsby, Reading Mass.: Addison-Wesley, 1975.

④ 邦联成员国之间的共同活动以各方共同签字的条约为基础。

由此可见,邦联制国家并不是一个国家,实际上只是一种松散的国际组织。当今的欧洲联盟、东南亚国家联盟等都具有邦联的性质。

国家结构形式图解

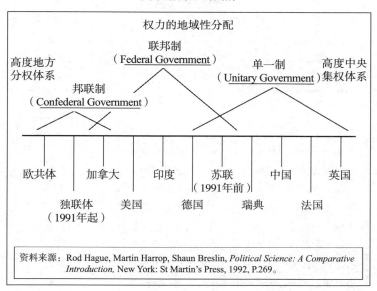

2. 政府组织形式:总统制和议会制

总统制和议会制是两种不同的行政组织制度。总统制的实质在于,国家领导责任属于定期选举产生的行政首脑,它独立于立法机构,又与其他政治结构相平衡。

(1) 总统制行政体系

美国是典型的总统制国家。宪法规定,行政权力属于美国总统,同时,总统也是武装力量的最高司令官。总统可以签订条约(Treaties),任命使节(Ambassadors)、各部部长(Ministers)和最高法院的法官(Judges of the Supreme Court),但需经参议院(Senate)批准。总统不能解散立法机构,但可以向它提出议案。总统可以否决立法,但他的否决可以被议院2/3多数推翻。相反,议会也可以因总统犯罪和卖国而根据宪法规定对总统进行弹劾(impeachment),直到将总统"拿下"。

美国总统制行政体制模式

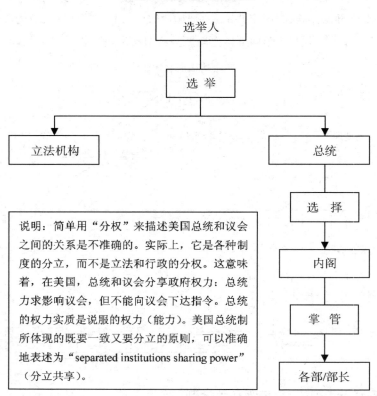

说明：简单用"分权"来描述美国总统和议会之间的关系是不准确的。实际上，它是各种制度的分立，而不是立法和行政的分权。这意味着，在美国，总统和议会分享政府权力：总统力求影响议会，但不能向议会下达指令。总统的权力实质是说服的权力（能力）。美国总统制所体现的既要一致又要分立的原则，可以准确地表述为"separated institutions sharing power"（分立共享）。

美国总统和议会分享政府权力：总统力求影响议会，但不能向议会下达指令。总统的权力实质是说服的权力（能力）。美国总统被授予国家的道德权威，被委以国家安宁的责任，但是，却经常缺少实现其需求的稳定的政治支持。在联邦政府内，权力被分散在立法的（legislative）、官僚的（bureaucratic）、司法的（judicial）和行政的（executive）机构之中，而各州和各地方政府本身又保留有许多独立于华盛顿之外的自治权。这使美国总统的权力受到多方的牵制。

（2）半总统制行政体系

法国是西方另一个重要的总统制国家，但其宪法所规定的分权特征却不是很明显。法国总统所受到的限制要比美国总统少一些。实际上，法国制度是介于议会制和总统制之间的一种混合。总统和总理实行"双重领导"（a dual leadership）。就制度而言，总理领导政府，政府本身向议会负责。而总统担任政治体系的领导角色。从 1962 年起,总统一直由 7 年一次的直接民选产生。总统选择总理,主持部长会议,并经常个别地与部长们打交道,而不是通过总理。尽管法国总统不能忽视政府需要争取议会支持其立法提案这个事实,但是,1958 年以来,他确实拥有实质性的操控权力。

半总统制行政体系模式

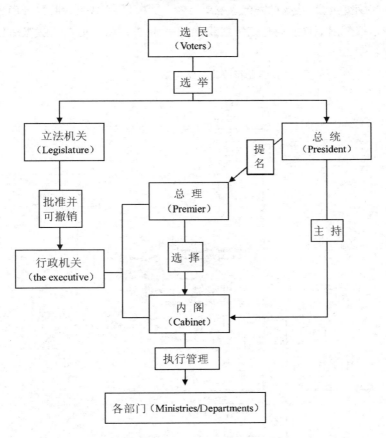

总统制行政体系的表现取决于它实现其政治目标和动员民众的潜力。单元化的行政体系使民众注意力形成自然聚焦,特别是成为普选时的焦点。但是,因为总统既是国家元首,又是行政首脑,所以,总统个人缺乏职业道德或非法行为,可能会非常危险地破坏国民的信心。20 世纪 70 年代的水门事件使许多美国人感到震惊,极大地破坏了公众对政府的信任。

总统必须面对所有的人,处理所有的事。这就诱使人们关注总统的形象而不是政策本身。但无论如何,总统制要比议会制政府更易于处理危机。在紧急状态下,权威集中在一个人身上要比多头分享做出反应更快。

(3) 议会制行政体系

在总统制行政体系下,总统与议会分立,并由独立的选举产生。与总统制相反,议会制行政体系与议会有机地联系在一起。议会制行政实际上是一种特别委员会,其成员完全或主要地来自国民议会(Assembly),并向议会负责。议会制下议会拥有宪法性武器,极大地控制着政府。这些宪法性武器包括①:

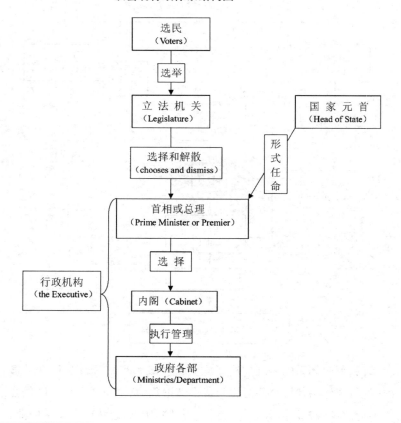

议会制行政体系结构图

---

① 参阅 Klaus Von Beyme, *Parliamentary Democracy: Democratization, Destabilization, Reconsolidation, 1789-1999*, New York: St. Martin's Press, Inc., 2000, pp. 18-26。

① 弹劾政府(impeachment);
② 拒绝批准政府预算(refusal to approve the budget);
③ 质询(interpellation):可能引起反对政府的不信任投票。

议会制行政体系的基础在于它与国民大会的相互依存性。内阁或部长委员会从议会产生,并最终向议会负责。只要议会信任,政府就可以一直掌管权力。如果议会失去对政府的信任,比方说投了谴责票,那么,政府就得辞职。如果不能组建议会所支持的新政府,通常的做法是解散议会,进行重新选举(a general election)。

(4) 议会制与总统制比较

下表对议会制下的行政首脑(总理或首相)和总统制下的行政首脑(总统)的责任关系做了简单比较。通过这种比较,我们可以看到政治体系不同结构对两种行政体系的影响程度和两种政治体系的不同特点。

议会制和总统制下行政首脑责任制比较①

责任制比较因素 (Source of accountability)	总理/首相 (Prime ministers)	总统 (Presidents)
政党(Party)	强	适度到弱
内阁(Cabinet)	强	×*
立法机关(Legislature)	弱	强
公众(Mass public)	强	很强

说明:
* 在总统制下,不设立议会制下的"内阁"机构。

通过以上比较可以看出,议会制政治具有单一权威体系的特点:公众—选民—政党—议会—总理—内阁,权力的单线特征明显。行政首脑(总理或首相)的权力资源主要来自政党,因此,他的行动主要受制于议会党团。所以,政党政治可谓议会体制下政治的核心。在总统制行政体系下,总统和议会分别具有相对独立的权力资源体系:①选民—政党—议会;②选民—政党—总统。由于总统直选,政党主要承担的功能是提名总统候选人,所以,直接向选民负责的总统,其决策较少受政党影响。也由于总统具有组阁权,

---

① 参阅 Michael Nelson, *The Presidency and the Political System*, Washington, D. C. : Congressional Quarterly Inc. , 1995, p. 69。

所以,他也不受部长们影响。但是,总统在较大程度上依赖于议会,换句话说,他的活动需要经过立法机关的批准。

议会制作为一种政府组织制度更为复杂一些。比方说,在议会制的体制中,行政核心的构成比较复杂,由不同的机构和人员构成,包括总理、内阁、内阁委员会、各相关部门,呈现多头化特点。①

相对而言,总统制行政核心的构成要简单一些,因而,它被认为更适应于社会危机的紧急处理。在突发性社会危机爆发的时候,要求政府采取果断行动;行政效率要求程序简化和权力集权。在两次世界大战中,美国和英国的立法机关都给总统和内阁以广泛的权威,以至于实际上他们变成了合法的独裁者。②

一定分权的总统制还体现了制度设计中"制动平衡"的原理。国家机器的驾驭犹如汽车驾驶,需要有"制"和"动"的系统协调配合。在总统制体系下,总统和议会分别轮流承担这架机器的"制"和"动"的功能。当议会的"冲力"比较大的时候,总统利用他的机制来"搁置"缓冲;当总统方面的"冲力"比较大的时候,议会经过反复讨论质疑,提出修正案来"点刹"。这就为国家对内和对外政策留下了缓冲余地。

3. 政党制度:一党制、两党制还是多党制

所谓政党制度,是指由国家法律所确定或在实际政治生活中所形成的关于政党的地位和作用,政党之间相互关系,政党执掌政权或参与政治的方式、方法、程序的制度性规则或规定。

各国的政党制度完全不同。政治学家依据政党数量把政党制度划分为一党制、两党制、一党居优制和多党制。③

(1) 一党制

所谓一党制是指国家政权完全由一个政党单独掌握,在法律上和事实上都不允许其他竞争性政党存在的制度。实行一党制的国家有两种类型,

---

① 参阅 P. Dunleavy, "Government at the Centre", in *Developments in British Politics*, 3, ed. P. D. Dunleavy, A. Gamble and G. Peel, London: Macmillan, 1990, p.102。

② 参阅 Rod Hague, Martin Harrop, Shaun Breslin, *Political Science: A Comparative Introduction*, New York: St. Martin's Press, 1992, p.314。

③ 参阅 M. Duverger, *Political Parties*, London: Methuen, 1964。

一种是极权主义国家,另一种是民族主义国家。

极权主义国家,如法西斯主义国家,实施一党制,公开取缔其他政党,严令禁止一切其他政党和政治团体的活动。作为国家唯一的政党,它垄断和控制了所有的政府机构和制度,也控制了国家社会政治、经济的各个方面。此类政党一般属于精英型政党,党内实行严格的意识形态控制,具有高度的组织性和纪律性。

民族主义国家一党制主要存在于非洲国家,如加纳、坦桑尼亚、津巴布韦、扎伊尔等。这些国家实行一党制与反对殖民主义运动有密切关系。二战以前,这些国家大多属于欧洲宗主国的殖民地,在争取民族独立运动中,社会领导力量逐步发展成为民族主义政党。民族独立以后,这些政党自然上台执政,并实行一党制。这种一党制承认公民权利,实行一定程度的民主选举,并以一党执政保持政治的稳定,维护国家的统一和独立,促进社会经济的发展。

(2) 两党制

两党制是由两个主要政党占据统治地位并互相竞争取得政府权力的政党制度。两党制的主要特点是:

① 在政治体系中,尽管也有着一些小党存在,但是,只有两个主要的政党真正拥有选举和立法的有效实力,具有赢得政府权力的现实可能性;

② 以选举为基础,两党中赢得选举的政党(多数党)一般可以单独执政,而另一个在选举中失败的政党(少数党)则成为反对党;

③ 政府权力在两党之间轮流交替,二者都可以通过选举上台,一方执政,另一方就成为在野党。

两党制是在英国托利党和辉格党两大政党竞争的基础上形成和发展起来的。随着英国殖民势力和政治文化的扩展,两党制也被广泛运用于美国、加拿大、澳大利亚和新西兰等其他英联邦成员国。其中,以英、美两国最为典型。

英国政府一直在保守党和工党的轮流执掌之下。英国实行议会制,上议院议员不由竞选产生,因而不受政党活动的影响;下议院的议席由政党通过竞选来分配,获多数议席的政党即为执政党,其余为在野党;多数党推举首相,组阁执政。由于执政党就是议会的多数党,而议会议员的投票意向又严格受议会党团的支配,所以,执政党的政策一般易于获得议会通过。

美国政治舞台一直由民主党(Democrats)和共和党(Republicans)所把持。美国实行总统制,在总统选举中获得总统职位的政党即为执政党,没有赢得总统职位的政党即为在野党。由于国会议员及其他政治职位也是由选举产生,所以,执政党与国会中的多数党并不一定有对应关系。此外,美国政党对其国会议员的投票意向并没有严格的支配作用,政党议员可能采取与所属政党意向完全相反的投票立场,因此,政党很难控制国会中的稳定多数,而作为执政党代表的总统的主张也不一定能够获得议会通过。

(3) 一党居优制

一党居优制是在多党竞争局面下一党长期居于统治地位的政党制度。日本被认为是一党居优制的典型。日本占有议席的政党主要有自民党、社会党、公民党、民社党、共产党等,其中,自民党势力最大。1993年以前,日本自民党连续执政长达38年,期间只有1976、1979和1983年没有获得议会多数席位。"经济奇迹"使日本自民党一党居优制得到了巩固和强化。

印度国大党(The Congress Party in India)在1947年领导印度实现独立以后,享有了30年连续执政的权力。直到1989年,它只做了3年的反对党。非洲国民大会(The African National Congress)在1993年南非结束宗族隔离制度之前也享有同样的统治地位。它的地位来自它在反对白人统治的长期斗争中的杰出表现。一党居优制国家在欧洲的典型是瑞典。社会民主劳工党(Social Democratic Labour Party)在1951—1993年间,只有2年不是单独执政。

一党居优制下居于统治地位的政党内部一般都存在不同程度的派别分化。政府权力实际上在这些不同派别之间进行分配。一党居优制被认为是一种不很健康的体制,往往与政治的腐败相联系。

(4) 多党制

多党制是指两个以上竞争性政党并立角逐政府权力的政党制度。多党制的存在降低了一党执政的可能性,增加了联合执政的机会。当今世界上,大多数国家都实行多党制,发达国家有法国、德国、意大利、比利时、冰岛、丹麦、挪威、西班牙、葡萄牙、瑞典、瑞士等;发展中国家主要有土耳其、印度、菲律宾、泰国、巴西、智利、阿根廷、巴拿马、厄瓜多尔等。

多党制形成的原因比较复杂。一般说来,采取多党制的国家社会政治力量结构呈现多元化特点,传统社会力量、新型工业社会力量以及工人阶级力量并存,并形成各自的政党组织。各政党力量都难以形成对政治的绝对控制,于是便形成多党制。此外,选举制度也是强化多党制的重要因素。多党制国家一般实行比例代表制,每个选区可以选出 2 名以上议员,议席按所得选票的比例予以分配。在这种选举制度下,一些小党有很大生存和活动余地,它们可以集中各自的选票,使它们的候选人当选,进而保证了多党制的存在。

多党制国家一般没有哪个政党能够在选举中长期保持绝对优势,因此,执政党或者是偶然在选举中获得相对多数的政党,或者是联合获得选举多数的几个政党的联盟。法国和意大利可谓多党制的典型。法国在 18 世纪大革命期间,就形成了多党林立的政党政治,在法兰西第三和第四共和国时期,议会中的党派有时多达二十多个,政府一般由几个主要政党联合组成。意大利议会席位一直由天主教民主党等十几个政党分别占有,内阁亦是由这些政党单独或联合组成的。

多党制被认为不利于实现政府稳定。由于党派众多,而政府的组成又取决于党派竞选机制作用的结果,多党制国家中某一政党要赢得多数选票相当困难,因而常常由政党联盟组成政府,这种政党联盟一旦破裂,即造成政府危机。如法兰西第四共和国期间(1946—1958),政府更迭 20 次,最长的一届政府任期仅一年多,最短的只有两天。又如意大利 1946—1983 年政府更迭 44 次,平均每届政府任期约为 10 个月。

焦点讨论:中国政党制度的特点

中国共产党领导的多党合作制的特点:

(1)在中国的国家政治生活中,除了中国共产党之外,还存在着其他 8 个政党,即中国国民党革命委员会、中国民主同盟、中国民主建国会、中国民主促进会、中国农工民主党、中国致公党、九三学社、台湾民主自治同盟。这些政党都是社会主义政治生活中的合法政党和积极力量。

(2)中国共产党享有公认的领导地位,是执政党,而其他政党是参政党。中国共产党不仅对国家实行思想领导、政治领导和组织领导,而且对各民主党派实行政治领导。各民主党派积极参政议政,其参政议政的基本内容包括:参与国家大政方针和国家领导人选的协商,参与国家事务的管理,参与国家方针、政策、法律、法规的制定和执行,参与国家政权。各民主党派参政议政的机构、途径和方式主要是:人民代表大会,人民政治协商会议,中国共产党与各民主党派人士定期或不定期的座谈会,各民主党派人士出任政府领导职务等。

4. 选举制度:多数代表制与比例代表制比较

世界各国采用不同的选举制度,主要分为多数代表制(majority system)和比例代表制(proportional system)两大类。多数代表制规定,候选人要赢得选举,必须获得特定选区的多数选票。典型案例就是英国、加拿大、新西兰和美国所实行的"first past the post"制度。多数代表制建立在按地域推举代表的传统观念之上。它将全国看成一个整体,通常将多数议席分给赢得选举的政党,所以,它鼓励在议会中占有多数的单一政党组阁执政。

比例代表制规定,政党所赢得的席位严格按照其获得选票的数量来分配。比例代表制建立在非常现代的按政党而不是按地域选举代表的观念之上。在这种体制下,单一政党赢得多数而组阁的政府很少见,而联合执政却比较常见。下表显示了不同选举制度的基本特点。

选举制度的不同形式

Majority System——胜者全得(Winner takes all)

1. 简单多数制(Simple plurality):"first past the post" system
   - 基本程序:一次选举,得票领先者获胜。
   - 应用国家:英国、美国、加拿大、印度、新西兰、南非。
2. 绝对多数制(Absolute majority):替代性投票("preferential vote")
   - 基本程序:投票排序候选人。首先淘汰排位最后的候选人,根据第二轮投票重新分配选票,依此反复,直到某个候选人获得多数通过。
   - 应用国家:澳大利亚。
3. 绝对多数制(Absolute majority):二次投票
   - 基本程序:如果没有哪个候选人获得多数,两个得票领先的候选人面对"决赛"。
   - 应用国家:法国(总统选举)。

> **Proportional System——根据选票比例分配议席**
>
> 4. 候选人名单投票制(List system)
>   - 基本程序:根据政党的候选人名单投票。在大多数国家,选举人也可以对名单中的某一个人表示支持。
>   - 应用国家:以色列,斯堪的纳维亚半岛国家,大多数欧洲大陆国家,包括东欧国家。
> 5. 单一可转移投票制(Single transferable vote, STV)
>   - 基本程序:投票排序候选人。第一轮选举中所得票数超过定额(即席位数量+1)的候选人即可当选,他所获得的"多余"选票,可以转移到投票人的第二次选择中。如果没有候选人能够达到选票定额,排位最后的候选人首先被淘汰,他所获得的选票也可以转移。持续这个程序直到全部席位填满为止。
>   - 应用国家:爱尔兰、马耳他、塔斯马尼亚、澳大利亚(在上院选举中,投票人也可以投某一政党的票)。
>
> ---
>
> 资料来源:Rod Hague, Martin Harrop, Shaun Breslin, *Political Science*:*A Comparative Introduction*, New York:St. Martin's Press, 1992, p.193.

选举制度和政党制度的关系是政治学争论的一个问题。以往(20世纪50年代)经典的表述是:实现"first past the post"的多数代表制强烈支持两党制,而比例代表制则支持多党制。前者被认为容易产生一个强有力的果断的政府,而后者则被认为可能产生一个不太稳定的联合政府。[①]

但是,60年代以后,出现了反对的声音。有人认为,在采用比例代表制以前,欧洲的社会分化早已产生了多党制。比例代表制并不是多党制的原因,相反,之所以采用比例代表制,恰恰是因为它是满足社会分化而产生许多政党局面的唯一适合的选举制度。[②]

许多人花了不少笔墨来论证什么样的选举制度是"最好的"。实际上,所谓"最好的"选举制度可能并不存在。不同的方法适用于不同的环境。在社会分化非常明显的国家和地区,如北爱尔兰和南非,实行比例代表制是因为它能为那些代表少数派团体的政党提供一定的代表席位。在英国这样

---

① 参阅 M. Duverger, *Political Parties*, London:Methuen, 1954。
② 参阅 S. Rokkan, *Citizens*, *Elections*, *Parties*, New York:Mckay, 1970。

的国家,政府根据多数代表制发生有规则的变化,比例代表制可能就失去了作用。

一样的程序和制度在不同的国家会有不同的效果。某一特定国家采用哪种选举制度,取决于它的社会性质,特别是社会内部多数派团体的规模。

如果说多数代表制没有给小党以足够的重视,那么,比例代表制又给了太多。在比例代表制下,小党在选举后的联合谈判中经常处于关键位置,从理论上说,它可以和任何一个多数党形成联盟(当然,它的意识形态在实践中限制了它对合作伙伴的选择)。

焦点讨论:选举制度优劣比较

（1）单名选区制

单名选区制(候选人在选举中获得多数票即为选举获胜)促使利益集团和政治团体结合成两个大的政党。如果有4个政党分别获得25、25、24、26个百分点的选票,那么最后一个政党将赢得选举。在这种条件下,至少有两个失败的政党会认识到结合彼此的力量对于他们赢得下次选举有利。另两个政党也将被迫合并。比如在1987年韩国选举中,两个自由派候选人分化了反对派的选票并将选举胜利拱手让给了保守的执政党候选人。如果金大中和金泳三联合,他们将获得大多数的选票。所以,实行单名选区制和多数获胜制的国家容易形成两党制,如美国和英国。

第三党确实能够在这种制度下存在,但没有多少获胜的机会。他们只是继续作为大政党的反对群体和压力团体存在。英国自由民主党获得近1/5的选票,但因为他们非常平均地分散在整个国家,所以他们很少能获得超过20个席位。单名选区制对第三党一点也不仁慈。

① 优点

单名选区制有一定的优点。这种制度所创造的两党都会坚持在政治谱系的中心,因为这是选票所集中的地方。这种趋势会遏制极端主义的成长。如果政党被偏离主流观点的领袖所控制,那么,该政党在选举中就必然遭到失败。因此,在选举之后,政党很快便会将极端分子扫地出门。在多数民主制国家,公众的观点排成一条钟形曲线,离中心太远的政党将会使自己受到惩罚。

这种制度的另一个好处是,它一般使一个政党在国会里占据多数,因此很少有必要建立两党联盟。这个结果可以给多数党一个明确和稳定的授权以统治到下一次选举。在美国,由于合乎宪法的权力分立,经常是一个党执掌白宫而另一个党执掌国会,削弱了这种制度的优点。

② 缺点

单名选区制在议会里创造了一个多少有些人为色彩的多数,这使得统治变得更容易。但是这种制度因此也没有公正或准确地反映公众观点。在每个选区里胜者全得。失败的政党即使获得了49%的选票也得不到任何代表权。这对于第三党尤为不公平,特别是他们的支持者不能集中而在几个选区中形成简单多数,就像英国自由民主党的命运一样。

单名选区制教给政党坚守政治中间路线的黄金定律。这可以使政治很安全但很乏味。两个大的政党,为了赢得许多中间选票,常常以看起来很相似的观点结束选举,引起选民的厌烦感,这一点有助于解释美国选举中的低投票率。欧洲的多党制拥有较高的投票率,部分原因是选民可以从一个有趣的政党名册中进行选举。

(2) 比例代表制

比例代表制规定一个选区可以向国会输送几名代表,而不是像单名选区制那样只输送一名。在荷兰和以色列这样的小国家,整个国家就是一个大选区。在瑞典一个选区是一个省,在西班牙也一样。每个投票者选出一个名单,而政党根据它获得的选票按比例获得席位。如果一个政党在一个10名选区获得60%的选票,它就会选出党内居前6名的候选人送往国会;获得20%选票的政党会选送居前两名的候选人。

在选举中很少有选票正好像例子中提到的那样60%选票正好等于6个席位。在更典型的情境中,一个政党可能获得11个席位的42%。难道这个政党将获得4.62个席位?怎么能将一个人的一部分送往国会?有好几种办法来处理这种情况。最普遍的是东特(d'Hondt)制度,它用一种数学公式来划分席位:以牺牲小政党的代价使大政党获得更多代表权。瑞典用数学公式加上一个有趣的条款来分配全国范围内的席位,在28个选区中只选出349个席位中的310个席位,剩下的39个席位被用来纠正各政党在全国所占比例的偏差。

为了减少分裂者、极端主义者政党的问题,比例代表制要求政党必须获得一定百分比的选票方可获得席位。这被称为"门槛条款"。德国和波兰要求一个政党必须在全国范围内获得至少 5% 的选票。瑞典和意大利则要求必须获得 4% 的选票。

① 优点

比例代表制的优点是一国的立法机关准确地反映了公众意见的主流和政党力量。政党不像在英美体系中被争取中间选民的需要所控制。政党可以更清楚地表达出自己的理想和原则,因为他们不想取悦于所有人。如果人口中一小部分——在以色列就像 2% 这样低的比例——确实信奉某些东西,他们可以组成政党并获得一两个席位。他们不会被联合成强大的政党并淡化他们的观点,就像在胜者全得制度中那样。

② 缺点

不过比例代表制鼓励政党分裂,或更确切地说,在政治观点分裂的地方它允许小团体组织政党赢得国会里的席位。但这种趋势正在减弱。两大党加上其他政党的制度甚至已经在比例代表制中出现。瑞典和西班牙有两个大一些的政党加上一些小的政党,它们的政治体系并未被严重分裂。另一方面,以色列为分裂的政党所困扰,多达 15 个政党被选进以色列议会。如果主要政党在比例代表制中少于半数席位,它就必须与其他政党结成联盟。这种联盟经常不稳定而且不能在重大问题上形成决策。许多以色列人反对其国家的比例代表制并且推动能够减少政党数目的改革。并不是所有多党制都不稳定。如果一个政党足够强大而能单独统治,体制就会相当稳定。而英美制度则把权力赋予一个几乎自动的多数从而保证稳定。

(根据迈克尔·罗斯金、罗伯特·科德、詹姆斯·梅代罗斯、沃尔特·琼斯:《政治科学》关于"选举制度"部分改编,林震、王锋、范贤睿等译,北京:华夏出版社 2001 年版。)

三、制度评价的尺度

如何判定一个国家的政治制度?这是一个充满争议的话题。这些争议主要围绕政治制度的合法性和有效性两个方面展开。首先,就政治制度的合法性而言,形成了不同的学术派别。古典政治学家(如柏拉图、亚里士多德)

根据制度实施目的的公共性,区分了"良政"与"恶政"、正义制度与非正义制度。现代社会契约论者从制度合法性的视角出发,从理论上论证了正义的制度应该是社会契约的结果和公共意志的体现,换句话说,未经公共"同意"的制度充其量是"未合法化"或"待合法化"的制度。马克思主义从历史现实的角度出发,揭示以往包括政治制度(国家制度)在内的社会"上层建筑"不过是社会中居于统治地位的阶级(或集团)强加于社会且使其凌驾于社会之上的强制性制度,并且暗示新的公平正义的制度最终将取而代之。

当代政治学研究倾向于从制度形成过程的角度来说明制度的性质,认为政治制度作为政治生活较为固定的安排,实际上是不同社会力量互动的结果。如前所述,正如研究者指出的,政治制度是"产生于各种社会势力间的分歧和相互作用;它是解决各种势力间分歧的程序,也是组织手段逐步发展的结果。某种成份单一的统治阶级的解体,社会势力的分化,以及这些社会势力之间相互作用的加强,都是形成政治组织和程序、最终建立政治制度的先决条件"①。根据这种观点,人们很容易推出如下结论:(1)一种合法的制度应该是得到广泛认同的制度,即使是统治阶级强加的制度,也要尽可能实现合法化;(2)不论其合法性如何,一种运行中的制度实际上是共同体内不同意志和社会力量均衡妥协的产物;(3)共同体内新生意志和新生力量的产生将打破原有的均衡,构成制度变迁的内因。

其次,就政治制度的有效性而言,依据目的论的原则,形成了更加纷繁复杂的观点,提供了不同甚至完全相反的评价标准。比方认为,一种好的制度应该是有效促进经济发展的制度;一种好的制度应该是有效促进国家竞争力提升的制度;一种好的制度应该是有效保障人权实现的制度;一种好的制度应当是有效促进普遍社会福利的制度;一种好的制度应该是有效制约公共权力的制度;一种好的制度应该是依法实施的制度;一种好的制度应该是有效促进信任合作的制度;一种好的制度应该是促进公民德性和社会自治发展的制度②;一种好的制度应该是满足适应性、复杂性、自主性和内聚

---

① 塞缪尔·亨廷顿:《变革社会中的政治秩序》,李盛平、杨玉生等译,北京:华夏出版社1988年版,第11页。
② 正如托克维尔所指出的,"一个好政府最需要关切的应当是使人民逐渐养成不需要政府也能自我治理的习惯"(托克维尔:《美国游记》,倪玉珍译,上海:上海三联书店2010年版,第34页)。

力的制度①……凡此种种,不一而足。这些看似毫无争议的表述,在更加深入的讨论中都会引发歧见,而且,这些看似兼容的表述,相互之间又充满了内在的矛盾性。

今天的政治科学家们对不同的制度进行客观比较,试图说明各种制度的优劣高下,但努力的结果并不十分乐观。从目前不同研究所关注的视角来看,政治制度的评价指标完全是一个多元复杂的体系,涉及不同的方面,具有不同的导向性,如合法性导向(公平、开放、认可)、效率导向(经济绩效、国家竞争力、国民财富)、效能导向(行政效率、政府绩效)、责任导向(政府廉洁、问责性)等。这些看似客观、完善的评价标准和指标,实际上把政治制度的评价引向了难有统一标准的境地。因为,这些评价指标不仅在不同的政治制度下会有不同的表现,而且即使在同一种政治制度的不同历史时段和不同政治背景(如不同党派、不同领袖主政)之下都可能有不同的表现。更何况,政治制度本身因受到各种复杂社会因素的影响而处于不断调适的状态,自身也有一个演化、修正和发展的过程,这就决定了在时间维度上也无法仅仅根据短时期的运转表现而对其做出评价。

横向多维指标的评价方式难以给出明确的结论,这就为纵向结构指标的评价方式提供了机会。"善治"出于"良政",而"良政"产生于优良的制度安排。从纵向结构来看,政治制度涉及三个层面:(1)底层为公共治理最基本的制度安排,如规定政权构成及其性质的宪政制度、规定财产权利及其保障的产权制度等,解决谁来制定和为什么制定规则(谁统治)的问题;(2)中层为公共治理的一般规则和程序,如规定党政关系及党际关系的政党制度、规定绩优选拔方式的选举制度、规定权力职责关系的责任制度、规定中央与地方关系的单一制或联邦制等,解决如何制定和改变规则(怎么统治)的问题;(3)表层为公共治理的具体政策和行为,如社会政策、就业政策、维稳措施等,解决如何实现和执行规则(如何实施)的问题。底层制度犹如一座建筑的基础,需要考虑牢固扎实(耐久性),而要保证底层制度的牢固扎实,就要寻求将制度根基建立在普遍人性的基础上,要从最大限度地防范自图便利的人性弱点的角度考虑制度安排,因此,能否公平有效地防止社会中任何

---

① 参阅塞缪尔·亨廷顿:《变革社会中的政治秩序》,李盛平、杨玉生等译,北京:华夏出版社1988年版,第11—12页。

强者(个人、有组织的集团或机构)垄断权力并公器私用是最起码的要求。中层制度犹如建筑的框架结构,可根据现实需求、社会特点和历史传统等特征进行差异性设计,必要的时候也可以改变式样和功能,因此,满足开放性和适应性是它的基本要求。表层的规则围绕制度实施的具体政策和行为而设定,关系到制度运行的实际效果,因此,有效性是它的基本要求。在上述三个不同层面,尤其是后两个层面上,不同的国家或不同的时期为了满足不同的功能而采用不同的制度设计以及实施不同的政策是完全可能的。

总之,如果采用纵向结构评价方式,不同层面的制度和规则适合采用不同的评价体系和标准。除了分别评判外,似乎还应考虑三种层次制度的内部逻辑一致性,如需要考虑中层制度的设计是否符合底层制度的基本原则、表层制度的安排是否能够有效实现底层制度的基本原则。此外,制度的学习和适应能力也应该一并加以考虑。

政治制度是组织政治共同体、实现社会政治稳定的力量。根据亨廷顿的理论,政治稳定=政治制度化/政治参与①,即政治稳定与政治制度化成正比,与政治参与的要求和行为成反比。这就说明,政治制度化水平越高,政治稳定的程度越高。

那么,如何衡量政治制度化程度?亨廷顿认为,可以用4个指标来衡量政治制度的水平,即适应性、复杂性、自主性和内聚力。②

1. 适应性

适应性指的是一种组织和程序适应环境挑战的能力及其存续能力。根据系统分析的观点,政治体系存在于内外环境的包围之中,并与内外环境各要素构成一种互动关系。政治体系的各种制度始终面临着环境变化的挑战,政治制度随着应付挑战经验的增加而发展,同时,也可能由于不能适应挑战而终止。因此,制度化水平与组织程序适应水平成正比:政治组织和程序的适应性越强,政治制度化水平就越高;反之,政治组织和程序适应性越差,其制度化水平就越低。

---

① 参阅塞缪尔·亨廷顿:《变革社会中的政治秩序》,李盛平、杨玉生等译,北京:华夏出版社1988年版。
② 同上书,第11—12页。

那么,怎么衡量组织和程序的适应性?亨廷顿从组织和程序延续寿命的角度提出了三个量化指标:(1)政治组织的年龄;(2)政治组织领导人换代的次数;(3)组织和程序在功能方面的创新性。一个组织和程序存在的年代越久,其适应性就越强,制度化水平就越高,它在未来某个特定时期内延续的可能性就越大;反之,一个组织和程序的年龄越短,其适应性就越差,制度化水平就越低。一个组织的领导人换代次数越多,组织的适应性就越强;换代次数越少,制度化水平就越低。一个组织不能平稳实现领导人换代,也是制度化水平低的表现。一个组织的功能需求决定了它存在的必要性;如果功能需求不存在,也就意味着该组织的结束。因此,一个组织要生存,就必须不断创新和开发新的功能需求。假如一个领导民族独立运动的政治组织在实现独立目标以后不能将其功能转化为和平建设的需求,就很容易丧失因革命而获得的政治地位。

2. 复杂性

复杂性意味着一个组织由庞大的下属机构构成,隶属关系和职责明确,并具有高度的专业化水平。一个分工细致、结构分化、功能专门化的组织具有高度的复杂性。政治制度化水平与政治组织和程序的复杂性呈正相关关系:一个组织的复杂性越高,其制度化程度就越高;依靠一个政治领袖的政治组织的复杂性水平最低,其制度化程度也最低,因而也最不稳定。一般而言,暴君统治的组织复杂性低,其统治寿命也比较短。正由于稳定性来自复杂性,因而,那种复杂的混合体制就要比单一的简单体制稳定得多。

3. 自主性

政治制度的自主性指的是政治组织和程序在与社会势力和利益集团关系中的独立性或中立性,即它是否具有独立于社会势力之上的自身的利益和价值。政治制度化水平与政治组织和程序的自主性成正比:政治组织和程序的自主性越高,说明制度化水平也越高。因为,自主性水平越高,它们就越不代表某些特殊的社会势力,越不容易为特殊的社会势力所收买,也越不容易为特殊的社会势力所左右;反之,越容易腐败,越容易为特殊的社会势力所利用,越不利于适应整个社会的需要,越易于导致政治不稳定。

4. 内聚力

内聚力反映了政治组织和程序内部的凝聚力和协调性,表现为整个组织内部存在基本共识,具有内部协调机制和起码的组织纪律。政治制度化水平与政治组织的内聚力水平成正比:内聚力水平越高,制度化水平越高,政治稳定的程度越高。

【思考题】

1. 如何理解政治制度?
2. 政治制度的功能是什么?
3. 传统制度主义和新制度主义的主要区别是什么?
4. 国家的结构形式有哪些? 各自的特点是什么?
5. 比较总统制与议会制两种政府制度的差异。
6. 说明不同政党制度的特点。
7. 政党制度与政治稳定有什么关系?
8. 根据资料分析不同选举制度的优劣。

【扩展阅读文献】

1. 迈克尔·罗斯金、罗伯特·科德、詹姆斯·梅代罗斯、沃尔特·琼斯:《政治科学》,林震、王锋、范贤睿等译,北京:华夏出版社 2001 年版。
2. 塞缪尔·亨廷顿:《变革社会中的政治秩序》,李盛平、杨玉生等译,北京:华夏出版社 1988 年版。
3. 李晨荣、谭融编著:《外国政治制度》,天津:南开大学出版社 1998 年版。
4. 戴维·伊斯顿:《政治生活的系统分析》,王浦劬主译,北京:人民出版社 2012 年版。
5. 道格拉斯·C.诺斯:《制度、制度变迁与经济绩效》,刘守英译,上海:上海三联书店 1994 年版。
6. F. J. 古德诺:《政治与行政》,王元译,北京:华夏出版社 1987 年版。
7. Andrew Heywood, *Politics*, New York: Palgrave, 2002.
8. Rod Hague, Martin Harrop, Shaun Breslin, *Political Science: A Comparative Introduction*, New York: St. Martin's Press, 1992.

第十一讲

政治行为的类型及方式

政治行为(political behavior)是政治体系的动态表现,是我们接触政治、感受政治、参与政治生活最直接的方式和途径。因此,研究政治行为,了解各种政治行为实施的方式和途径,是合理安排政治制度、明智地参与政治生活的必要条件。

严格地讲,政治过程就是政治行为的实施过程。在日常生活中,人们自觉不自觉地投身于政治生活。每个行为主体的行为具有其动机和目的,通过权力和服从、影响和被影响的行为关系得到实施。作为统治者,要通过一系列的行为过程实施其统治;作为被统治者,要通过被动的反馈或主动的参与来实现自己的要求和愿望。一个治理良好的社会,政治行为得到合理的规制,无论"治者"还是"治于人者",都能够在制度化的规范中行动。本讲主要提供政治行为的一般分析方法,阐释不同政治行为实施的方式和途径,并分析一个良好社会规范政治行为的方法和机制。

核心问题:
▲ 政治行为的性质
▲ 政治行为分析的意义
▲ 政治行为实施的途径和方式
▲ 政治行为的传统模式和现代模式

一、政治行为及其分析方法

像其他任何政治学概念一样,人们对政治行为的定义也是多种多样的。狭义地讲,政治行为是公民作为个人或团体参与政治过程所采取的行动。① 广义来说,政治行为就是政治体系中所有政治角色(政府、政党、利益集团和社会组织、选民等)参与其中为实现社会资源管理和分配而采取的活动或行动。

从广义的角度理解,政治行为的主体可以是个人,也可以是集团或组织;可以是政府机关,也可以是政党或社会组织;可以是作为"统治者"的政府人员(政治家和官僚),也可以是作为"被统治者"的普通大众;可以是具有明确目标的积极的主体,也可以是没有明确目标的被动消极的客体。

政治行为围绕社会资源的管理和分配而展开。在现实生活中,人们带着各自不同的利益要求组成社会,每个人都希望尽可能地实现自己的愿望、满足自己的需求。这就要求对有限资源的管理和分配做出规定。市场被认为是资源分配的一种重要方式,而政治则被认为是资源管理和分配的另一个重要途径。在政治领域,一方面,需要有人和机构来实施资源的管理和分配;另一方面,在既有的管理和分配规则下,人们采取各种行动以争取资源分配的最大化。从这个意义上说,政治管理行为和政治参与行为是一个政治体系行为构成的基本内容。

政治学为研究政治行为提供了许多不同的分析方法。首先,从广义的政治行为构成的角度出发,依据将政治划分为政府政治和非政府政治两大类的一般原理,把政治行为分为政府政治行为和非政府政治行为。前者大体上可以被理解为政治管理行为,后者可以被看成政治参与行为;前者被看成自上而下的实施资源管理和"政治统治"的活动,后者被界定为自下而上的争取资源分配的行动。

依据政治行为的其他属性,政治学也做了其他划分和研究。如将政治行为的主体作为分析标准,把政治行为分为个体政治行为与集体政治行为、大众政治行为和精英政治行为等;从行为的合法性角度出发,将政治行为分为合法政治行为和非法政治行为;从行为作用方式的角度,又把政治行为分为直接政治行为和间接政治行为等。

政治学对政治行为的分析和研究建立在这样的基本假定之上,即分析

---

① 参阅 S. Sidney Ulmer (ed), *Introductory Readings in Political Behavior*, Chicago: Rand Mcnally & Company, 1961, pp.6-7。

社会政治价值以及人们日常的政治动机与行为,是理解政治的有效途径;要了解政治的实际运作过程,就必须从人们在实际政治中的行为着手,甚至从分析人们日常生活中的行为(如度假、幽默笑话、观看体育比赛、出席舞会和演出等)和大众文化出发①;只有通过对这些日常政治行为(选举、投票、日常生活等)的科学观察、试验和分析,才能获得关于政治生活的可靠结论和知识。基于这样的假定,从事政治行为研究的学者乃以个人行为,包括他的"行动"(action)和"意向"(orientations to action),诸如认同(identification)、要求(demands)、期望(expectations)和评价(evaluations)作为分析单位。行为政治学者也注重对群体(group)、组织(organization)和社区(community)的研究,期望发现"集体行动的逻辑"②。

政治学对政治行为的研究在20世纪50—60年代的西方特别是美国政治学界最为盛行,并由此而得到行为主义(behavioralism)政治学的盛名。行为主义政治学坚信,社会理论应当建立在对可观察的行为的研究基础之上。③ 行为主义政治学把政治生活中的个人或个人所组成的团体行为作为其分析研究的基本单位,把政府描述为一个由个体的人和人群相互作用所组成的过程,着重研究政府、政党、利益集团和选民的活动,以期发现政治过程中个人和团体实际行为一致性的范围和性质。④ 它借助于人类学、心理学、社会学、经济学、生物学等学科的理论与方法,形成了系统分析的概念(concepts)、假设(hypotheses)和解释(explanations),在理论上,一反过去传统政治学者偏重历史分析、规范分析、制度分析法的趋势,而着重于客观的、经验性理论的研究和应用,形成了所谓"结构功能理论""系统分析理论""政治沟通理论""决策理论"以及博弈论等理论,取代以往的人性论、正义论、历史决定论等哲学理论,作为政治行为研究分析的依据。

在研究方法上,行为主义政治学倡导经验研究方法,对政治行为的分析

---

① 参阅 Steven A. Peterson, *Political Behavior: Patterns in Everyday Life*, Newbury Park, London, New Delhi: Sage Publications, 1990。

② 曼瑟尔·奥尔森:《集体行动的逻辑》,陈郁、郭宇峰、李崇新译,上海:上海三联书店、上海人民出版社1995年版。

③ 参阅 Andrew Heywood, "Behaviouralism", *Key Concepts in Politics*, New York: St. Martin's Press, 2000, pp.85-86。

④ 参阅 S. Sidney Ulmer (ed), *Introductory Readings in Political Behavior*, Chicago: Rand Mcnally & Company, 1961, p.8。

注重量化数据的收集调查、统计分析和经验理论模型的建设,极力倡导观察的客观性及"度量"(measurement)的可靠性。行为主义者严格区分"规范问题"(moral problems)和"经验问题"(empirical problems)。为了保证研究结果的客观性和可靠性,他们强调政治学研究要做到价值中立(value-free)。在他们看来,一切缺乏经验资料支持的命题都只能当作假设(hypothesis),而不能当作结论。经过经验的检验后,得到证实或证伪的结论才能成为确实的知识。

今天,行为主义政治学已经衰落了,但是,它所倡导的行为研究和分析、政治科学研究的原则以及在个体政治行为研究(政治社会化研究)、团体行为研究(如博弈理论、决策论等)和具体政治行为研究(选举、投票、暴力、革命)等方面所取得的成果仍然被广泛认可和采用。

焦点讨论:人们会为共同利益而采取集体行动吗?

一般认为,单独的个人为他们的个人利益而行事,由共同利益的个人所组成的集团也会为他们的共同利益而行事,从而增进共同利益,促进整个集团的发展。这种理论一直被工会理论、阶级斗争理论、经济学研究和压力集团研究所广泛接受和采纳。这种理论的一个基本假设在于:一个集团为增进其共同利益或实现其共同目标会采取集体行动;集团之所以会采取集体行动,是因为集团的每个成员都具有个人利益,维护个人利益的动机是人们采取集体行动的动力。

美国马里兰大学经济系教授曼瑟尔·奥尔森(Mancur Olson)以研究公共选择理论即集体行动理论而著称。他1965年出版《集体行动的逻辑》,以期揭示社会生活中集体行动的动力和规律。在该书中,他着重阐述了组织的规模与成员为组织的共同利益而采取集体行动的积极性和可能性之间的关系。

奥尔森认为,上述理论假设是不成立的。他在研究中表明,在一个集团范围内,由于集团收益是公共性的,所以每个成员普遍存在"搭便车"而坐享其成的行为倾向。集团越大,分享收益的人越多,为实现集体利益而进行活动的个人分享的份额就越小,因而,为集团的共同利益而采取行动的可能性就越小。大集团由于规模大,成员多,实现"赏罚分明"的成本高,从而造成集团利益随着集团规模的扩大而难以实现、集团行动陷于困境、集团难以为继走向衰落的逻辑。相反,小集团由于规模小,成员人数少,其成员一旦为集团利益而行动,从中获得的收益超过付出的成本,因而更具凝聚力,更容易组织集体行动,更具活力和创造力。

奥尔森的研究就是政治行为研究的一个典型范例。他回答了集体行动的可能性和一般条件。他的研究给我们提供了如下的结论:

(1) 集团的规模与集体行动的可能性成反比:小集团比大集团更易于实现共同目标;小集团比大集团更具凝聚力、生命力和有效性。

(2) 在组织制度中,小集团的行动更加果断,更能有效地运用其资源,所以,"当你期待行动时,委员会应该小一些;当你希望听取观点时,委员会就应该相对大一些"。

(3) 集团组织规模与组织行为之间关系的理论可以解释许多现象:企业的成长与衰落以及大国的兴衰。在一个企业中,股东的数量是企业成功与否的决定性因素。在人类社会发展中,大国走向衰落也是集体行动逻辑的必然结果。

(参阅曼瑟尔·奥尔森:《集体行动的逻辑》,陈郁、郭宇峰、李崇新译,上海:上海三联书店、上海人民出版社 1995 年版。)

二、政治行为实施的途径和方式

普遍的匮乏使人们必须通过竞争来获取资源。市场是组织这种竞争的一个重要渠道和方式。政治被认为是另外一种重要的途径和机制。在社会生活中,人们就是通过市场和政治这两种方式来实现资源分配以满足自己需求的。

然而,作为资源分配的一种方式,政治活动与建立在自愿交换基础上的市场活动不大相同。后者建立在自愿协议的基础之上,贯彻的是自愿交换和自由竞争的原则,而前者采用的是具有强制力的政治规则。

在政治领域,人们追求的目标虽然与他们作为一个消费者、生产者和其他服务供应商所追求的目标相类似,但必须以选民、政治家、公务员(官僚)等身份来采取行动,并遵守既定的政治规则。政治规则对于政治行为之所以至关重要,是因为它规定了谁可以得到什么和如何得到——谁可以投票?

谁可以参与竞选？谁可以参与资源的管理？谁可以分享什么资源和分享多少资源？等等。

政治行为的实施需要遵循各种政治规则，而国家宪法则是政治行为规则最主要的依据和来源。宪法作为一国的根本大法，是有关不同权利、权力和程序的一系列规定，它规定了公共权威内部及公共权威与公民之间的结构和相互关系。① 一般来说，宪法包括国家的组成、公共权力的结构和界限、公民权利的保障三方面内容，它从两个方面确立了政治游戏的规则：(1)明确规定了公民权利以及行使权利的方式和途径，(2)设置法律以统治统治者(govern the governors)②，规定公共权力的行使方式和途径。

焦点讨论：宪法的性质和作用

按照通常的用法，宪法是一个国家为社会治理设立基本规则的书面文件。在政治学的研究中，人们也在更为广泛的意义上界定和使用这个词：宪法是一套规则和习惯，不论是成文的还是不成文的、法定的还是超法的，它是政府处理事务的依据。根据这种定义，所有的国家都有宪法。因为每个国家都根据某一套规则行事。英国没有成文宪法，但习惯、法律、先例以及传统等是如此强大，以致英国政府认为它自己受到经过几个世纪发展出来的实践的制约。

在现代世界，几乎每个国家都有成文宪法。它规定了政府的形式、机构制度以及各种限制，还设立了平衡多数和少数利益的指导原则。美国宪法很短，只有7条正文，其中多数是关于各个政府部门的权力设置，以及26条修正案。相反，许多二战以后独立的新兴国家采用了相当详尽的宪法。战后日本的宪法是由美国军事政府起草的，其中分别列举了个人权利和义务的部分，不少于40项。德国宪法的第一部分(基本法)也列举了一长串权利，不仅包括基本权利，如法律上和政治上的自由，而且包括一大堆社会和经济保障，包括对教育系统的国家监督和对经济的公共控制。

---

① D. Robertson, *The Penguin Dictionary of Politics*, Harmondsworth: Penguins, 1985.
② L. Watson, "The Constitution", in *Politics in Australia*, ed. R. Smith and L. Watson, North Sydney: Allen & Unwin, 1989, pp. 51-64.

如果早先建立的国家如英国可以用不成文宪法来治理,像美国这样的国家可以按照非常概括的宪法运转,那么为什么几乎每一个新近成立的国家都需要成文宪法,而且需要非常详尽的宪法呢?

宪法是社会的基本法律,它意味着不能轻易改动。它像一个标尺,被用来衡量政府或人民的活动。法律可以经常更改,但宪法不能轻易改动。在瑞典,宪法的修正案必须得到经过普选的连续两届议会的通过。在美国修改宪法更为困难,最普通的程序是参众两院2/3的多数通过,然后得到3/4州议会的批准。美国宪法自1791年采用权利法案以来至今只修改了16次,这反映了修改程序的难度。例如,1983年平等权利法案未获通过,因为没有得到3/4州议会的赞同。

宪法的目的是:表述国家的目标;形成政府的结构;确立政府的合法性。(参阅迈克尔·罗斯金、罗伯特·科德、詹姆斯·梅代罗斯、沃尔特·琼斯:《政治科学》,林震、王锋、范贤睿等译,北京:华夏出版社2001年版,第51—52页。)

1. 政治管理行为(political management)

广义而言,所谓政治管理行为,就是公共权力机关和政府官员(包括政治家和公务员)通过公共权力体系实现社会资源管理的全部活动。具体地讲,政治管理行为的主体是由国家权力主体及其延伸而构成的政权体系,包括各类权力机关、组织和管理人员;政治管理行为的目的是保证社会政治生活的正常运行,实现社会公共资源的权威性分配;政治管理行为的方式是自上而下地、自觉地进行约束或协调;政治管理行为的客体是国家内部的全体社会成员。①

政治管理行为是管理者对于政治生活进行调节和控制的活动。政府制定资源管理和分配规则,并组织监督和实施。从这个意义上说,政府政治活动的全部内容就是围绕社会资源管理而展开的。在政府政治中,政治、行政、法律、经济等手段是实施政治管理的主要手段。

---

① 参阅王浦劬主编:《政治学基础》关于"政治管理"部分,北京:北京大学出版社1995年版。

在现代国家,政府实施政治管理通常根据社会事务和社会资源的不同性质采用不同的手段和方式:

(1) 对于不损害社会利益的私人事务,采用"自由放任"的方式;

(2) 对于不损害社会利益的团体事务,采用"自我管理"的方式;

(3) 对于涉及整个社会利益的公共事务,采用"民主管理"的方式。

在管理过程中,对于私人事务和团体事务,一般采用市场制度,通过市场机制实现社会资源的合理配置;对于社会公共事务,一般依照公共事务的不同性质,分别采用宪法、法律和政策手段来实现资源的管理和分配。①

2. 政治参与行为(political participation)

政治参与行为就是个人或个人组成的集体影响公益或公共资源分配的活动。政治参与的主体是普通公民以及普通公民所组成的各类组织和团体。政治参与的目的是力图影响社会资源分配,在实际生活中,有的人或组织仅仅是为了表达对资源分配的不满;有的人或组织则是为了争取更加有利的资源分配结果;有的人或组织是希望建立更加公正合理的分配方式。政治参与的方式是多种多样的,有的采用合法的方式,有的采用非法的方式。在现代社会中,积极的政治参与被认为是民主政治的一个标志。

政治参与的途径和方式多种多样,目前,被公认的主要途径包括:

(1) 投票(voting)

投票是公民个人在竞争性的政策或候选人之间或在其他有争议的政治问题面前表示其政治偏好或政治态度的一种政治行为方式。投票的方法很多,可以通过声音来表达,可以通过手势来表达,可以通过书面表达,还可以通过电子信号来表达。

在现代政治生活中,投票应用于广泛的领域,可能被应用在选举、罢免、复决等各种不同的政治过程中。它是公民行使民主权利、表达政治意愿的重要途径。

---

① 对于可变性极小的事务一般采用宪法或宪法性法律来管理;对于可变性一般的事务,由一般法律和法规来管理;对于可变性较强的事务,则由政策来管理。前两种管理合称为"法律治国",后一种管理称为"政策治国"。参阅毛寿龙:《政治社会学》,北京:中国社会科学出版社2001年版,第344—345页。

(2) 选举(election)

选举是指各类政治组织(政府组织和非政府组织)依照一定的程序和规则,由全部或部分成员通过投票方式选择管理或领导人员的一种政治过程。选举活动是一个复杂的过程,除了投票行为外,还包括政治捐助、组织选民、政治宣传及其他影响选举过程或结果的活动。

选举是公民享有的重要的政治权利之一,是公民实现政治参与的最重要的机制。到目前为止,形成了不同的选举制度。选举制度是主导选举的一套规则,选举制度所确定的内容包括:(1)哪些职位需要选举;(2)什么人有选举的权利。

目前选举权在各国普遍扩展到 18 岁以上的公民。但是,普遍选举权的实施是近期的事情。妇女选举权是二战以后才实现的。在瑞士、葡萄牙和西班牙,妇女在 20 世纪 70 年代才得到选举权。在美国,60 年代中期以前,一直推行投票纳税和识字考试制度,以限制南方黑人投票。

然而,普遍的选举权并不能保证百分之百的投票率。从西方国家选举历史来看,各国公民的投票率并不一致。1988 年美国总统选举中,投票人数只占投票适龄人数的 50.1%,是自 1932 年以来的最低点(见下表)。在其他西方国家,投票率大体超过 80%。在澳大利亚、比利时和希腊,投票率可以达到 90%。

美国总统选举公众参与率(1932—2000)

年份	选民人数(百万)	投票人数(百万)	选民投票率(%)
1932	75.8	39.7	52.4
1936	80.2	45.6	56.0
1940	84.7	49.9	58.9
1944	85.7	48.0	56.0
1948	95.6	48.8	51.1
1952	99.9	61.6	61.6
1956	104.5	62.0	59.3
1960	109.7	68.8	62.8
1964	114.1	70.6	61.9
1968	120.3	73.2	60.9
1972	140.8	77.6	55.1
1976	152.3	81.6	53.6
1980	164.6	86.5	52.6

（续　表）

年份	选民人数(百万)	投票人数(百万)	选民投票率(%)
1984	174.5	92.7	53.1
1988	182.8	91.6	50.1
1992	187.0	104.6	55.9
1996	193.7	105.0	54.2
2000	202.6	111.0	54.8

资料来源：

* 1932—1992年的数据来自 Norman C. Thomas, Joseph A. Pika, Richard A. Watson, *The Politics of the Presidency*, Washington, D. C.: Congressional Quarterly Inc. 1994, p. 85。

* 由于出版时间不同，1996年的数据来自 Nelson W. Polsby and Aaron Wildavsky, *Presidential Elections: Strategies and Structures of American Politics*, New York, London: Chatham House Publishers, 2000, p. 331。

* 2000年的统计数据来自"Voting and Registration in the Election of November 2000", U.S. Department of Commerce Economics and Statistics Administration, U.S. CENSUS BUREAU。

（3）结社(association)

结社是指公民为了共同目的或相同的利益而结成社会组织的活动。结社活动包括参加政党活动和参加社团活动。结社被各国宪法规定为公民享有的自由权利。

（4）集会(assemblage)

集会就是公民为了共同目的临时聚集举行会议，联合表明政治观点，向政府提出某种支持或者要求的活动。集会也被认为是公民实现政治参与的重要权利和方式。

（5）请愿(petition)

请愿是公民向国家权力机关(政府)表达自己意愿的行为。各国法律对请愿的内容、方法都做了规定。游行示威在当今世界大多数国家都是政治请愿的重要方式。

（6）发表言论(speech)

发表言论是公民通过语言文字阐述自己政治主张和政治见解的行为。言论自由被认为是公民的基本权利。现代社会公民通过发表言论实现政治参与主要是通过大众传播工具而形成公共舆论去影响政府决策。

那么公共舆论是如何分布的？政治学通过民意调查形成了公共舆论分布曲线的理论。下图表示三种典型的舆论分布曲线①。

典型的公共舆论曲线图示

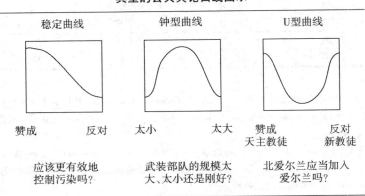

（7）游说（lobbying）

游说是公民谋求个人或集团利益而接触并说服政府官员的行为。游说被认为是西方国家利益集团政治参与的主要方式和途径。在那里，游说活动又被称为"院外活动"，指个人或团体通过与议员、官僚和行政领导人进行接触，试图通过说服、公共关系等形式影响决策者决策的活动。院外活动往往是由某一财团所雇用的说客来进行的，这些说客主要是一些熟悉政府运作程序的前议员或前行政官吏。

（8）政治冷漠（political apathy）

政治冷漠表示公民的不参与行为，它是公民对来自政府部门或其他组织机构的政治决策、政治动员不予理睬的行为。政治冷漠属于公民的消极参与类型，它是公民消极政治态度在行为上的表现。政治冷漠虽然表明了公民不关心和不卷入政治的态度，但在一定条件下有可能发展为政治不服从，甚至导致政治反抗。

（9）其他

罢工、游行、示威、静坐等也是政治参与的手段和方式。因为这些手段和方式的使用可能较大地影响社会正常秩序，所以，许多国家在宪法和法律

---

① 参阅迈克尔·罗斯金、罗伯特·科德、詹姆斯·梅代罗斯、沃尔特·琼斯：《政治科学》，林震、王锋、范贤睿等译，北京：华夏出版社2001年版，第158页。

中对此都做了明确规定。

三、政治行为的现代性转化

第二次世界大战以后,随着新兴国家的建立,政治学开始研究传统社会向现代社会的转变过程,从而形成所谓的"现代化理论"(modernization theory)。依据现代化理论的观点,传统社会与现代社会的区别主要体现为人们价值观念、社会态度、社会规范、政治制度等方面的差别。从广义的角度讲,这些差别可以归结为行为模式的差异。

行为模式是一个社会中人们处理社会关系比较持久的习惯性的方式,它是人们的价值观念、社会定位(对个人和他人的定位)、行动取向、行为方式的总称。传统社会与现代社会下人们行为模式的差别可以通过以下五组变量来做出分析和考察①:

(1) 情感倾向性(affectivity)/情感中立性(affective neutrality);
(2) 自我倾向性(self-orientation)/集体倾向性(collective orientation);
(3) 特殊倾向性(particularism)/普遍倾向性(universalism);
(4) 社会归属倾向性(ascription)/社会成就倾向性(achievement);
(5) 扩散性(diffuseness) / 精确性(specificity)。

"情感倾向性/情感中立性"变量主要考察一个社会的成员对待事物的态度是出于个人情感,还是出于一种客观中立的认识。传统社会中的个人看待事物往往带有浓重的个人价值色彩,从个人感情出发来看待他人,具有明显的个人情感倾向性。在这种倾向下,事物不好则坏,不对就错,非此即彼,总是处于二元对立之中。在现代社会,人们则倾向于从情感中立的立场看待事物,理解他人;各种制度也采取价值和利益中立的立场,按规则行事。

"自我倾向性/集体倾向性"变量主要考察社会成员的个人行为是个人定向还是集体定向。在传统社会中,由于缺乏足够的集体认同,人们一般我行我素,缺乏公益心,遵守传统规则主要源于害怕惩罚和免受耻辱。人们较少关心公共事务和社会利益,除非与他们个人或家庭的当前需求直接相关。

---

① 参阅 Monte Palmer, *Dilemmas of Political Development*, Itasca, Illinois: F. E. Peacock Publishers, Inc., 1980, p.39。

在现代社会,人们一般认同公共秩序和利益,遵守公共规则,即使在无人监视之下,人们也关心公共事务,愿意为公益而做出必要的牺牲。

"特殊倾向性/普遍倾向性"变量用来考察各种行为规则是普遍的还是特殊的,人们倾向于期待公平对待还是特殊照顾。在传统社会中,每个家庭、部落、教会、种族集团或阶级的成员,根据自然属性(如出身、血统、性别等),均具有特殊身份,需要特别对待;而且,社会成员也期望自己能够受到个别的和特殊的关照。而在现代社会中,所有个人适用于统一的规则,实现法律面前的人人平等。

"社会归属倾向性/社会成就倾向性"变量用来考察一个社会对其成员的评价是建立在先天的社会属性的基础上,还是建立在他所显示的个人能力和成就的基础上。传统社会一般倾向于根据一个人的身份、从属性等先天因素来评价人。一个人因为年龄、性别、血统或其他先天的关系,不需要展示其才能,就可以赢得信赖,或者被认为具有某种超然力量。在现代社会,赢得某种身份,拥有某种威望,必须以展示个人能力为基础,个人成就决定社会评价。

"扩散性/精确性"变量用来衡量一个社会中人们的互动行为是以习惯和常规来约束,还是以精确的规则来管制。传统社会下,由于受血统和习俗的主导,行为规则模糊笼统,个人义务和关系没有明确界定,人们根据以往的风俗习惯办事,"八九不离十",缺乏对事务的精确判断和具体细致的把握。在现代社会,现代法律和契约体系的本质要求凡事认真具体精确,人们之间的种种责任和义务被准确界定,并通过法律变成文化。

下表概括显示了传统社会和现代社会人们行为模式不同方面的特点以及社会、政治、经济和文化差异。

现代社会与传统社会比较[①]

现代社会	传统社会
1. 主要社会形态(Representative Social Typologies)	
情感中立型(affective neutrality)	情感倾向型(affectivity)
集体倾向型(collective orientation)	自我倾向型(self-orientation)

---

① 参阅 Monte Palmer, *Dilemmas of Political Development*, Itasca, Illinois: F. E. Peacock Publishers, Inc., 1980, p.40。

(续　表)

现代社会	传统社会
普遍倾向型(universalism)	特殊倾向型(particularism)
社会成就倾向型(achievement)	社会从属倾向型(ascription)
精确型(specificity)	扩散型(diffuseness)
契约型(contractual)	家庭主义型(familistic)
法理社会型(gesellschaft)	礼俗社会型(gemeinschaft)
有机结合型(organic solidarity)	机械结合型(mechanical solidarity)
2. 态度和行为模式(Attitude and Behavior Patterns)	
高度自我发展(high ego development)	低度自我发展(low ego development)
理性的科学推理(rational-scientific reasoning)	迷信(superstition)
其他定向(other directed)	传统定向(tradition directed)
高需求和期望值(high demand and expectation levels)	低需求和期望值(low demand and expectation levels)
高度评价人的意志和功绩(high evaluation of human volition and efficacy)	低度评价人的意志和功绩(low evaluation of human volition and efficacy)
高度认同感(high empathy)	低度认同感(low empathy)
对社会次要符号也有较强认同(strong identification with secondary symbols)	对社会次要符号较少认同(minimal identification with secondary symbols)
长远眼光(long range time perspective)	着眼眼前(short range time perspective)
公民高度责任感(high sense of civic responsibility)	公民低度责任感(low sense of civic responsibility)
高度创新性(high innovation)	最少创新(minimal innovation)
3. 自然和人口环境(Physical and Demographic Environment)	
高度城市化(high urbanization)	最小的城市化(minimal urbanization)
高识字率(high literacy rates)	最低识字率(minimal literacy rates)
低发病率(low disease rates)	高发病率(high disease rates)
低出生率(low berth rates)	高出生率(high berth rates)
低死亡率(low death rates)	高死亡率(high death rates)
自然灾害的低损害程度(low vulnerability to natural disaster)	自然灾害的高损害程度(high vulnerability to natural disaster)
4. 社会结构及社会分层(Social Structure and Social Stratification)	
单一家庭(nuclear families)	复合和前复合家庭(extended and preextended families)
高度差异性(high differentiation)	低度差异性(low differentiation)
高垂直迁移率(high vertical mobility)	低垂直迁移率(low vertical mobility)

(续 表)

现代社会	传统社会
高水平迁移率(high horizontal mobility)	低水平迁移率(low horizontal mobility)
5. 经济体系(Economic System)	
经济单位功能单一或功能有限,不同并独立于其他社会单位(unifunctional or limited-function units, clearly differentiated and autonomous from social units)	多功能的经济单位,很少有自主性,与其他社会单位难以区别(multifunctional units, poorly differentiated and possessing minimal autonomy from other social units)
工业主导(primarily industry)	种植和游牧业主导(primarily agrarian, nomadic)
高人均收入和消费(high per capita income and consumption)	低人均收入和消费(low per capita income and consumption)
高度的资本和生产过剩(high surplus capital and production)	低度的资本和生产过剩(low surplus capital and production)
良好的经济基础建设(well-developed economic infrastructures)	最低水准的基础建设(minimal infrastructure development)
6. 政治体系(Political System)	
功能单一或功能有限,不同并独立于其他社会单位结构(unifunctional or limited-function units, clearly differentiated and autonomous from social units)	多重功能,很少有独立性,与其他社会单位难以区别(multifunctional units, poorly differentiated and possessing minimal autonomy from other social units)
个人参与(individual participation)	共同参与(communal participation)
政治体系承担多种高度复杂的功能(numerous, highly complex functions performed by political system)	政治体系承担较少功能(few functions performed by political system)
7. 文化和媒体(Culture System)	
社会化在各社会层面均能实现(socialization both at primary and secondary level)	社会化仅限于家庭和同龄集团(socialization limited to primary family and peer groups)
信仰体系使价值和行为以成就和创新为指向(belief systems stress values and behavior conducive to achievement and innovation)	信仰体系使价值以社会从属和宿命论为指向(belief systems stress values conducive to ascription and fatalism)
参与性政治文化(participant political culture)	地域性政治文化(parochial political culture)

(续　表)

现代社会	传统社会
8. 媒体(Media System)	
广播(broadcast channels)	面对面的传播(face-to-face channels)
面向不同听众(heterogeneous audience)	面向主要集团的听众(primary-group audiences)
描述性内容(descriptive content)	说明性内容(prescriptive content)
专业化的信息资源(professional source)	等级化的信息资源(hierarchical source)

从发展眼光看，一个社会政治行为模式的形成完全是一个动态的过程。政治制度的变革、经济体系和社会结构的变化以及文化的变迁，都直接影响着人们政治行为模式的改变。在现代化过程中，由于社会分工和社会分化的发展加强、社会的开放、文化的传播、经济和贸易的发展、政治体系的变革，传统政治行为模式向现代模式的转变成为一种自然而又必然的过程。

现代政治发展给我们的提示是，一个"善治"的社会的根本在于通过制度化的途径合理规范各种政府政治行为和非政府政治行为。其中，市场制度(私人领域)、民主制度(政府政治领域)和各种自治制度(非政府政治领域)是现代社会生活最重要的制度。

【思考题】

1. 什么是政治行为？如何分析政治行为？
2. 行为主义政治学的意义是什么？
3. 宪法的地位和作用是什么？
4. 你认为一部好的宪法应该具有什么特征？
5. 政治参与及其方式和途径是什么？
6. 比较现代社会和传统社会政治行为的差异。
7. 阅读曼瑟尔·奥尔森《集体行动的逻辑》并阐释其理论意义。

【扩展阅读文献】

1. 迈克尔·罗斯金、罗伯特·科德、詹姆斯·梅代罗斯、沃尔特·琼斯：《政治科学》,林震、王锋、范贤睿等译,北京:华夏出版社2001年版。

2. 曼瑟尔·奥尔森:《集体行动的逻辑》,陈郁、郭宇峰、李崇新译,上海:上海三联书店、上海人民出版社1995年版。

3. 罗伯特·古丁、汉斯-迪特尔·克林格曼主编:《政治科学新手册》,钟开斌、王洛忠、任丙强等译,北京:生活·读书·新知三联书店2006年版。

4. 格林斯坦、波尔斯比编:《政治学手册精选》(上、下卷),竺乾威、周琪、胡君芳、储复耘译,北京:商务印书馆1996年版。

5. Steven A. Peterson, *Political Behavior: Patterns in Everyday Life*, Newbury Park, London, New Delhi: Sage Publications, 1990.

第十二讲

政治决策的制定与评估

在日常生活中,政治决策是如何做出的?它的制定和实施经过什么过程?如何评价一个政策?这是政治决策(political decision-making)分析所研究的重要问题。作为政治行为的互动过程,政治决策的最终结果和表现形式(输出)就是政府政策或公共政策(public policy)。了解政治决策程序,掌握政治决策方法,确立政策评价标准,对于深刻认识和正确参与政治过程具有重要的意义。

现代政策分析主要建立在以 H. 西蒙(H. Simon)为代表的理性决策模式和以林德布洛姆(Lindblom)为代表的渐进决策模式的基础之上。[①] 作为政治分析的重要途径和方法,政治决策分析提供了关于政治决策的程序和方法等系统的理论和研究成果。本讲主要围绕这些研究成果展开叙述。

核心问题:
▲ 政治决策分析的含义
▲ 政治决策分析的一般方法
▲ 政治决策的理论解释模式
▲ 政治决策的一般程序
▲ 政策评价的标准

一、决策、政策和政治决策分析

决策(decision-making)可以被理解为诸如个人、团体、商业机构或政府组织采取某种行动的计划。从字面意义来理解,决策包含两个方面的含义:

---

① 参阅 Rod Hague, Martin Harrop, Shaun Breslin, *Political Science: A Comparative Introduction*, New York: St. Martin's Press, 1992, p.398。

(1)作为一个动词概念,它可以被认为是一个过程,即计划的形成过程,所谓"做出决定";(2)作为一个名词概念,它也可以被认为是结果,即计划形成的最终方案。从行为学的一般意义讲,决策过程是一个计划、比较和选择的过程,所以,它是一个行为者自主行动的过程,如果行为者没有自主性,也就无从谈决策。对于个体行为者而言,决策的结果一般称为"决定"(decision);对于团体或组织机构而言,决策的结果一般被称作"决定"或"政策"(policy)。

基于"决策"和"政策"的密切关系,在政治研究中,人们有时候混合使用这两个概念。例如,当把"决策"视为一个过程的时候,也可能用"政策过程"来表述"决策"过程。严格地讲,"决策"和"政策"的意义各有侧重:"决策"更多强调的是计划的制订和形成过程;而"政策"通常强调的是形成的结果。如果说"政策过程"包含了政策的制定(形成)、执行、反馈和评估等过程,那么,"决策"过程更主要地侧重和对应于政策的制定(形成)过程。但是,在一般情况下,作为政治研究的方法和途径,决策分析也被等同于政策分析(policy analysis)。

政治决策分析存在着广义和狭义两种思路:狭义的思路可以被界定为政府政策过程分析或公共政策分析;广义的思路包括非政府政治组织(如政党和社团组织)的政策过程分析。在一般的政治学研究中,政治决策分析、政策分析和公共政策分析经常被混用于政府政策分析之中。从狭义的角度讲,如果不要求严格区分,我们也可以把它们看作同一种分析途径和方法的不同表述。

政治决策宏观分析的两种思路

政治决策分析 { 政府政治决策分析:分析就公共事务而形成的政策
非政府政治决策分析:分析就团体事务而形成的政策

政治决策分析建立在这样的假设之上,即政治过程可以被理解为决策形成(制定)、实施(执行)和反馈的过程。所以,一方面,分析政治决策的实际过程被看成认识政治生活的重要途径;另一方面,分析政治决策的实际过程也被看成实现决策合理化和科学化的重要条件。前一方面的分析可以显示:谁在政治过程中扮演什么角色?发挥多大影响?如何发挥作用?谁在政策制定和执行过程中采取了什么行为?为什么要采取这种行为?政策形成以后,对社会产生了什么影响?后一方面的工作可以揭示政策形成和执行过程的一般流程,总结科学决策的一般原则,因此,又被列入政策科学(policy science)的范畴。

政治决策分析把政府政策的制定和执行过程分解为三个不同的层面,即政治意向(intentions)、政治活动(actions)和政治结果(results)。在政治意向层面,政府政策过程表现为政府的立场或姿态,即政府承诺要做的事情;在政治活动层面,政府政策过程体现为政府行为,即政府采取的实际行动;在政治结果层面,政府政策过程反映了政府行为的结果,即政府对社会产生的作用。①

20世纪60—70年代,政治决策分析开始兴起并成为政治学一个非常突出的研究领域。政治决策分析努力回答两个方面的问题:(1)政治决策(政策)是如何做出的?(2)政治决策(政策)对于社会产生了什么影响?对于第一个问题的回答,政治决策分析形成了政策过程理论和政治决策形成理论;对于第二个问题的回答,政治决策分析形成了关于政策评估的一般理论。

二、决策过程分析理论

政治决策是一个复杂的过程。从政策选择的角度讲,它不仅涉及某一特定领域具有相同方向的连锁性决定,而且还可能涉及完全不同方向的决定。换句话说,它并不只是在同一方向的政策可能中做出选择,如A1-A2-A3……An,而是同时在不同方向的政策可能中做出选择,如A1-B2-C3……(A、B、C分别代表不同的政策方向);从决策起始的角度讲,它并不是以某一决定的做出为开始,而是以"决定前的决定"为开始,即所谓的"decision to make a decision"。这种"决定前的决定"来自对所面临的问题和解决途径的理解和认识,包括对所面临的问题应该做出什么决定(what)、如何做出(how)和什么时间(when)做出该决定等一系列"决定"。从决策运行的角度讲,决策做出并付诸实施以后,又会产生其他问题,要求做出其他决策或决定,这就涉及政策结果是否与政策意图相对称、政策是否令人满意、决策程序是否需要改进等一系列新问题。

---

① 参阅 Andrew Heywood, *Key Concepts in Politics*, New York: St. Martin's Press, 2000, p. 31.

为了简化这种复杂的决策过程,政治学的决策分析一般把决策过程分解为政策动议、政策预估、政策选择、政策实施、政策评估和政策总结 6 个阶段(如下表所示)。

决策过程及其特点①

决策过程和阶段	特点
政策动议(initiation)	引起对问题的注意与思考 确定问题的性质和解决问题的目标 设计可选择的方案 尝试探索解决问题的想法、要求和可能性
政策预估(estimation)	对解决问题的想法和要求做出调查 效果的科学试验 对可能结果的检测 形成方案轮廓 建立预期的实施标准和考察指标
政策选择(selection)	就可能的选择展开讨论 妥协、讨价还价和协调 减少关于选择的不确定性 综合意识形态和其他非理性因素来加以考虑 在不同选择之间做出决定 委派执行人员
政策实施(implementation)	制定实施规则、规定和指南 修改政策适应实际条件(如激励和资源条件) 将决策转化为可操作程序 确定方案目标、标准,包括实施时间表
政策评估(evaluation)	根据所建立的标准比较预期和实际运行状况 就实施过程中发现的差异委派责任
政策终结(termination)	确定成本、结果和收益 根据需要和要求做出改进 详细说明政策终止过程中产生的新问题

---

① 参阅 Garry D. Brewer and Peter deLeon, *The Foundations of Policy Analysis*, Illinois: The Dorsey Press, 1983, p. 20。

1. 政策动议

政策动议是决策的起始阶段。在此阶段,人们发现问题,并通过界定问题的性质和确定如何面对这些问题来形成政治议程。政策的发起可能来自政治体系的任何一个部分:政策可能产生于"上层",即来自政治领袖、议会议员、政府机关等,也可能产生于"下层",即来自公共舆论、大众媒体、政党、利益团体和"思想库"的压力。① 在政策动议阶段,来自"上层"的政治领导人一般利用其个人看法或执政党的意识形态取向实现政治动员以获得社会支持。他们一般借用某些领域的哲学家、思想家和学界的理论思想,形成某种政策性意向。来自"下层"的组织和团体,通过利益表达的渠道,形成某种共识。政策分析理论表明,越是民主化和多元化的政治体系,来自"下层"的政策动议压力越是重要。从这个意义上说,民主意味着政策动议主要来自"下层"而不是"上层"。

2. 政策预估

政策预估是对政策动议阶段形成的可选方案的风险、成本、收益做出预先评价的过程。这个阶段的工作强调经验性、科学性和客观性,以便确定备选方案的各种可能和后果。在这个阶段,政策建议或提案不仅得到来自科学技术方面的检测和预估(成本—收益分析、统计分析和计算机模型是通常使用的手段),而且要引入既有的规范理论标准,分析其在道德方面的得失。政策预估阶段的主要角色是各类政策专家和专业人员。

3. 政策选择

政策选择是决策最终的形成阶段。在政策动议阶段,可能会提出许多不同的可选方案和建议,经过政策预估,这些方案和建议得到初步的综合性评价,从而形成可供决策者选择的政策提案,政治决策者在这些不同的方案或提案之中做出最终选择。在此阶段,参与决策过程的行为者的范围有所缩小。如果在政策动议阶段,政党、社会团体等各类政治社会力量广泛参与,还可以发挥重要作用,那么,政策的选择和形成基本上是政府的"内部"

---

① 参阅 Andrew Heywood, *Politics*, New York:Palgrave, 2002, pp. 404-406。

(政府官员、政策顾问、政治家和咨询专家)工作。在政策选择过程中,政府官员(官僚/公务员和政治家)发挥重要的作用。他们可能利用职务之便,对政策形成产生不适当的影响。因此,许多理论认为,政府官员往往使最早的政策方案"变味",例如,公共选择(public choice)理论家认为,政策一般倾向于反映官僚(公务员)的职业利益;马克思主义者也指出,高级公务人员会由于其社会和教育背景而使一种激进的政策选择方案大打折扣。①

4. 政策实施

政策实施是已选政策方案的执行阶段。在这个阶段,政策被分解为各种规则、方法和程序,并通过政府行政体系得到贯彻。② 在政策实施过程中,保证政策执行不偏离政策制定的初衷是政策分析的一个核心问题。一般来说,政策得到"完美实施"的条件包括:

(1) 具有绝对权威的单一行政体系确保中央控制;
(2) 统一的执行标准和规则;
(3) 对于绝对控制的绝对服从;
(4) 完美的信息沟通和协调;
(5) 充裕的时间以便动员各种行政资源。③

在实际生活中,这种完美的条件不可能具备,所以,政策意图和实施效果之间总是存在差距。实际上,中央控制和严格的服从不仅是不可能的,而且也是不受欢迎的。即使在民主合法化模式下制定的政策,其执行者(公务员、地方政府官员、教师、医生、警察等)也会对政策实施有自己的理解。这就导致了强调给政策执行者以灵活性和判断力的政策分析传统。这与强调自上而下的统一和控制的政策实施观点形成了鲜明的对照。常言道,"上有政策,下有对策"。现在,人们普遍承认,中央控制和政策应用之间存

---

① 参阅 Andrew Heywood, *Politics*, New York: Palgrave, 2002, p.407。
② 传统上说,人们把"政治"(politics)与"行政"(administration)区别开来,认为"决策"属于政治范畴,而政策的实施和执行属于行政范畴,是政府行政系统的主要任务(参阅 F. J. 古德诺:《政治与行政》,王元译,北京:华夏出版社1987年版)。但是,"新公共管理"对此提出了异议,他们主张至少有些政府政策的实施通过市场和社会组织可能更加有效。
③ 参阅 C. C. Hood, *The Limits of Administration*, London: John Wiley, 1976。

在着交易或折中(tradeoff),这是政策实施领域的一个主要困境。①

尽管政策实施和政策意图之间的差距是必然的,而且政策执行者的灵活性也是必要的,但是,政策分析理论依然较多地关心政策应用灵活性所具有的危险。正如公共选择理论所指出的,灵活性可能成为某些政府官员保护自身利益的借口,使之对于看起来威胁自身利益的公共政策进行过滤或重新解释。

决策分析理论显示,政策执行偏离政策意图的原因是多方面的:(1)政策执行需要一定的灵活性;(2)执行者从保护自身利益出发过滤公共政策;(3)政策实施过程中缺乏来自下层的压力。从第(3)种原因来看,政策实施的偏差主要不在于来自上层的控制不够,而在于来自下层(即公共产品的消费者)的压力不足。政策实施较差的领域,特别是政府提供公共服务的领域,政策不到位的原因主要在于政府不仅从外部操纵着市场机制,而且,政府本身又是一个垄断性"产品"的供应商。公务人员、地方政府官员和其他的公共服务人员一般不像私人商业部门,他们之所以普遍缺乏热情和效率,是因为并不需要让消费者感到满意。

基于上述原因,新公共管理理论(new public management)倡导由私人机构来承担公共服务的责任,主张通过私有化、外包协议和市场试验等多种途径分解政策实施中行政体系的任务和职能。他们的主张不仅有利于提高公共服务的效率和效力,而且有助于降低公共成本。

5. 政策评估

政策评估是政策实施以后对政策实施的状况、过程、结果做出全面评价的阶段。通过评估,可以决定该政策是继续保持,还是做出修改,抑或终止。政策评价主要考察公共政策的适应性和有效性,显示决策程序中存在的问题。政策评估可以提供反馈信息,使这些反馈信息及时回到政策动议和政策形成阶段,从而形成新的政策方案,以便改进现有政策。

6. 政策终结

政策终结也是政策实施的总结阶段。在此阶段,那些失效的、多余的、

---

① 参阅 S. Barrett and C. Fudge, *Policy and Action*, London: Methuen, 1981。

过时的或不必要的政策、方案或组织将得到调整。

也有人把上述决策过程分为四个阶段(如下图所示),即政策动议、政策形成(包括政策预估和政策选择)、政策实施和政策评估(包括政策终结)。① 无论是4个阶段,还是6个阶段,它们都描述了决策过程的完整流程。这种流程式分解对于保证决策的合理化和科学化也具有重要意义。

4 阶段决策过程示意图

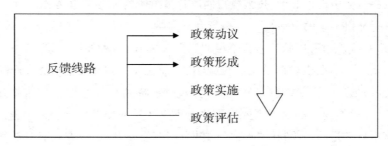

三、决策形成理论

决策是如何做出和形成的?这是政治决策分析的核心问题。毫无疑问,个人和团体、小型团体和大型组织具有不同的决策方式。政治决策分析就决策方式形成了一些不同的理论,其中最主要的包括:理性决策模式(rational actor models)、渐进决策模式(incremental models)、官僚组织模式(bureaucratic organization models)和信仰体系模式(belief system models)。②

1. 理性决策模式

"理性决策模式"建立在经济理论的基础之上,功利主义是它的主要思想来源。功利主义经济学说强调人是理性的动物,趋利避害是人的本性,人的行为动机就是获得最大的功利,避免最大的祸患。功利主义的这一思想为公共选择理论奠定了基础,同时又经过决策理论家(如安东尼·唐斯)的

---

① 参阅 Andrew Heywood,*Politics*,New York:Palgrave,2002,pp.404-410。
② 参阅 Andrew Heywood,*Politics*,New York:Palgrave,2002,pp.400-404。

发展①,被"新右派"所广泛采纳。

"经济人"(economic man)是"理性决策模式"的核心概念。根据这一概念,自利和追求物质利益的最大化是人的本性。基于这一概念,决策可以被分解为以下过程:

(1)界定问题的性质;

(2)根据个人偏爱的顺序确定行为目标;

(3)依照有效性(effectiveness)、可靠性(reliability)和成本(costs)等标准对实现目标的可选手段做出评价;

(4)选择最有利于实现理想目标的手段或方式来采取行动。

"理性决策模式"假设有明确的目标存在,而且人总是能够通过理性的选择实现这些目标。另外,"理性决策模式"认为,人类行为具有相似性,人们可以在不同的行为之间做出比较,根据不同行为所带来的满意度(快乐或幸福程度)做出选择。商业领域使用成本效益分析所形成的决策就是最好的例证。

"理性决策模式"对解释为什么人们选择决策 A 而不是选择决策 B 提供了很好的说明。不足在于:(1)它对于个人决策行为具有很好的解释力,因为个人具有明确的偏爱顺序,很容易在 ABCD 的不同选项中做出决定。但对于团体来说,往往存在许多相互冲突的目标,在这种情况下,理性决策只能在高度集权和严格控制的组织中得到一定程度的应用。(2)在实践中,决策经常在信息不充分或信息不准确的条件下做出,这样就无法对不同行为的受益程度做出比较。例如,人们很难对提高税收和减少健康保障这两种政策成本进行比较。面对这样的难题,"理性决策模式"也失去了解释力。正由于此,赫伯特·西蒙(Herbert Simon)才发展出一种新的"有限理性"(bounded rationality)决策模式②。(3)它强调功利计算,却忽视了人的价值观念、信仰和意识形态等因素对于决策的影响。

---

① 参阅 Anthony Downs, *An Economic Theory of Democracy*, New York: Harper & Row, 1957。

② 参阅 Herbert Simon, *Models of Bounded Rationality*, Vol. 2, Cambridge, MA: MIT Press, 1983。

2. 渐进决策模式

渐进决策模式又被称为"渐进调适的科学"(science of muddling through)①。该理论认为,在实践过程中,决策时信息不充分和对问题的理解不够,使决策者不可能去追求大胆而有创新的行动。所以,决策实际上是一个不断探索的过程:由于缺乏高远的目标和明确的目的,决策者倾向于在现有的模式和架构下运作整个体系,一般只是根据先前的政策反馈信息做出适当的调整。在遇到问题的时候,决策者往往采用逃避策略:回避问题而不是力图解决问题。

渐进决策模式提供了关于决策状况的现实解释。它指出,决策实际上并不是根据明确的目标制定某种创新政策的行为,而是根据环境变化做出适当微调(small adjustment)的过程。渐进决策模式虽然揭示了决策的实际状况,但是,批评者依然认为,它是一种保守的模式,因为它为主张依靠政策惯性而反对政策创新的人提供了理由。其次,它对于那些激进的或革命性政策的产生失去了解释力。正由于此,有人提出一种混合理论,认为理性决策模式和渐进决策模式适应于决策的不同阶段:首先,决策者运用理性决策模式,根据已有目标的实现程度,广泛考察和评估所有可能的政策选择;然后,决策者运用渐进决策模式就所选政策的细节再做出仔细决定。② 例如,缩减公共开支这样的大政策,必然要与一系列相关领域的小的调整政策相配合。

3. 官僚组织模式

官僚组织模式实际上是"组织过程"(organizational process)模式和"官僚政治"(bureaucratic politics)模式的统称。理性决策模式和渐进决策模式都属于决策"黑箱"(Black box)理论,因为二者都没有注意到决策过程中组织结构可能会对决策结果产生影响。官僚模式或组织模式力图深入"黑箱"内部,揭示决策过程本身对于决策的影响程度。这种决策分析方法来

---

① 参阅 D. Braybrool and C. Lindblom, *A Strategy of Decision: Policy Evaluation as a Political Process*, New York: Collier Macmillan, 1963; C. Lindblom, "The Science of Muddling Through", *Public Administration Review*, Vol. 19, 1959, pp. 79-88。

② 参阅 Amitai Etzioni, "Mixed Scanning: A Third Approach to Decision Making", *Public Administration Review*, Vol. 27, 1967, pp. 385-392。

自格雷厄姆·艾力森(Graham Allison)。他在研究 1962 年美国和苏联"古巴导弹危机"期间的决策时提出了这两种决策模式的理论。①

"组织过程模式"强调大型组织中所存在的价值、设想及习惯的行为模式对于决策的影响。根据这种模式,决策可以被看成政府部门和机构所形成的不易改变的文化的反映。"官僚政治模式"强调追求各自利益的个人和机构之间的讨价还价对于决策的影响,这种模式理论认为,国家其实并不是一个观点和利益一致的整体,政府决策来自各方优势平衡经常变化的竞争舞台。②

上述模式关注决策的形成过程,是对理性模式和渐进模式的重要补充。但是它也有不足之处。首先,它忽视了来自上层的政治领袖对决策的影响。没有人能够否认政治领导人在政治决策过程中发挥着举足轻重的作用。此外,它们也没有充分注意来自决策者外部的经济、政治和意识形态等方面的压力所具有的作用。

4. 信仰体系模式

信仰体系模式强调决策过程中信仰和意识形态的作用,认为人的行为受到信仰和意识形态等观念因素的影响。在现实生活中,人采取什么样的行为方式和做出什么决定,取决于他如何理解和看待周围世界,进一步而言,取决于形成他对世界看法的概念和价值。只不过这一事实在很多情况下不被人们自觉认识而已。尽管决策者相信自己是理性而又公正的,但是,他们的社会和政治价值观念像一个过滤器,决定了他们对于什么可想、什么可能和什么可求等一系列问题的认识。没有过滤器这个过程和机制,决策者将被淹没在大量的信息之中而无所适从。③

从信仰和意识形态的角度出发解释决策形成过程的方法和理论最早兴起于 20 世纪 50—60 年代,在 70—80 年代得到进一步阐发。该理论认为,人的信仰体系构成呈现三个不同层面,它们对决策过程产生不同的影响。

信仰体系模式认为,信仰或信念体系在共同价值和偏好的基础上把人们

---

① 参阅 G. Allison, *Essence of Decision*, Boston: Little, Brown, 1971。
② 参阅 Andrew Heywood, *Politics*, New York: Palgrave, 2002, p. 402。
③ 参阅 K. Boulding, *The Image*, Ann Arbor: University of Michigan Press, 1956。

聚集在一起,起到了政治黏合剂的作用。当核心信仰体系与现实发生冲突的时候,人们首先会在次级信仰体系和辅助信仰体系层面做出调整。因此,政策的变化可以被理解为持有不同信仰体系的力量之间平衡变化的表现。①

四、决策评估理论

如何对政策做出评价?政治决策分析提出了所谓的"3E"理论,即效力(effective)、效率(efficient)和经济(economical)原则。从理论上说,一项好的政策,应该满足这三个条件。

所谓效力原则,要求政策的实施能够按照决策意图产生最大影响,能够尽可能实现政策目标。所谓效率原则,要求政策在尽可能短的时间内发挥最大效力,对社会产生作用。所谓经济原则,要求政策在最短时间内发挥最大效力的成本最低。

但是,在现实生活中,上述"3E"原则具有程度的差别。因此,一项政策的评价只能依照这三个方面进行综合考量。此外,政策评价的标准总是与人们对于一个理想社会(good society)的理解密切相关。而对于理想社会的理解又属于价值判断的范畴。所以,存在政策评价标准的差异和分歧是十分自然的。

一般而言,政治决策分析从稳定和秩序、经济繁荣和发展、公民权利和职责、民主规则四个方面为政策评价提供了标准。

1. 稳定和秩序

维护社会秩序的稳定是政府最基本的职责和功能,因此,能否保证社会秩序的稳定,被认为是政策评价的标准之一。但是,在实践当中,自由主义者和保守主义者可能对这一标准有不同的理解。自由主义把稳定的政府和稳定的社会秩序建立在社会共识和同意的基础之上,认为社会持久的稳定在于政府能够及时对社会的需求和压力做出响应,也即政府能够及时将不同的政策"输入"转化为政策"输出"。为此,需要建立一整套的政治竞争机制,以保

---

① 参阅 P. Sabatier, "An Advocacy Coalition Model of Policy Making and Change and the Role of Policy Orientated Learning Therein", *Policy Sciences*, Vol. 1, 1988, pp. 129-168。

证政府行为满足"3E"原则。保守主义将稳定和秩序与权威和权力联系起来,要求政府必须具有绝对的权威性,以保证社会不至于陷入无政府状态。

2. 经济繁荣和发展

促进经济繁荣和发展是当今政府的一项重要职责,所以,经济繁荣与发展成为政府政绩的一个重要来源,而经济成就成为人们评价政府及其政策的一个重要指标。从经济发展的角度评价政府政策一般包含两个方面的指标体系:(1)经济增长指标体系,这是坚持自由和市场为第一原则的自由主义者所倚重的评价指标;(2)社会分配指标体系,这是坚持将自由市场与社会平等相结合的各种社会福利主义、社会民主主义、市场社会主义者所倚重的评价指标。这两种指标体系既有一致性,也有矛盾性。

3. 公民权利和职责

公民是社会共同体的成员,促进和实现公民的权利和职责是政府的最终目的。从根本上说,一项好的政策应当有利于推动公民权利和职责的发展。但是,在如何推动公民权利和职责发展的问题上,决策分析理论也存在着分歧。权利政治学家(politics of rights)依据公民权利的一般理论,将公民权利分为(1)公民权利(civil rights),(2)政治权利(political rights),(3)社会权利(social rights)三个方面[1],认为实现和保障这些权利是政府政策的宗旨,也是政策评价的标准。公益政治学家(politics of common good)则从促进社区和共同体整体利益的角度出发,强调政策评价中公民职责的重要性。

4. 民主规则

以上三个方面的指标都是从政府结果的角度为政策提供了评价标准,而民主规则则从政府过程的角度为政策评价提供了标准。民主一般被理解为通过竞取选票获得权力以做出决策的一种手段或制度性安排,因此,民主

---

[1] "公民权利"指的是公民实现个人自由所必需的权利,包括思想言论自由、集会自由等权利,法律面前平等的权利和财产权利等。"政治权利"指的是公民参与政治生活的权利,包括投票权、选举权和被选举权、出任公共职务权等。"社会权利"指的是公民享有的保障社会地位、过一种文明生活、满足基本生活标准的权利。参阅 T. H. Marshall,"Citizenship and Social Class", in T. Marshall(ed.), *Sociology at the Crossroads*, London: Heinemann, 1950。

规则作为政策评价的标准,所关心的不是做出了什么决策(what),而是决策如何做出(how)。政府按照民主程序来制定政策,被视为现代政治的标志,因而,是否促进民主规则的应用和是否遵循民主规则来决策也被看成政策评价的一个标准。在民主规则的应用方面,也存在着参与制民主理论(participatory democracy)和代议制民主理论(representative democracy)的分歧。前者强调决策参与的广泛性(让尽可能多的人参与决策,保证民主的最大化),后者强调决策参与的有限性(针对不同的事务,由不同的人采用不同的方法参与决策)。

焦点讨论:政治决策理论模型分析

《布莱克维尔政治学百科全书》将决策(Decision making)定义为"选择一个可供贯彻执行的方案的过程。形成决策通常需要有一个决策者(做出最后选择的人)和一个决策机构(所有参与决策的人组成的小组、团体或政府)。他们通过分析信息、确定目标、提出各种方案、对这些方案做出评价、然后提出一个结论来对一个确定的问题做出反应"①。从这一定义出发,我们可以循着两条途径来研究政治决策,一是政治决策的过程,二是政治决策者。政治决策的过程是一个从公共问题的出现到政府反应的过程,这一过程的起点是问题开始引起公众的注意,终点则是公共政策的形成。② 而在政治决策过程中,决策者总是按照一定的标准来决定选择哪项政策。这一标准既可以是规范性的,也可以是经验的判断。但是,无论哪一种,都必须依赖人类的理性。由此,又可以延伸出政治决策分析的第三条途径,即政治决策的理性程度。由于政治决策不可能超越人类的理性,所以对于人类理性所持的各种假设也就会影响政治决策的分析。

迄今为止,大部分研究政治决策的学者都是基本上循着以上三条途径

---

① 邓正来主编:《布莱克维尔政治学百科全书》,北京:中国政法大学出版社1992年版,第185页。
② 关于决策过程与政策的关系,林德布洛姆是这样描述的:我们将把决策看作是一个非常复杂的分析和政治的过程,这一过程既无开端也无结尾,其界限极不确定。一些复杂的、我们称之为决策的力量,由于某种原因结合在一起,产生了被叫作"政策"的结果(查尔斯·林德布洛姆:《决策过程》,竺乾威、胡君芳译,上海:上海译文出版社1988年版,第5页)。

来研究政治决策分析的理论模型的。这三条途径也就是笔者对政治决策理论模型分析的分类标准。

关于决策理性的理论

理性决策分析模型

自19世纪以来,伴随着政治学科学化的趋势,在政治决策分析过程中,政治学家们试图将政治学发展成为一门像经济学一样精确的学科。于是政治学家们开始强调人的理性在政治学研究中的地位,甚至借用经济学中的"经济人"或"理性人"概念作为其理论假设。从这时起,用理性的观点和方法构建政治决策分析的理论模型就逐渐成为一种研究的基本倾向。正是在这种背景下,形成了"理性决策分析模型"。这一模型也被称作"科学主义的决策分析模型"。这种决策分析模型可以描述如下:

(1) 面临一个存在的问题;

(2) 确定目标或价值,并在头脑中将这些目标和价值排序或用其他方法加以组织;

(3) 列出所有可能达到目的的重要政策手段;

(4) 审查每次可供选择的政策会产生的所有重要后果;

(5) 根据所设定的目标,比较每项政策的后果;

(6) 选出其后果与目的最为相称的政策。[①]

这种"经典的理性决策模型"首要的一个假设条件就是决策者具有"全知理性",他知道所面临的问题是什么,也知道可供他选择的全部方案,而且这些方案通过决策者的理性分析,最终能够排出优先次序来。决策者在经过一番理性的分析之后,能够从所有可能的方案中得出一个解决问题的最优方案。但是,我们都知道,在政治实践中,决策者并不可能拥有对重大政治问题做出完全理性的决策所需的全部知识。即使决策者拥有这种"全知理性",也可能由于时间或其他因素的限制,无法最终选择一个最优的方案。

理性的政治决策模型受到了另外两种政治决策模型的挑战,一是赫伯

---

① 参阅查尔斯·林德布洛姆:《决策过程》,竺乾威、胡君芳译,上海:上海译文出版社1988年版,第19—20页。

特·西蒙的"有限理性决策分析模型",二是查尔斯·林德布洛姆的"渐进理性决策分析模型"。

有限理性决策分析模型

西蒙在对"理性决策分析模型"批评的基础上提出了"有限理性决策分析模型"。西蒙认为,人的理性并非全知全能的,而是有其自身理性限度的。他说,对理性行为理论进行分类的一个更重要的依据,在于它们对"给定条件"——既定的目标和既定的状况——所做的假定。一类理论把所有条件和约束都归于外在于理性活动者的环境;另一类理论则认定,作为信息处理者的决策者本身的局限性,就是非常重要的约束。"我们可以把那类考虑到活动者信息处理能力限度的理论,称为有限理性论。"①因此,"理性就是要用评价行为后果的某个价值体系,去选择令人满意的备选行为方案"②,而不是去追求最优、最大价值的所谓客观理性。

事实上,从西蒙的分析中我们可以看出,人的理性受到以下三个方面的限制。首先,理性的基础是个人所具有的知识,所以说理性必然受到个人知识能力的限制;其次,人类所处的客观世界是非常复杂的,任何人都不可能做到全知全能,理解全部行动结果与行动过程;最后,理性还要受到价值体系的限制,因为每个人的价值观都不可能完全一样,所以也就无法判断究竟什么样的决策才是最优的。正因为人类的理性受到这么多的限制,所以西蒙才认为决策的标准应当是"满意",而不应该是"最优"。

在"有限理性"的假设前提下,西蒙对"有限理性决策分析模型"进行了概括,大致包括以下内容:其一,决策并不是在广泛生活范围内做出的综合性抉择,一般地说,决策只涉及非常具体的特定事物;其二,在做一项具体决定时,可能不会仔仔细细地把未来可能状况搞清楚,并给想选择的各方案的未来可能状态制定好概率分布;其三,决策的所有方面不大可能体现在单一的综合性效用函数中,相反,决策的具体方面,将要求采用具体的价值考虑;其四,一旦积累了相关的事实材料,实际抉择可能只需很

---

① 赫伯特·西蒙:《现代决策理论的基石》,杨砾等译,北京:北京经济学院出版社 1989 年版,第 46 页。
② 西蒙:《管理行为——管理组织决策过程的研究》,杨砾、韩春立译,北京:北京经济学院出版社 1988 年版,第 74 页。

短时间就做出来了。①

渐进理性决策分析模型

"渐进理性决策分析"模型是由美国学者查尔斯·林德布洛姆于1959年发表的《"渐进调适"的科学》一文中提出来的,之后林德布洛姆又出版了一系列的著作来阐述这一理论模型。② 林德布洛姆认为,尽管"理性决策分析模型"所提出的科学化原则和优化决策的设想应当成为政治决策的目标,但是,理性决策分析存在着难以克服的局限性:首先,决策者并不是面对一个既定的问题,而是必须指认并明确说明他们的问题;其次,不充分的信息、时间限制、昂贵的分析代价将阻碍决策者的理性选择;第三,决策过程中随时面临确立目标或价值观的困难;最后,是人们对分析的抵制。③

为了解决这些难以克服的局限性,林德布洛姆主张以"渐进理性决策分析模型"取代"理性决策分析模型",另行开辟一条政治决策分析的途径。"渐进理性决策分析模型"所强调的不在于决策分析如何地充满了理性计算,而在于决策的各个参与主体能够通过政治互动和渐进调适来实现决策的动态平衡。

安德森对林德布洛姆的理论模型进行了如下的概述:

(1) 目的或目标的选择和为实现目标所采取的行动进行经验分析,二者是互相交织、密不可分的关系。

(2) 决策只是解决问题的种种可供选择方案的一部分。这些方案同现行政策只有量上(程度上)的差异。

(3) 对每一个可选择的方案来说,决策者只能对其可能产生的某些"重要"后果进行评价。

(4) 决策者所面临的问题经常被重新界定。渐进主义允许对目的—手段和手段—目的进行无限的调整,从而使问题比较容易得到处理。

---

① 赫伯特·西蒙:《现代决策理论的基石》,杨砾等译,北京:北京经济学院出版社1989年版,第117—122页。

② 参阅 C. E. Lindblom, "The Science of 'Muddling Through'", *Public Administration Review*, Vol. 19, 1959, pp. 78-88; D. Braybrooke and C. E. Lindblom, *A Strategy of Decision*, New York: Free Press,1964; C. E. Lindblom, *The Intelligence of Democracy*, New York: Free Press,1965。

③ 查尔斯·林德布洛姆:《决策过程》,竺乾威、胡君芳译,上海:上海译文出版社1988年版,第19—32页。

(5) 处理问题的决策和解决问题的"正确"方法并不是唯一的。考察一个决策的优劣并不要求所有分析者一致认为这一决策是否成为实现既定目标的最有效的手段,而是看他们是否直截了当地一致同意这一决策。

(6) 渐进的决策形成,从本质上来说,是补救性的。它更多地是为了改革当今具体的社会弊病,而不是为了提出未来社会的目标。①

在西蒙的"有限理性决策分析模型"和林德布洛姆的"渐进理性决策分析模型"提出之后,很多学者纷纷仿效他们的做法,从决策理性程度这一路径出发进一步研究政治决策。其中最为重要的模型有埃米依特·埃特奥尼的"混合扫描理论"②和 Y. 德罗尔的"综合决策模型"③。两者的出发点一样,都试图在保留理性政策模型和渐进主义政策模型各自优势的同时弥补其缺陷。有兴趣的读者可以去找他们的著作进行研究。

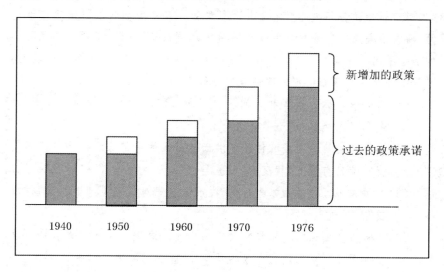

---

① 参阅詹姆斯·E.安德森:《公共决策》,唐亮译,北京:华夏出版社1990年版,第15—16页。

② 参阅 Etzioni, "Mixed-scanning: A 'Third' Approach to Decision-making", *Public Administration Review*, Vol. 27, 1967, pp. 385-392。

③ 参阅 Yehezkel Dror, *Public Policymaking Reexamined*, San Francisco: Chandler Publishing Co., 1968。

关于决策过程的理论

政治决策是一个政治行动过程。为了尽可能准确地描述这一过程,学者们设计了许多政治决策过程的分析模型,其中最为重要的是"政治系统决策模型"。

政治系统决策模型是美国政治学家戴维·伊斯顿于1979年在《政治生活的系统分析》一文中提出来的。根据伊斯顿的定义,政治系统是由一个社会中那些可以识别、同时又是相互关联的机构和活动所组成的体系,政治系统做出对社会具有约束力的权威性价值分配——这种由政治系统所做出的权威性价值分配在伊斯顿那里被定义为"政策":政治系统做出对社会具有约束力的权威性价值分配的过程就是政治决策的过程。有关该模型的图形化解释见本书第九讲。

"政治系统决策模型"的最突出之处在于认为政治系统是一个"黑箱"。尽管伊斯顿所提出的这一模型对于理解政治决策过程大有裨益,但是其最大的缺陷在于没能很好地说明决策是怎样在"黑箱"中做出来的。

关于决策者的理论

关于政治决策过程中各类决策者的不同作用以及他们之间的合作,林德布洛姆做了很好的概括:"在民主整体中,选民行使它们的权利来选择直接决策者,并寄希望于这些人来完成任务。一个利益集团的领导人同选民进行交换;他需要他们对他的注意,而他们则需要他的信息。政党领导人运用他们的权力将问题由多化少,以使选民面临的选择不至于非常复杂;他们知道如果选民要进行选举,就需要这种帮助。"[①]在政治决策过程中,至少有四类相互对立与合作的政治决策者,他们分别是:选民、直接决策者、利益集团、政党。由此可以衍生出政治决策分析的四种理论模型,分别对应于四类政治决策者。这四种模型是:公民决策模型、精英决策模型、利益集团决策

---

① 查尔斯·林德布洛姆:《决策过程》,竺乾威、胡君芳译,上海:上海译文出版社1988年版,第51页。

模型和政党决策模型。其中以精英决策模型和利益集团决策模型最为重要,也是学者关注最多的。

精英决策模型

对于"精英决策模型",最通俗的理解是:精英在政治决策过程中起主导作用。这一理论模型是托马斯·戴伊和哈蒙·齐格勒于1975年在《民主政治的讽刺》一文中提出来的。不过传统的精英理论很早就为这一决策模型提供了理论基础。精英理论早期代表人物有:莫斯卡、帕雷托和米歇尔斯。此外,作为行为主义学派的先驱者和重要代表人物之一的拉斯韦尔,同时也是精英理论的重要代表人物。拉斯韦尔说:"政治研究是对权势和权势人物的研究。……权势人物是在可以取得的价值中获取最多的那些人们。可望获取的价值可以分为尊重、收入、安全等类。取得价值最多的人是精英(elite);其余的人是群众。"[1] 由于政治精英垄断着社会价值的分配以及各种官职,故而在政治决策过程中,他们总是力求制定出为他们利益服务的政策。

精英决策理论模型的主要思想

1. 社会分化成掌权的少数人和无权的多数人。只有少部分人才有权为社会分配价值,而群众则不能决定公共政策。
2. 少数的统治者不是被统治的群众的代表,精英人物主要来自社会中社会经济地位较高的那个阶层。
3. 非精英人物向精英人物的转化必然是一个缓慢而又持续的过程,从而才能保持社会的稳定并避免发生革命。在非精英人物中,只有那些接受精英人物的一致意见的人,才被允许进入统治集团。
4. 在社会制度的基本价值观和维护这一社会制度方面,精英人物的看法是一致的。
5. 公共政策所反映的不是大众的要求,而是反映了精英人物的主要价值观,公共政策的变化将是渐进性的,而非革命性的。

---

[1] 哈罗德·D.拉斯韦尔:《政治学:谁得到什么?何时和如何得到?》,杨昌裕译,北京:商务印书馆1992年版,第3页。

> 6. 活跃的精英人物很少受麻木不仁的群众的直接影响。精英人物影响群众甚于群众对他的影响。
>
> (资料来源:Thomas R. Dye and Harmon Zeigler, *The Irony of Democracy: An Uncommon Introduction to American Politics*, Massachusetts: Wadsworth Co., 2009, p.6。)

利益集团决策模型

利益集团在现代民主社会中扮演着非常重要的角色,以至于在现代政治生活的方方面面都充斥着形形色色的利益集团。现代社会的一个重要特征就是多元化的趋势越来越明显,在这样一个多元的社会中,具有相同利益的个人或企业很容易结合起来成立利益集团。借助利益集团,个人或企业可以向政府提出各种政策诉求,这些政策诉求都将在一定程度上影响政府的政治决策过程。结果,由于各利益集团都出于自身利益向政府提出要求,最终的政策就成为各利益集团妥协的产物。这样一个政策形成的过程大致构成了"利益集团决策模型"。

最早提出这一模型的学者是厄尔·莱瑟姆(Earl Latham),他是这样表述公共政策的:"所谓公共政策,是指某一特定时间里团体间的争斗所达到的平衡,它体现了那些一直试图获取优势并相互竞争着的派系或团体之间出现的均势。"[1]也就是说,公共政策的形成完全是利益集团之间相互作用的后果,这种说法在现实中显然是缺乏根据的。如果这一结论成立的话,那么是否还需要政府呢?尽管在现代社会中,利益集团在政治决策过程中起着非常大的作用,但是其作用方式还是离不开政府。利益集团始终无法替代政府,因为政府官员虽然有私心,但政府无疑还是人民利益的最佳代表,而任何利益集团都只可能代表本集团内部成员的利益。所以,如果政治决策的过程完全为利益集团所掌握的话,那么整个社会将走向混乱。特别是当社会中某一强势利益集团成为主要的政治决策者时,那么整个社会将走向专制。

(这一"焦点讨论"由陈凌云撰写)

---

[1] 参阅 Earl Latham, *The Group Basis of Politics*, Ithaca: Cornell University Press, 1952。

【思考题】

1. 如何理解政治决策的含义？
2. 简要说明决策分析的一般方法。
3. 如何评价决策形成理论模式？
4. 如何进行政治决策过程分析？
5. 政策评价的标准和依据是什么？

【扩展阅读文献】

1. 贠杰、杨诚虎：《公共政策评估：理论与方法》，北京：中国社会科学出版社2006年版。

2. 加布里埃尔·A.阿尔蒙德、小G.宾厄姆·鲍威尔：《比较政治学：体系、过程和政策》，曹沛霖、郑世平、公婷、陈峰译，上海：上海译文出版社1987年版。

3. 查尔斯·林德布洛姆：《决策过程》，竺乾威、胡君芳译，上海：上海译文出版社1988年版。

4. 赫伯特·西蒙：《现代决策理论的基石》，杨砾等译，北京：北京经济学院出版社1989年版。

5. Andrew Heywood, *Politics*, New York：Palgrave, 2002.

6. Garry D. Brewer and Peter deLeon, *The Foundations of Policy Analysis*, Illinois：The Dorsey Press, 1983.

第十三讲

政治文化与政治社会化

如果我们做一个比喻,把政治体系分为"硬件"(hardware)和"软件"(software)两个部分,那么,各种制度化和结构化的政治组织、机构和规则,可以说是政治体系的"硬件"部分,而构成"软件"的东西则是政治文化(political culture)。犹如计算机运行需要软件/硬件相互兼容一样,政治文化也需要与政治制度相匹配。

政治文化属于政治社会的精神范畴,它是一个社会关于政治体系和政治问题的态度、信念、情绪和价值的总体倾向。[①] 正是由于政治文化与政治体系关系密切,所以,政治文化研究就成为政治体系研究的一个重要方面。既然政治文化反映了政治体系的特点,那么,研究政治文化的特征就成为研究政治的一个重要方法和途径。[②]

核心问题:

▲ 政治文化的含义
▲ 政治文化研究的角度和方法
▲ 政治文化的类型
▲ 政治社会化的意义和途径

一、文化与政治文化

文化(culture)有广义和狭义之分。从广义的角度讲,它可以被理解为

[①] 参阅 Alan R. Ball and B. Guy Peters, *Modern Politics & Government*, New York·London: Chatham House Publishers / Seven Bridges press, LLC, 2000, p. 68。

[②] 参阅: Gregory S. Mahler, *Comparative Politics: An Introduction and Cross-national Approach*, New Jersey: Prentice Hall, Englewood Cliffs, 1992, pp. 18-20。

"人文化",即英文中的"文明"(civilization)概念。社会学家和人类学家把"文化"和"自然"(nature)区别开来,未经"人文化"过程的客观世界,被看成"自然",即自己然也;经过"人文化"处理以后所形成的世界被称为"文化"的世界或"文明"的世界。所以,从广义上理解,文化就是"人文化"的过程和结果,它体现为"人的生活方式"[1],反映了人在与自然的相互关系中的生存方式,包括在"人文化"改造过程中所形成的一切物质的和非物质的"产品"(参阅第一讲关于政治学的学科定位和知识体系的内容)。

从狭义的角度讲,文化被理解为精神现象或精神产品,即英国人类学家泰勒(E. B. Taylor)在《原始文化》一书中所说的,"文化是一个复杂的总体,包括知识、信仰、道德、法律、风俗,以及人作为社会成员所获得的一切能力和习惯"[2]。从这一意义上说,文化是人们在改造自然过程中所积淀形成的对自然与社会的精神反映,即所谓的"精神文明"。

在文化的狭义概念当中,政治学研究关注更为狭窄的文化现象。政治学家侧重于研究一个社会中人们的政治心态,即人对社会政治的心理取向,以解释政治生活的种种现象。在政治学看来,人们对社会政治生活的认知、情感和评价,不仅决定了他们对于政治生活的态度,而且决定了他们行为的方向和方式。正是基于这样的研究,政治学家提出了"政治文化"的概念,将研究对象限定在文化范畴中属于心理和观念的部分。

政治文化是一个非常近期的概念,它的提出是迟至20世纪50年代的事情。但是,政治文化研究却历史久远。古希腊时期亚里士多德就专门研究政治革命和政治变迁的心理因素。近代思想家孟德斯鸠(Montesquieu)的《论法的精神》和《罗马盛衰原因论》,马克斯·韦伯的《新教伦理与资本主义精神》,托克维尔的《旧制度与大革命》和《论美国的民主》等著作都可以看作政治文化研究的典型案例。

当代政治文化研究起始于美国政治学家阿尔蒙德。1956年,阿尔蒙德在美国《政治学杂志》上发表论文《比较政治体系》,首次提出"政治文化"这一概念。在以后的研究中,阿尔蒙德和维巴(S. Verba)应用行为分析方法,

---

[1] 参阅 Andrew Heywood, *Key Concepts in Politics*, New York: St. Martin's Press, 2000, p. 216。

[2] 参阅 E. B. Taylor, *Primitive Culture*, London: 1871。

采用民意调查的手段,系统研究和分析美国、英国、德国、意大利和墨西哥五国国民的政治态度,并于 1963 年出版《公民文化》(*The Civic Culture*)①一书。该书为政治文化研究提供了基本概念和理论框架,因此被认为是当代政治文化研究的经典之作。

在阿尔蒙德和维巴之后,许多政治学家转向政治文化研究,他们通过社会调查,采用随机抽样、访谈、数据分析等技术手段,展开更加广泛的比较研究。20 世纪 60—70 年代,政治文化研究与现代化理论相结合,从理论和方法两个方面为跨国研究和社会转型研究提供了有力的支持。

政治学家从不同的角度出发对政治文化做了定义。根据阿尔蒙德的观点,政治文化是一个民族在特定时期流行的一套政治态度、政治信仰和感情,它由本民族的历史与当代社会、经济和政治活动进程所促成。② 在阿尔蒙德定义的基础上,派伊(Lucian Pye)认为,政治文化是政治系统中存在的政治主观因素,包括一个社会的政治传统、政治意识、民族精神和气质、政治心理、个人价值观、公众舆论等等,其作用在于赋予政治系统以价值取向,规范个人政治行为,使政治系统保持一致。③ 维巴在分析政治文化的构成和作用时进一步指出,一个社会的政治文化由经验基础上形成的一系列信念、符号和价值所构成,它决定了人们行为的条件,为人们提供了参与政治的主观意向。④ 根据他们的解释,我们可以为政治文化做出如下定义:政治文化是一国国民长期形成的相对稳定的对于生活于其中的政治体系和所承担政治角色的认知、情感和态度,它与政府、政治组织等制度性结构相对应,成为政治体系的主观因素。

政治文化作为政治体系观念形态的东西,包含着广泛的内容。政治思想和政治意识形态可以看作一个国家政治文化较为系统和理性的表

---

① 中文译本见加布里埃尔·A.阿尔蒙德、西德尼·维巴:《公民文化——五国的政治态度和民主》,马殿君、阎华江、郑孝华、黄素娟译,杭州:浙江人民出版社 1989 年版。

② 参阅加布里埃尔·A.阿尔蒙德、西德尼·维巴:《公民文化——五国的政治态度和民主》,马殿君、阎华江、郑孝华、黄素娟译,杭州:浙江人民出版社 1989 年版;加布里埃尔·A.阿尔蒙德、小 G.宾厄姆·鲍威尔:《比较政治学:体系、过程和政策》,曹沛霖、郑世平、公婷、陈峰译,上海:上海译文出版社 1987 年版。

③ 参阅 Lucian Pye, *Aspects of Political Development*, Boston: Little Brown, 1986。

④ 参阅 S. Verba, "Comparative Political Culture", Lucian Pye and Sidney Verba (ed.), *Political Culture and Political Development*, New Jersey: Princeton University Press, 1965, p.513。

述。在日常生活中,政治文化一般以一定的政治认知或意识(awareness)、政治价值观念(values)、政治信念(beliefs)、政治情感(feelings)、政治态度(attitudes)等形式表现出来。政治文化不同于公众舆论或民意(public opinion),前者具有稳定性,反映的是长期形成的比较稳定的一贯性政治倾向和心理,后者指的是人们对于某一具体事务或问题所产生的一时性的反应。

政治文化具有延续性,它通过政治社会化(political socialization)得以传播和沿袭。政治文化的延续性使一国文化有可能代代相传,也使国家、地域、民族之间的政治文化呈现出长期的差异性。

政治文化作为一种社会意识形态,是人们在参与现实政治生活过程中的经验积累。根据马克思主义的观点,它具有相对独立性和能动性:一方面,它在现实生活中形成,将现实政治生活通过观念的方式保留下来,并随着政治生活的变化和政治制度的改变而有所改变;另一方面,它对于社会政治生活和政治行为又具有巨大的心理和精神支配作用。进一步而言,政治文化对既有政治体系起着维护和延续的作用,同时,政治文化的变化最终又可能带来现实政治制度和政治生活的变迁。

政治文化作为政治体系的"软件"部分,一般与政治制度性结构安排相匹配。跨国性比较研究和现代化研究显示,传统社会与现代社会的差异不仅体现在制度安排方面,而且也体现在政治文化方面;民主政治制度的良好运转,需要以民主的政治文化为条件。①

二、政治文化研究的一般方法

跨国研究的兴起、系统分析的应用构成了政治文化研究的重要背景和基础。20世纪50年代阿尔蒙德提出政治文化概念以后,50—60年代政治学界掀起了文化热。政治学家在自己的研究过程中或者应用政治文化研究方法或者吸收政治文化研究成果来展开国别和跨国比较研究。70—80年

---

① 参阅 Larry Diamond, "Introduction: Political Culture and Democracy", Larry Diamond (ed.), *Political Culture and Democracy in Developing Countries*, Boulder, London: Lynne Rienner Publishers, 1994, pp. 10-21。

代,随着行为主义的衰落、理性选择理论的兴起,虽然政治文化研究有所降温,但它作为一个研究领域、研究途径和方法,已经被政治学界广泛接受。90年代,政治文化研究又有复兴趋势,这一方面是因为第三次民主化浪潮再次将政治文化讨论的议题摆上了桌面,另一方面也是由于在像美国这样的西方国家,人们对于成熟民主背景下社会资本(social capital)和公民参与明显衰落备感焦虑。

如何开展政治文化研究?政治学家从各自的角度出发,有的人进行国别研究,以解释某一国家政治文化对政治制度、政治行为和政治决策的影响;有的人展开跨地域、跨国家研究,比较不同地域或国家的人民在政治文化上的差异,以说明这些地域或国家政治体系的差别;也有人进行历史比较研究,考察一个时间跨度之内某一国家政治文化的变化;还有人对一个社会之内不同群体或不同民族所特有的政治文化展开研究。政治学对政治文化的研究体现在理论和应用两个层面。前者主要说明政治文化与政治体系、政治行为和政治决策之间的一般关系,分析政治文化的形成过程,归纳政治文化的不同类型;后者则通过民意调查、数据分析,预测民众政治行为的可能倾向和对某一政策的可能态度。

总结政治文化研究成果,可以将政治文化研究的一般方法归纳为以下几个方面:

1. 政治文化分布研究(distribution)

政治文化是一个社会共同体成员所具有的总体的政治态度和政治倾向,它的形成是社会成员以往政治经验积累和历史因素互动的结果。因此,不同经验和不同历史背景下的人,可能具有不同的政治态度和政治倾向。基于这种假设,政治学家关注政治文化在一个社会中可能的分布状态,以考察一个社会基本属于文化同质性社会,还是文化极端化社会,抑或多元亚文化社会。

(1) 同质文化(homogenous)

通过社会调查,如果发现大多数公民对某些基本问题持有大体一致的看法,那就说明该社会的政治文化是高度一致的,属于同质性文化。同质性文化一般产生于社会沟通广泛、社会流动频繁、信息分布均匀对称的社会,它为一致性政治决策提供了有力的支持。同质性文化也说明该社会不存在明显的深刻裂痕,社会不同力量和团体之间容易产生合作,社会秩序基本稳定。

(2) 极端文化(polarized)

如果大多数公民对某些基本问题呈现出极端对立的看法,那就说明该社会的政治文化两极分化。在政治文化两极分化的社会中,大多数公民处于两个对立的极端(极左和极右),社会裂痕和社会矛盾严重,政治领导人的任何政策建议都可能遭到相当部分的公民反对。在这种社会,各政治力量之间难以达成妥协,社会内部纷争不断,并极有可能导致政治分裂。为了避免分裂,政治专制和集权统治往往是不可避免的选择。

(3) 多元文化(polycentric)

一个社会其成员就基本问题所表达的意见分散,或者不同地域、不同阶层、不同团体的人们具有多重完全不同的看法,那说明该社会的政治文化多极分布,存在多元亚文化(subculture),属于多元或多重中心文化。在这种文化之下,人们就某一政策难以形成多数一致意见,政治体系可能会采用多党政治。

2. 政治文化结构研究(structure)

政治文化分布研究回答了不同的人可能具有不同政治文化的问题。那么,同一个人或同一群体的人的政治文化又是如何构成的呢?这就是政治文化结构研究所力图解决的问题。根据系统分析的理论和方法,政治生活被分解为政治体系、政治过程和公共政策三个方面。基于这种分析,政治学家也试图解剖政治文化的内部结构,将一种总体的政治文化划分为体系文化、过程文化和政策文化三个部分。①

(1) 体系文化(system culture)

体系文化主要反映了国民对于政治体系、政治制度和宪法性安排的态度和看法。如果大多数国民认同政治体系和政治安排,那么,该政治体系就具有合法性,政治统治和政府制度就能够得到维持。相反,政治体系面临认同危机,政治共同体就可能走向分裂。过去和今天那些陷入内战或存在分裂势力的国家,都面临着国家认同危机,说明在体系文化方面存在着极端化倾向。

---

① 参阅加布里埃尔·A.阿尔蒙德、小 G.宾厄姆·鲍威尔:《比较政治学:体系、过程和政策》,曹沛霖、郑世平、公婷、陈峰译,上海:上海译文出版社 1987 年版。

(2) 过程文化(process culture)

过程文化是人们对政治过程的一整套看法,它反映了公民对于政治参与的基本态度。公民是否认同政治体系,在现实政治生活中都会有所表现。他可能会采取支持的行动,也可能采取反对行为,或者什么也不做。公民对实际政治生活抱有积极态度还是消极态度,取决于他对自己在政治过程中影响力的认识和看法。通过对过程文化的研究,可以分析和把握公民政治行为的实际倾向:积极的还是消极的,激烈的还是温和的,顺从的还是不顺从的。

(3) 政策文化(policy culture)

政策文化是国民对于国家政策的基本看法,反映的是公民对于重大问题的政策倾向和价值取向。由于公民对于具体政策的态度取决于他对于理想社会的认识,取决于他对于具体问题的判断和理解,所以,通过政策文化的研究,不仅可以把握一国国民对于理想目标的追求,而且可以了解国民的现实需求。

3. 政治文化类型研究(typology)

政治文化类型研究是一种综合性研究。它综合上述研究的各种成果,根据不同群体、不同地域、不同民族、不同国家或不同政治制度下的政治文化的各自特点和特征,将其划分为不同类型,以便比较和说明它们之间的异同。

政治文化类型研究的主要成果来自阿尔蒙德和维巴。根据比较研究,他们把不同的社会政治文化分为三种类型,即地域型政治文化、顺从型政治文化和参与型政治文化。[①]

(1) 地域型政治文化(parochial)

地域型政治文化以封闭状态的部落和结构单一的小型社会文化为典型。由于社会成员被封闭在地域狭小的空间里,生活简单,事务单纯,所以,人们不关心自身区域之外的事务,国家政策也很少影响他们的生活。这种较为原始的政治文化一般与部落酋长和宗教巫师的统治相匹配。

(2) 顺从型政治文化(subject)

顺从型政治文化下的民众往往被动地接受统治,由于认识到自己不可能对政府产生影响,所以在现实生活中被动服从政府管制,对于政治体系没

---

① 参阅加布里埃尔·A.阿尔蒙德、西德尼·维巴:《公民文化——五国的政治态度和民主》,马殿君、阎华江、郑孝华、黄素娟译,杭州:浙江人民出版社1989年版。

有任何期望,既不想也没有能力去参与政治生活。在这种文化下,民众视自己为臣民,而不是参与政府的公民。这种政治文化往往与独裁统治相伴随。

(3) 参与型政治文化(participant)

政治体系与社会成员利害相关,政治体系直接影响成员利益,社会成员相信,参与政治不仅是自己的权利,也是维护自己利益的手段。所以,民众一般积极要求参与政治过程,以便影响政治决策。参与型政治文化往往与现代民主政治体系相一致。

上述三种政治文化属于纯粹的理论模式。阿尔蒙德和维巴也承认,在实际生活中,一个国家的政治文化一般总是混合型的,充其量也不过是某一种类型占据主导地位。即使在民主国家,情况也是如此。

阿尔蒙德和维巴进一步考察了不同类型政治文化与民主政治的关系,指出,"为民主政治而奋斗的政治家经常致力于创立一套正式的民主政治制度和成文宪法,或者努力组织一个政党来鼓励群众的参与。但是,一个稳定的、有效的民主政府的发展,不仅仅依赖于政府和政治的结构:它依赖于人们对政治程序的取向——依赖于政治文化。除非政治文化能够支撑一个民主的系统,不然,这个系统成功的机会是很渺茫的"①。根据他们的观点,在一个以参与型文化为主、地域型和顺从型文化为辅的社会,民主政治容易得到稳定发展。在这种社会,三种文化的混合形成一种新的文化——公民文化(civic culture)。这种文化使公民向政府积极表达他们的偏好,但在具体问题上又不会完全拒绝精英(elite)所做出的决定;公民感到能够影响政府,但又经常选择不这样做,以便给政府一定的弹性。

阿尔蒙德和维巴的公民文化理论

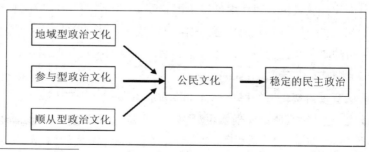

---

① 参阅加布里埃尔·A.阿尔蒙德、西德尼·维巴:《公民文化——五国的政治态度和民主》,马殿君、阎华江、郑孝华、黄素娟译,杭州:浙江人民出版社1989年版,第586页。

4. 政治社会化研究(socialization)

政治文化如何形成、如何传播？这是政治社会化研究力图解决的问题。政治学家借助社会学的"社会化"概念，着重研究社会成员从一个自然人转化为社会政治人的过程，即所谓"政治社会化"过程。政治社会化研究从政治行为者个体的角度出发，研究人们什么时候(when)、如何(how)从政治生活中学到了什么(what)，从而揭示了政治文化形成和传播的途径。

三、政治社会化:政治文化的学习和传播

政治文化是通过学习和传播而延续的，政治文化的学习和传播过程被政治学称为政治社会化过程。

和政治文化研究一样，政治社会化研究也有很长的历史渊源。古代思想家就对人们获得政治知识的方式和过程与社会政治制度和政治结构之间的关系做了不同的论述。20世纪50年代开始，人们对政治社会化展开了专门和系统的研究，出版了大量的研究著作。

政治学家对政治社会化有不同的定义，其中有代表性的主要是：

(1) 政治社会化是人们学习政治知识和技能的过程。

(2) 政治社会化是社会塑造其成员政治心理和政治意识的过程。

(3) 政治社会化是政治文化代代相传的方式。

(4) 政治社会化是政治文化形成、维持和变迁的过程。

上述各家定义，实际上包含了政治社会化两个方面的含义和内容：一方面，从社会成员个体的角度讲，政治社会化是一个人通过学习和实践获得有关政治体系的知识、价值、规则和规范的过程，通过这种学习和实践，一个自然的人转变成为一个具有一定政治认知、政治情感、政治态度和政治倾向的社会政治人；另一方面，从社会整体的角度讲，政治社会化是一个社会将政治文化(普遍的政治知识、价值、规则和规范等)通过适当的途径广泛传播的过程，通过这种传播，社会中人们所具有的政治认知、政治情感、政治态度和政治倾向得以传授给新一代社会成员。

1. 作为学习和实践过程的政治社会化

对于个人来说,政治社会化是其学习政治知识和技能、认识政治现象、形成政治价值和政治态度的过程,也是其政治心理产生、发展和成熟的过程。这个过程贯穿人的一生。由于人在不同年龄阶段的认识能力和知识积累程度不同,因此在不同年龄段,政治社会化具有不同的特征。

(1) 儿童时期的政治社会化

一个人从出生到取得公民资格所经历的时期被称为儿童期。儿童时期的政治社会化一般以政治认同、政治归附、政治忠诚、政治服从等带有情感性色彩的政治认知和感情培养为主要内容,以直观的、感性的、形象的政治事物和政治行为作为学习对象,以服从和直接模仿为学习方式。儿童政治社会化的主要途径是家庭和学校,家庭成员和教师是儿童政治社会化的启蒙老师。

(2) 青年时期的政治社会化

青年时期是人们取得公民资格到成年阶段。青年时期的政治社会化是个人一生中政治观和政治人格形成的关键阶段。青年时期的政治学习以政治思想、理念和行为规范为主要内容,政治社会化的主要功能在于形成个人的政治思想和政治价值观念。青年时期政治社会化的任务主要由学校和社会来承担。由于青年时期人开始更多地参与社会生活,所以,参与社会政治实践也成为获得政治知识和经验的重要途径。

生命周期中的政治学习和政治参与

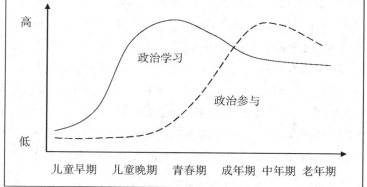

资料来源:Rod Hague, Martin Harrop, Shaun Breslin, *Political Science: A Comparative Introduction*, New York: St. Martin's Press, 1992, p.149。

（3）成年时期的政治社会化

成年时期是一个人的成熟阶段。在成年阶段,政治社会化过程与他们实际参与的社会政治活动密切联系在一起。一般来说,在成年阶段,一个人的价值观念和政治态度基本成型,政治社会化主要通过日常社会生活、大众传媒、政治活动和政治实践来实现,政治社会化的内容主要是为个人进一步提供政治知识和技能,完善其政治人格。此时,个人已经不再是单纯消极被动的社会化对象,而是成为以自身的政治观念和行为影响他人的政治社会化主体。

2. 作为文化传播过程的政治社会化

对于一个社会来说,政治社会化就是政治文化的传播过程。那么,政治社会化的途径是什么? 在社会政治生活中,特定的社会组织、机构和团体,都有可能成为传递政治信息、传播政治文化、影响和塑造社会成员政治意识和政治情感的媒介。

（1）家庭

家庭是政治社会化的第一个途径。儿童时代的经历和影响对一个人一生的政治态度十分重要,而家庭正是一个人最初的、影响最为直接的政治社会化媒介。在家庭环境中,上一代人通过日常生活把他们对世界、对社会的看法,对政治体系的态度,对政治事件的评价以及政治价值观和政治态度、政治感情,直接或间接地传授给下一代,使其初步学习和了解外部政治生活。许多研究表明,家庭环境,尤其是父母对待事物的态度和意见影响着子女的态度和意见;积极参与家庭决策的青年人很可能到成年时在政治上也表现非常积极;专制家长式的家庭教育有助于产生两种人:政治专断者和政治服从者;幼时家庭生活不完满、缺乏正常的家庭教育,成年后可能会成为一种社会反常人;家庭环境的"隔代遗传"可能会塑造一种保守性格。

（2）学校

学校是一个人走向社会的专门化的学习和训练场所,因而是传播文化的专门机构,是系统化的强有力的社会化途径。在学校生活中,学生一方面通过接受专门的文化知识和系统的政治教育,形成了对政治生活的基本知识;另一方面,在与同学和老师的相互关系中,初步体验了社会政治生活。

（3）大众传播工具

电视、广播、报纸、杂志等大众传播工具是现代社会政治社会化的重要途径。它不仅在传播政治文化、形成共同的政治意识方面,而且在改造政治文化、引导社会政治方向方面都发挥着重要作用。大众传播工具实现政治社会化职能主要通过两种方式:①通过新闻报道、舆论渲染等方式,吸引社会大众对问题的关注,以增强公众的政治认知。②在宣传报道中直接宣传某种政治观念、政治价值和政治感情。大众传播工具不仅是信息沟通的桥梁,而且是改造政治文化的工具。一种新的政治文化要上升成为社会的主体政治文化,必须通过广泛的大众传播。因此,谁掌握了大众传播工具,谁就拥有了政治文化的领导权。

(4) 社会政治组织

各种各样的社会、经济、政治组织,如工会、职业协会、社团、政党、国家机关等,也是政治社会化的重要途径。它们通过宣传自己组织的主张和信仰,吸纳新成员,使其过一种有组织的社会生活等方式,实现政治文化的传播。在所有的政治组织和机构中,政党是最重要的社会化途径。它通过宣传党的纲领、政策主张,影响社会大众的政治态度;通过发展新成员,使他们在党组织中受到社会化的培训;通过党的各项活动,来实现其成员和拥护者的政治参与。

(5) 政治符号

特定的政治符号如国旗、国徽、国歌、政治领袖人物的肖像等等,在社会生活中具有重要的政治象征意义和代表意义,因此在政治社会化过程中起着重要的政治文化传播作用。

此外,教会、工作场所和娱乐、职业、文化团体、社区等,也都具有政治社会化的功能,承担着传播政治文化的功能。

四、政治文化分析:传统政治与现代政治比较

既然政治文化反映了政治体系的特点,那么,比较传统政治文化和现代政治文化的差异就成为比较传统政治与现代政治特性的一个重要方法和途径。① 政治文化研究为理论上划分传统社会与现代社会的界限提供了基本

---

① 参阅 Gregory S. Mahler, *Comparative Politics: An Introduction and Cross-national Approach*, New Jersey: Prentice Hall, Englewood Cliffs, 1992, pp. 18-20。

的分析框架。

政治文化分析框架:现代政治与传统政治比较

分析体系		现代政治	传统政治
文化特点 (Culture)		参与型文化 承认政治竞争和冲突的合法性	地域型文化和顺从型文化 不承认政治竞争和冲突的合法性
政治哲学基础 (Philosophy)		相对主义多元政治观	绝对主义一元政治观
权力分配 (Distribution of Power)		民主方式	传统方式(世袭) 强权方式(暴力)
政治过程 (Political Process)	竞争主体	党派	帮派
	竞争过程	政党竞选主政(利益表达):不同党派之间政治角逐 政治公开:规则透明	"正统性"路线之争(对错之争) 黑箱操作:政治不透明
	竞争方式	在合法竞争中实现合作、妥协和讨价还价	零和博弈(你死我活):不是东风压倒西风,就是西风压倒东风
政治后果 (Political Consequence)		政治宽容:竞争方妥协,合作双方求同存异,共同分享决策机会 政治竞争制度规范,规则第一 合作政治:党派竞争 政治文明:定期的竞争性选举,监督机制	政治迫害:胜者为王,败者为寇 政治无规则,权术第一 冲突政治:斗争和革命政治,关系政治,帮派政治 政治野蛮:谋杀,政变,战争,暴力,革命,恐怖

在上述分析框架中,从政治文化的角度讲,社会成员承认不承认政治竞争和政治冲突的合法性是区分现代政治和传统政治的重要标志。

在传统未开发型(underdeveloped)政治下,成员之间、不同成员所组成的集团之间公开的权力竞争和角逐不被认为是合理合法的,因而也不能被公开和光明正大地提交到政治舞台上来,挑战"王权"和"强权"就意味着背叛社会而走上了"错误路线"。在现代开发型(developed)政治下,成员之间的利益差别被认为是正常的,不同利益集团之间的冲突和竞争也被认为是合理合法的,政治权力就是通过这种合理合法的竞争而得到分配。同时,由于不存在超然于社会成员之上的"统治意志",因而也就不存在所谓"正确路线"和"错误路线"的斗争。这样的事实会反映在社会成员的政治态度和政治认知当中。当一个社会人们把不同意见和利益冲突看成对错之争(正统与非正统之争)时,说明该社会不承认政治竞争的合法性,那么,这个社会基本上是一个斗争的社会①,而不会是一个协作的社会,民主机制也不可能得到很好的应用;相反,当一个社会人们不把冲突看成对错之争(正统与非正统之争)时,政治竞争的合法性将得到认可,民主机制成功运行的概率就大得多②。

【思考题】

1. 如何理解政治文化的含义?
2. 政治文化的意义和作用如何?
3. 如何进行政治文化研究?
4. 简要说明公民文化与民主政治的关系。
5. 如何划分政治文化的类型?
6. 政治社会化的含义是什么?
7. 政治社会化的主要途径是什么?
8. 分析说明民主政治的文化条件。

【扩展阅读文献】

1. 加布里埃尔·A.阿尔蒙德、西德尼·维巴:《公民文化——五国的政治态度和民主》,马殿君、阎华江、郑孝华、黄素娟译,杭州:浙江人民出版社1989年版。

2. 加布里埃尔·A.阿尔蒙德、小G.宾厄姆·鲍威尔:《比较政治学:体系、过程和政策》,曹沛霖、郑世平、公婷、陈峰译,上海:上海译文出版社1987年版。

3. Larry Diamond, *Political Culture and Democracy in Developing Countries*, London: Lynne Rienner Publishers, 1994.

4. Rod Hague, Martin Harrop, Shaun Breslin, *Political Science: A Comparative Introduction*, New York: St. Martin's Press, 1992.

5. Lucian Pye and Sidney Verba (ed.), *Political Culture and Political Development*, New Jersey: Princeton University Press, 1965.

---

① "斗争的社会"的权力角逐往往是围绕正统性而展开的,所谓"正统"与"异端"、"正教"与"邪教"、"真理"与"谬误"、"正确路线"与"错误路线"之间的斗争就是这种社会的典型表征。

② 参阅 Larry Diamond, "Introduction: Political Culture and Democracy", Larry Diamond (ed.), *Political Culture and Democracy in Developing Countries*, London: Lynne Rienner Publishers, 1994, pp. 1-27。

第十四讲

世界秩序与全球化

　　国际政治是以国家为单位展开的世界范围的政治活动,从这个意义上说,国际政治是放大了的国家政治。从政治系统分析的角度讲,国际因素构成了一个"民族国家"(nation-state)政治体系的外部环境。尽管国家依然被视为政治生活的基本单位,但是,国际因素(他国和国际性组织等)对于国家政治的影响已经变得日益重要。20世纪后半叶以来,"地球村"的概念被越来越多的人所接受。全球化进程完全改变了我们对政治和政治互动性的理解。传统的政治观念以国家(state)为中心,国家被看作政治的主要角色,人们对政治的关注集中在政府活动的民族国家层面。以此为基础,人们把政治分为国内政治和国际政治。而后者一直被当作另外一个学科——国际关系的研究主题。然而,全球化淡化了这样的传统观念,使超国家机构和跨国性组织的影响日显重要。

核心问题:
　　▲ 国际政治的传统理论
　　▲ 冷战前后的国际政治秩序
　　▲ 全球化的动力和影响

一、理解政治的国际视角

　　理解政治的国际视角可以回溯到古希腊时代。那时候的国际政治只能归结为城邦间的政治。现代政治的国际体系大约形成于16—17世纪,此时民族国家作为政治体系的中心基本形成。从理论上说,产生了以法国思想家让·布丹为代表的"国家主权论"①;从实践上说,欧洲30年战争结束时所签订的"威斯特伐利亚条约"(1648)成为欧洲独立主权国家体系确立的标志。此后,这种主权国家体系进一步扩大。随着19世纪帝国主义国家对亚非拉地区的瓜分,全球化的国际政治体系格局基本形成。

两次世界大战和冷战(cold war)将国家之间和国际组织之间的冲突与合作的影响扩大到全球范围。20世纪80年代冷战结束,政治生活的国际条件发生了诸多变化,全球化成为人们关注的核心问题。

纵观历史,人们对政治的国际分析和理解有着不同的角度,因而也形成了不同的理论。其中,理想主义、现实主义、多元主义被认为是理解世界政治的三种最具代表性的理论。

1. 理想主义(idealism)

理想主义的一个重要特点就是从道德和价值判断的角度看待一切。反映在世界政治中,理想主义从道德价值和合法规则的角度出发,探讨国际政治的行为准则,在对世界事务做出道德评价的基础上,致力于研究国际政治体系中各国应当如何行动的问题。它以人类必将走向大同、世界必然走向和平这样的信念为前提,强调全球利益和国际合作。由于它对世界政治的看法并非建立在现实经验的分析之上,所以,也被现实主义者视为空想主义理论。

理想主义学说在人类政治思想史上占有重要地位。在传统政治思想中,理想主义一直具有广泛的影响。从世界政治的研究领域看,许多思想家都属于理想主义者。例如,中世纪的托马斯·阿奎那,专门研究过"正义战争"的性质,指出"正义战争"的前提是惩戒错误行为,目的在于弃恶扬善(to achieve good or avoid evil),认为在国际政治中,国家统治者应当遵循这一原则行事。近代国际法理论的奠基人胡果·格劳秀斯(Hugo Grotius, 1583—1645)著有《战争与和平法》(*The Law of War and Peace*),依据自然法理论探讨了国家之间战时与和平时期的行为规则。德国哲学家康德(Immanuel Kant, 1724—1804)阐述了最早版本的世界政府的思想。根据他的观

---

① 参阅乔治·霍兰·萨拜因:《政治学说史》(下),盛葵阳、崔妙阳译,北京:商务印书馆1986年版。

点,道德和理性应当与这样的信念相联系:人类之间不应当有战争,未来应该建立在"普遍的永久的和平"前景之上。

国际政治中的理想主义得到了国际主义的响应。国际主义者坚信,处理人类事务不仅应当遵循民族国家的原则,更应当以一种普遍的原则为标准。这种普遍原则应当以促进人类和谐相处为内容。理想主义的国际主义观念主要体现在自由主义思想和集体安全的理论中。前者在承认民族国家仍然是政治生活的基本单位的同时,强调互相依赖和自由贸易的重要性;后者主张通过国际法和国际组织,如国家联盟和联合国,来保障集体安全。

理想主义受到现实主义激烈批评之后,在20世纪末期又开始复活,这种复活的理想主义通常也被称为"新理想主义"(Neo-idealism)。它以70年代美国卡特政府所推行的人权外交为代表。① 这种新理想主义思想进一步得到了核灭绝观点和"世界社会"(world society)观的极大支持。人们对核战争灾难的认识,促进了和平主义、反对战争和任何暴力形式的和平运动。澳大利亚外交家和学者波顿(John Burton)所主张的"世界社会"观认为,主权民族国家观显得有点过时,旧的权力政治在解决国际冲突时应该为非强制性的合作手段让路。②

2. 现实主义(realism)

现实主义是最古老的国际政治理论。它可以追溯到公元前400多年古希腊历史学家修昔底德(Thucydides)对于伯罗奔尼撒战争的论述和差不多同时代中国的《孙子兵法》。③ 近代现实主义传统最典型的代表是马基雅维利和托马斯·霍布斯。但是,经历两次世界大战以后,现实主义才变成一种主导性的国际政治理论。

与理想主义强调道德准则不同,现实主义强调权力政治和国家利益。它将其全部理论建立在这样的假设之上:国家是国际和世界舞台上的主角,是一个拥有主权的自治实体。而且,民族主义的兴起和现代民族国家的产

---

① 参阅 Andrew Heywood, *Politics*, New York: Palgrave Foundations, 2002, p. 127。
② John Burton, *World Society*, Cambridge: Cambridge University Press, 1972.
③ 参阅 Andrew Heywood, *Politics*, New York: Palgrave Foundations, 2002, p. 128。

生,更使国家变成了一个统一的政治共同体,享有至高无上的权威。

现实主义者(如卡尔[E. H. Carr]①和摩根索②)对理想主义关于国际主义和自然和谐的理论提出了尖锐的批评。他们认为,正是两次世界大战期间对国际法和集体安全的天真观念,使太平洋两岸的政治家们都不能正确理解因而也不可能采取正确行动以牵制德国的扩张。现实主义的主要观点可以概括如下:

(1)主权国家之上并不存在更高的权威。

(2)国际政治完全是一种无政府的"自然状态"(state of nature)。

(3)在无政府的国际政治体系中,国家利益至上,各国为实现自己的利益而行动。

(4)国家的生存和领土安全是国家利益最基本的体现。

(5)权力,即军事力量或武力,是维护国家利益最有效的手段。

(6)国际无政府状态并不一定意味着无休止的战争和冲突。为了实现国家安全,国家之间会结成联盟,如果它们之间能够实现权力平衡(balance of power),就可以保证长期的和平和国际稳定。如此形成的国际政治格局是一种动态的平衡,如果权力平衡被打破,战争就是可能的结果。

(7)国家之间对于权力、财富和资源的分配并不平等,超级大国拥有超级权力,将某种秩序标准强加于国际政治体系中,并通过贸易集团、共同势力范围和直接建立殖民地等多种手段实现自己的超级权力。

80年代,在现实主义基础上发展形成了新现实主义(neo-realism)③。新现实主义在继承现实主义主要思想观点的基础上,从分析国际政治体系结构的角度出发解释国际政治事件,认为由各个国家所构成的国际政治结构决定了国际格局,影响着国际冲突与合作的方式。

现实主义和新现实主义也招来了激烈的批评,其中最主要的批评观点认为,现实主义将政治与道德分开,使军事扩张和大国霸权野心得到了合法化;权力政治不仅不能维护和平,相反却把世界推向核灾难的边缘。

---

① 参阅 E. H. Carr, *The Twenty Years' Crisis, 1919-1939*, London: Macmillan, 1939。

② 参阅 H. Morgentau, *Politics Amongst Nations: The Struggle for Power and Peace*, New York: Knopf, 1948。

③ 新现实主义代表作参阅 K. N. Waltz, *Theory of International Politics*, MA: Addison-Wesley, 1979。

3. 多元主义(pluralism)

多元主义理论形成于20世纪60—70年代的美国。它作为一种社会政治理论,建立在自由思想和价值的基础上,强调权力应当在许多竞争的机构和集团之间扩散性分布;作为一种国际政治理论,它突出多元组织的相互作用和相互渗透,提供了国家中心主义之外的另一种解释。

多元主义认为,现代世界政治的行为主体已经不再仅仅局限于国家,而且,国家之间不仅存在相互冲突的一面,也存在互相合作的一面;现实主义以国家为中心,认为国家是国际政治舞台上的核心单位,国家之间通过外部压力而相互影响,这一方面忽视了跨国组织、多边合作组织和非政府组织(NGOs)的作用,另一方面也低估了国家之间在广泛的社会领域(特别在经济领域)相互依赖相互合作的重要性。

多元主义理论对现实主义夸大民族国家和权力政治的作用做了修正,提出了国际政治的"混合行为主体模式"(a mixed-actors model)①,在肯定民族国家政府作用的同时,强调国际政治由广泛的利益组织和团体所形成,认为现实主义的核心概念——主权应该被更为中性的自治概念所取代;在这种自治观念下,诸如绿色和平组织(Green Peace)、巴勒斯坦解放组织(Palestine Liberation Organization)、可口可乐公司(Coca-Cola)以及罗马教皇(Papacy)等,与其他民族国家具有同等的重要意义。根据多元主义模式,政府组织和非政府组织在一个互相制约的结构下运行,这就使得国家决策更多地是多元利益集团实际作用的结果,而不是理性地追求国家利益的产物;正如欧洲所显示的那样,在一个相互依赖性越来越高的世界,合作和一体化的趋势将最终是不可抵挡的。

二、战后世界秩序的变化

第二次世界大战以后,世界秩序长期处于两极化的格局之下,这就是所谓的冷战时期。冷战是国家之间或敌对联盟之间武装对峙并极度紧张但尽力克制免于战争的状态,它指的是二战以后分别由美国和苏联两个超级大

---

① 参阅 Andrew Heywood, *Politics*, New York: Palgrave Foundations, 2002, p. 130。

国所主导的西方资本主义阵营和东方社会主义阵营之间在政治、经济、文化和军事方面的全面敌对状态。①

"冷战"开始于1946—1947年,即二战刚刚结束不久。苏联红军解放纳粹统治下的东欧地区以后,建立了共产党政权,并驻扎军队,力图建立一个地域广大的共产主义阵营。以美国为首的西方国家集团,击败纳粹德国之后,在欧洲也极力扩大和巩固自己的阵营,全力阻止苏联的行动。1947年春天,华盛顿连续出台三个政策,从而形成以后几十年美国对外政策的基础。华盛顿新的对外政策的推出标志着冷战时代的正式开始②。

(1) 杜鲁门主义

美国总统杜鲁门(H. S. Truman)在国会的联席会议上请求军事援助,以阻止共产党接管当时处于苏联压力之下的希腊和土耳其。以此为基础,他还主张美国应对世界各地"自由人民"提供援助,以抵制共产主义的渗透。杜鲁门主义否定了美国传统的孤立主义立场,成为美国全面干预世界事务的转折点。

(2) 马歇尔计划

1947年美国国务卿G. C. 马歇尔(G. C. Marshall)在哈佛大学开学典礼上发表演讲,提出一个上百亿美元的一揽子援助计划,以帮助战后的欧洲复兴,并阻止共产党政权的建立。这项援助计划从1948年开始正式实施。

(3) 遏制战略

同年,美国国务院官员乔治·凯南(G. F. Kennan)以"X"为化名在《外交》杂志发表文章,认为苏联正在推行扩展政策,美国应当针锋相对地实行一种"坚定而警觉的遏制政策"以阻止苏联的扩展行动。

在西方的传统文献和一贯的政策主张中,苏联共产主义一直被认为富有侵略性(直到20世纪80年代里根政府时期,仍然把苏联视为"邪恶的帝国")。从这种观点出发,似乎冷战的根源在于苏联共产主义的扩张,杜鲁门主义、马歇尔计划、北大西洋公约组织(North Atlantic Treaty Organization)的建立(1949)都被解释成对苏联共产主义扩张的"遏制"。但是,最新的研

---

① 参阅 Andrew Heywood, *Politics*, New York: Palgrave Foundations, 2002, p.132。
② 参阅迈克尔·罗斯金、罗伯特·科德、詹姆斯·梅代罗斯、沃尔特·琼斯:《政治科学》,林震、王锋、范贤睿等译,北京:华夏出版社2001年版,第417页。

究修正了这种说法,提出了新的解释版本。根据这个版本,苏联的政策始终是防御性的,并不具有进攻性。它只是不希望看到德国的再次强大,企图在自己和敌对的西方集团之间建立一个缓冲地带。相反,美国的政策才真正具有扩张性。盲目反共的麦卡锡(McCarthy)主义掩盖了美国经济扩张的野心。①

无论根源何在,但冷战维持了几十年时间。冷战首先发生在欧洲。德国战败后,欧洲被分为两个部分。随着德国的分裂、两大军事联盟——北约(NATO,1949)和华约(WP,1955)的建立,"铁幕"(iron curtain)降落在东欧和西欧之间。此后,冷战向全球扩展。继1949年新中国成立之后朝鲜战争(1950—1953)的爆发,标志着冷战在亚洲拉开了序幕。在整个60—70年代,国际危机达到高潮,几乎所有地区和国家都卷入了美苏所代表的所谓资本主义和社会主义的斗争之中。超级大国的军备竞赛几乎耗尽了双方的经济实力。第三世界的民族主义打击了美国(在越南),也打击了苏联(在阿富汗)。60年代以后,两极化的世界模式开始变得模糊起来,这一方面是因为共产主义阵营的裂痕(中苏之间的分歧和矛盾)在加剧,另一方面是因为日本和德国经济复苏,逐步成为经济大国。世界呈现多极化趋势,东西方之间出现了缓和的迹象。这种缓和的具体表现就是1972年尼克松(Nixon)总统访华以后中美关系的改善。

80年代,共产主义先后实行改革,随之对外政策发生重大调整。1985年苏联开始戈尔巴乔夫(Gorbachev)改革,在外交政策中主张缓和与合作。1989年柏林墙的倒塌标志着冷战的结束。1991年《华沙条约》终止以及苏联的解体,象征着冷战之后世界政治进入了一个新的时代。在这个新时代,世界政治究竟是一个美国统治的单极化(unipolarity)世界,还是一个多极化的(multipolarity)世界?

"后冷战"世界伴随着乐观主义和理想主义浪潮而产生。冷战时代,东西方的对立导致了全球关系紧张,核军备竞赛导致了对全球的毁灭性威胁。东欧剧变和苏联解体,导致了用一种声音说话的"一个世界"(one world)的形成。这给理想主义和乐观主义者以极大的鼓励。他们认为,建立在国际准则和道德标准基础上的新的世界秩序已经到来。和平解决国际争端,反

---

① 参阅 G. Kolko, *Restructuring the World Economy*, New York: Pantheon Books, 1988。

对侵略和扩张,控制和裁减军备,通过倡导尊重人权敦促各国正确对待国民,通过广泛的合作解决贫困、环境、能源、安全等问题,被认为是新时代国际政治的主要任务和内容。

冷战结束以后,两极世界让位于单极世界。在这个单极世界秩序中,美国凭借自己的军事实力和政治经济权威,扮演了世界警察的角色。1991年海湾战争击退伊拉克对科威特的入侵,1999年对科索沃实施"人道主义干预",2001年空袭阿富汗导致塔利班政权垮台,在所有这些事件中,美国都起了重要作用。

但是,美国所谓保卫和平的世界警察的角色也受到质疑。首先,人们怀疑美国作为世界警察的真实意图。例如,认为海湾战争和以后对伊拉克的制裁不过反映了美国和西方国家对石油供应的关注,维护国际法和国家主权的花言巧语仅仅是为了掩盖权力政治的本质和对国家利益的追求。

其次,即使真的需要美国扮演世界警察的话,人们也怀疑它的能力。(1)处于优势地位的核能力只是一种战略威慑,并不总是能够转化为有效的军事能力,70年代美国在越南的失败和1995年从索马里尴尬撤军就说明了这个问题;(2)美国的经济资源(特别是在经济长期萧条的情况下)能支撑美国"世界一号"的角色多久?这种担心曾经助长美国的孤立主义(isolationism)情绪,小布什(G. W. Bush)2000年上台执政决定退出国际军备控制条约和京都协议(Kyoto Protocol)可以说就是这种情绪的反映。只不过2001年"9·11"恐怖主义袭击在显示美国脆弱性的同时,也彻底打消了美国回到传统孤立主义立场的念头。

或许,单极的世界只是一个过渡。许多事实表明,21世纪是一个多极世界的时代,将有5个或者更多的国家显示其影响力。美国在知识资本和高新技术方面继续领先。中国推行市场改革以后,随着经济的发展,要求在国际舞台上发挥更大作用。以德国为首的欧盟(EU)自1950年以来经济持续发展,冷战结束以后已经显示了自己的自信以及脱离美国和NATO而独立的愿望,加速货币和政治统一进程,扩大欧盟和发展独立防卫力量就是很好的说明。日本是世界经济强国,得益于与东亚和东南亚地区的紧密联系,在显示经济实力的同时,努力发展自己的军事实力,谋求政治大国的地位。俄国虽然失去了对东欧的控制,目前也不再是经济强国,但是,核军备保障它依然是一股重要的外交力量,而且,人口规模和自然资源为它将来的经济发展奠定了基础。

三、全球化的动力和影响

"全球化"这个概念的最早提出和使用来自经济学,它指的是(1)世界经济在本质上变得更加一体化;(2)更多的经济活动超越了民族国家的界限;(3)随着全球性经济力量的强大,民族国家的权力(power)正在逐渐下降。①

简单地说,全球化是指世界政治、经济、文化等各个要素超越国界和地域限制而互相影响、走向一体化的发展趋势。在这种趋势下,传统的民族国家之间的界限日渐淡漠,世界性、国家性和地方性的事务互相影响,世界各个要素之间关系密切,世界变成了一个"无国界的世界"(borderless world)。② 在这个过程中,金融市场支配着经济政策,民族国家失去自治性,技术改造了我们的生活。面对这一过程,要么拥抱市场和新技术,要么走向死亡。③ 根据一般的理解,全球化包含以下内容:

(1)经济全球化:指的是民族经济向世界的转变过程。在世界经济的时代,产品国际化,金融资本在不同国家自由流动。

(2)文化全球化:指的是随着信息和商品的流通,不同文化之间的差异不断缩小而趋于一致的过程,表现为卫星通信的传播、电讯网络的发展、信息技术的广泛应用、世界媒体的合作等等。

(3)政治全球化:指的是超国家的国际组织在政治生活中日益重要、民族国家政府决策日益受到跨国跨地区政治组织影响的过程。

在全球化过程中,世界性、国家性和地方性因素超越国界,互相影响和作用(见下图)。它以技术进步为先导,以经济发展为动力,以更加密切的经济政治文化联系为结果。

---

① 参阅 Georgina Blakeley and Valerie Bryson, *Contemporary Political Concepts*: *A Critical Introduction*, London, Sterling, Virginia: Pluto Press, 2002, p. 15。

② 参阅 Kenichi Ohmae, *Borderless World*: *Power and Strategy in the Interlinked Economy*, London: Harper Collins, 1989。

③ 参阅 Georgina Blakeley and Valerie Bryson, *Contemporary Political Concepts*: *A Critical Introduction*, London, Sterling, Virginia: Pluto Press, 2002, p. 16。

全球化背景下各要素关系体系

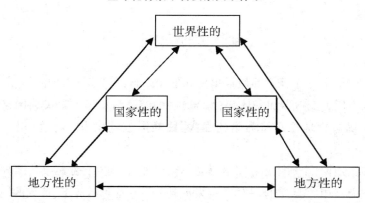

那么,是什么力量推动了 20 世纪的全球化进程?概括起来,至少有五种趋势成就了全球化进程。

1. 自由市场的发展

二次世界大战以来,从发达经济开始的自由市场经济的思想成就了"亚洲四小龙"的繁荣,现在正在促使中国、俄罗斯、印度、拉美和非洲部分国家获得更大的发展成就。20 世纪后期,已经实现和正在实现工业化的国家的决策者们基本上从"计划精神"转向了"市场精神",市场经济最终被认为是组织经济生活最有效的手段和方式。自由市场经济的思想促成了经济的发展,打破了经济发展的传统国家界限。

2. 国际经济的重心转移

经济自由化促进了竞争,资本向着更具投资优势的地区转移,使发展中经济成为国际经济的重心。在生成、市场、销售、服务国际化,资本、劳动力自由流通的时代,各国经济互相渗透,弥合了国家经济之间的界限。正如美国未来学家奈斯比特在(John Naisbitt)在《2000 年大趋势》中所认为的:美国公司在日本生产、提供和销售的货物与劳务价值达 810 亿美元,这到底属于美国的经济,还是日本的经济?现在恐怕再也不能谈什么美国的经济了,因为它已同其他国家的经济密不可分。

3. 通信技术的进步

自 1950 年以来，空中运输、电信和计算机成本大幅度下降。以计算机和电信业为例，成本的大幅度下降，以及线上会议和电子邮件、Internet/Intranet 技术的广泛应用，改变了世界各地之间沟通的方式，使世界变得更小了。而且，通信和网络技术的发展，也改变了经营活动的范围，使原来不可能实现的事情成为现实。正如美国另一位未来学家尼葛洛庞帝（Nicholas Negroponte）在《数字化生存》中指出的：我们正处在一个全面数字化的时代，所有的信息都将以数字化——0 与 1 的形式存在。这是一场深刻的变革。网络，特别是 Internet/Intranet 的存在和发展，改变了传统的订单—发票式的运营模式，使员工之间、厂商与客户之间、厂商与供应商之间的信息交流瞬间完成。数字化办公作为新的办公方式，成为一种新的发展趋势。

4. 各国对贸易、投资和技术转让的开放

各国对贸易、投资和技术转让的开放，不仅为公司创造了新的市场机会，而且使来自国外的竞争对手进入了国内市场。竞争对手相互之间为争取全球顾客、获得经济规模、利用最佳场所降低成本和提高服务质量而展开的激烈竞争，使它们尽可能地利用技术上的进步，从而使全球化成为一种自我加速的循环。

5. 冷战结束以后国际合作的加强

冷战的结束打破了东西方之间长期存在的"铁幕"，极大地消除了国际政治、经济、文化交流与合作的人为障碍，使国家内部的多元化因素直接参与世界生活进程。跨国、跨地区的政治经济和文化合作组织，更促进了全球化的发展趋势。

全球化趋势对世界发展产生了重大影响。首先，它使国家发展过程中面临的重大问题变成了一种全球性的共同议题。今天，贫穷问题、能源问题、环境问题、政治不稳定问题等等，在很大程度上已经不是一个国家、一个地区的问题，而是无论穷国还是富国，无论资本主义国家还是社会主义国家，无论先发展国家还是后发展国家所共同面临的课题。

其次，全球化加速了各种文化交互融合和渗透的过程。电视、电影、报

纸、杂志、电话、传真等现代化通信(communication)手段的普及,特别是作为信息时代技术后盾的计算机技术的进步、世界信息网络(如 Internet)的形成,更为文化的交流和传播创造了便利的条件,从而使文化的传播和交流不再受时间和地域(时空)的限制。

最后,全球化进一步消除了国家之间原有的意识形态意义上的对立。长期以来,世界处于资本主义和社会主义两种意识形态的对立和争论之中。意识形态的对立和冲突,极大地限制了人们客观探索社会发展的可能性。全球化进程淡化了意识形态的分歧和对立,有利于人类在保留各自文化特点的基础上求同存异,取长补短,探索真正适合自己的发展道路。

焦点讨论一:全球化背景下主权正在消失吗?

冷战以及人类历史上这个最具暴力色彩的世纪的终结又使人们对国际政治的基本要素——主权,产生了怀疑:主权正在消失吗?国际社会的行为正以某种方式逐渐侵犯主权国家的内部运转。几十年来,国际货币基金组织就能够告诉那些想要贷款的国家放弃通货膨胀的经济政策。这些建议的接受者经常对国际货币基金组织干涉他们的主权感到极为愤怒,但如果他们想要贷款,他们就必须接受建议。随着冷战的结束,现在即使是前社会主义国家也正接受这种对它们主权的干涉。

1991年,以美国为首的联合部队将伊拉克从科威特驱逐出去之后,联合国的调查员彻底搜查了伊拉克,调查其制造大规模杀伤性武器(核武器、化学武器和细菌武器)的能力。当一个专制者正扩张权力以消灭邻国时,国际社会应该靠后站吗?同样,当索马里的军阀和盗匪对饥饿的人们大肆劫掠的时候,文明社会应该袖手旁观吗?欧洲的其他国家应该对巴尔干的屠杀漠不关心吗?

世界看上去正在发生变化,想要超越国家主权,形成某种秩序。但问题在于还没有人知道会是哪种秩序。布什总统使用"新世界秩序"一词建立联盟对抗伊拉克,但对此的争论刚刚开始,他就抛弃了这一说法。面对苏联解体所带来的混乱,应该做什么?颇为矛盾的是,世界在冷战期间更为有序,因为两个超级大国控制并限制着它们各自的联盟和势力范围。

没有人想让美国扮演世界警察的角色,但大多数人都明白,如果需要领袖的话,只有美国能够担当这一角色。超国家(国家之上)的实体正在准备承担某些原与单个国家的自我防御权利相连的安全责任吗?如果是这样,那么这样的实体有哪些?

(选自迈克尔·罗斯金、罗伯特·科德、詹姆斯·梅代罗斯、沃尔特·琼斯:《政治科学》,林震、王锋、范贤睿等译,北京:华夏出版社 2001 年版,第 423 页。)

焦点讨论二:全球化及其对国家政治的影响

一 全球化内涵分析

20 世纪 90 年代以来,随着冷战的结束,不同区域间交往的人为障碍破除,全球化进程明显加快。"全球化正在摧毁一切壁垒"①,彻底地改变我们的生活,人类社会比以往任何时期都更加紧密和错综复杂地连接在一起,世界进入了全球化时代。在全球化大潮之下,展现在我们面前的是这样一个景象:可口可乐的广告可以在同一时刻传送至数十亿人;北京街头的一个普通中学生,用的是日本的 SONY 随身听,听的是韩国 HOT 的歌曲,吃的是美国的麦当劳;波音公司 777 型客机由 132500 个主要零部件组成,由全世界的 45 家供应商生产,8 家日本供应商制造飞机机身、机门和机翼,1 家新加坡供应商制造机头起落架的舱门,3 家意大利供应商制造机翼阻力板②;美联储主席格林斯潘在美国所说的一句话足以让全球投资者为之疯狂;纽约股市的每次涨落都会涉及大洋彼岸的日本和香港地区股市……

全球化(Globalization)一词最早是由 T. 莱维特(Theodre Levitt)于 1985 年在其《市场的全球化》一文中提出的。他用全球化来形容此前 20 年期间国际经济发生的巨大变化,即"商品、服务、资本和技术在世界性的生产、投

---

① 世界经济论坛主席克劳斯·施瓦布:《在"21 世纪论坛"2000 年会议上的演讲》,见全国政协办公厅编:《经济全球化——亚洲与中国:二十一世纪论坛二〇〇〇年会议文集》,北京:中国文史出版社 2001 年版,第 32 页。
② 雷达、于春海编著:《走近经济全球化》,北京:中国财政经济出版社 2001 年版,第 9 页。

资及消费领域的扩散"①。全球化一词被提出来以后,很快在世界各地官方文件和报刊中被广泛引用。全球化始于经济领域,经济全球化是其核心内涵和主要内容。但是,全球化的具体含义是什么,各位学者的看法则不尽相同。归纳起来,主要有以下几种:

1. **政府管制取消论**。丹尼尔·耶金(D. Yergin)在《一个时髦词的诞生》一文中写道:所谓全球化,"就是24小时相互联系的、极度活跃的、剥夺睡眠机会的并受电子邮件推动的世界。在这个世界上,各国政府对本国经济的影响力将减少"②。"人们对市场发挥公平作用和提供产品的能力信心增强,因而不再指望政府管理经济。这种做法变成取消政府管理和使企业私有化。"③还有学者认为,经济全球化在本质上是一个跨越国界的经济发展过程,这一过程的最终目标是世界经济一体化,因而,它势必要逐渐减少国家干预,甚至交出部分经济决策权,许多经济问题也将由全球协调和仲裁机构去解决和实施。由于有些经济活动要绕过国界直接进行,因而某些国家的经济主权形同虚设。④

2. **相互依赖论**。国际货币基金组织的刊物中对全球化的定义为:"全球化是跨国商品与服务交易及国际资本流动规模和形式的增加,以及技术的广泛迅速传播使世界各国经济的相互依赖性增强。"⑤我国学者从经济资源配置的角度入手,认为经济全球化是各种经济资源的跨国界流动,从而产生了两个结果:一是资源的相对合理配置,二是各国经济联系的加强。⑥

3. **相互融合论**。持这种观点的学者认为,经济全球化指的是世界各国、各地区通过密切的经济交往和经济协调,在经济上相互联系和依存、相互渗透和扩张、相互竞争和制约已发展到很高程度,形成了世界经济从资源配置、生产到流通到消费的多层次和多形式的交织和融合,使全球经济形成

---

① 杨来科等编著:《地域的陷落——知识经济与经济全球化》,广州:广东旅游出版社1999年版,第3页。
② 美国《新闻周刊》1999年2月15日。
③ 同上。
④ 参阅吕有志:《经济全球化对发展中国家的负面影响》,《浙江社会科学》2000年第2期。
⑤ IMF, *World Economic Outlook*, Washington DC: IMF, 1997, p. 45.
⑥ 参见吴欣:《融入经济全球化潮流》,《人民日报》2000年2月1日;周春明:《试析对经济全球化认识的三大误区》,《科学社会主义》1999年第3期。

一个不可分割的有机整体。① 也有学者认为,经济全球化是指世界各国、各地区之间在贸易、金融、生产、投资、政策协调等方面超越国界和地区界限,商品和各种生产要素流动更加自由和充分,相互依存,相互联系,相互融合,进而在全球范围内形成一个不可分割的有机整体。②

4. **资本化论**。前面三种观点是单纯从生产力角度审视全球化,但全球化不仅是一种经济现象,也是一种社会历史现象。这种观点认为,全球化即资本主义化,是资本主义一种新的形式或发展阶段。当代经济全球化的实质是在资本主义主导下的全球化,全球化问题实际上也是当代资本主义特别是发达资本主义的问题。③ 资本化论的观点将全球化与资本主义密切联系在一起,认为全球化是资本主义全球发展的产物,其产生的根源在于资本积累的内在冲动,体现的同样是资本主义的生产关系。④

二 全球化对国家政治的影响

全球化的发展正在改变着我们所处的世界,这是一个客观的历史进程。但是,人们对全球化却褒贬不一,态度迥异,甚至出现了反全球化运动。其中一个主要原因是全球化的作用和影响具有两面性:它既给各个国家和地区带来了机遇,也使各个国家和地区面临严峻的挑战。全球化不仅对世界各国的经济发展产生巨大影响,而且对一国的社会结构、政治观念、价值选择、文化心理等多方面都产生了根本性作用。具体到全球化对国家政治的影响,主要有如下几点:

1. 全球化使传统的国家主权受到制约。如果主权的定义是没有外来干预地实施控制的能力,那么民族国家的主权正在日益遭到削弱,绝对主权向相对主权转变。随着生产力的国际化把整个世界高度紧密地联系在一

---

① 伍贻康、黄烨菁:《经济全球化和世界多极化》,《世界经济与政治》1998年第12期。
② 张晓霞、吴若飞:《经济全球化与我国国有企业资产重组》,《云南社会科学》2000年增刊。
③ 参见俞可平:《全球化研究的中国视角》,《战略与管理》1999年第3期;杨金海:《全球化:历史进步作用及其代价》,《新华文摘》2000年第7期。
④ 参见李慎之:《全球化与中国文化》,《太平洋学报》1994年第2期;谢文涛:《论全球化的本质》,《经济师》2002年第1期。

起,各国之间相互依存度越来越高,世界市场在对各国政策施加管制,力求用国际规范作为共同的行为准则。全球性经济组织的运行是以参与国若干主权的让渡和转移为条件的,同时跨国公司的发展壮大使民族国家传统的地理疆界被打破,这就在一定程度上限制和侵蚀了国家的经济主权和经济决策权。①

2. 政府能力受到严重挑战。全球化使各国经济的相互依赖关系空前加深,在这种环境下,一旦一个国家发生经济波动和危机,很容易产生"多米诺骨牌"效应,迅速殃及与其有密切贸易和投资关系的国家,进而殃及全球。1997年的亚洲金融危机就是如此。一国政府的能力强弱直接关系到这个国家参与全球化进程的收益和风险大小。有的学者将这种能力概括为治理能力、应变能力以及相应的制度安排。②也有学者认为政府能力是综合国力的重要组成部分,包括一国领导在处理全球化影响时决策、组织、管理、调控的综合能力。③

3. 大国间发生大规模战争的可能性趋于降低。当前世界经济在信息技术革命的推动下正步入一个全新的信息网络时代。世界经济走向信息化时代,意味着科学技术知识成为经济增长的主要因素,经济全球化的进程不必要再依靠武力来推进。经济全球化使得世界上所有大国的经济利益紧密交织起来,用战争手段解决利益冲突的结果很可能是得不偿失。90年代中期以来,大国之间建立起种种不同性质的战略伙伴关系,表明大国正在试图达成一个不使用武力解决它们之间分歧的战略默契。④ 刘军宁也认为全球化会降低世界战争爆发的可能性。他说:就政治意义而言,全球化在政治上可以说是民主化的同义词。而民主政治在其本质上是一种和平的政治。民

---

① 参阅许宝友:《全球化对亚太地区社会政治发展的影响及其回应》,《当代世界与社会主义》2001年第5期;王敏:《全球化与中国政治发展》,《华中科技大学学报(社会科学版)》2000年11月第14卷第4期;王和兴:《全球化对世界政治、经济的十大影响》,《国际问题研究》1997年第1期;吴德葵:《试论全球化趋势对我国政治发展的影响及对策》,《上海社会科学院学术季刊》2000年第2期。

② 参阅许宝友:《全球化对亚太地区社会政治发展的影响及其回应》,《当代世界与社会主义》2001年第5期。

③ 参阅王敏:《全球化与中国政治发展》,《华中科技大学学报(社会科学版)》2000年11月第14卷第4期。

④ 参阅阎学通:《评冷战后经济全球化的政治影响》,《国际经济评论》1998年第9—10期。

主盛行的空间越大,战争横行的空间就越小。①

4. 政治文化价值观念受到冲击。经济全球化使各种文化趋同的速度加快。由于西方发达国家在经济和技术上占据优势,在经济全球化中处于主导和有利的地位,因此西方的文化价值观念与其他文化价值观念在竞争和交锋中处于严重不平等和不对称状态。在全球化进程中,西方文化价值观念的传播具有十分明显的强势特点。强势文化与弱势文化之间存在势差,由此产生了冲击效应。②

对于中国来说,全球化趋势是一个无法回避的现实。改革开放就是我国对全球化趋势做出的正面回应,也是我国主动加入全球化进程的基本战略。有学者认为,全球化过程本质上是一个内在地充满矛盾的过程,它是一个矛盾的统一体:它包含有一体化的趋势,同时又包含分裂化的倾向;既有单一化,又有多样化;既是集中化,又是分散化;既是国际化,又是本土化。③ 经济全球化给我国追赶世界经济发展水平创造了机会,同时也提出了严峻挑战。④

三 "国家无能"论或"国家销蚀"论

在西方经济界和政界,"国家无能"或"国家销蚀"的说法日益流行。其基本含义就是,全球经济体系是受无法控制的国际金融市场力量驱动的,是受自己的利益要求在任何有利可图的地方进行投资、生产和销售的大型跨国公司支配的。国家宏观经济政策无法有效地发挥作用,国家无法通过宏

---

① 参阅刘军宁:《全球化与民主政治》,《当代世界与社会主义》1998年第3期。陈家刚也持此观点,认为民主化是全球化的逻辑内容,参阅陈家刚:《全球化及其政治向度》,《探索》2001年第2期。

② 参阅阎学通:《评冷战后经济全球化的政治影响》,《国际经济评论》1998年第9—10期;王敏:《全球化与中国政治发展》,《华中科技大学学报(社会科学版)》2000年11月第14卷第4期。

③ 参阅俞可平:《全球化的二律背反》,《马克思主义与现实》1998年第4期。

④ 吴德葵在其文章中总结了全球化对我国政治发展的"双面影响"。(1)积极方面:工作重点的转移,制定了以经济建设为中心,坚持四项基本原则,坚持改革开放的基本路线;价值目标的确定,党中央把我国政治发展的价值目标定位在发展社会主义民主政治上;政治体制改革的推进;法制建设的借鉴;开放水平的提高;政治观念的变革、政治文化的创新、发展模式的选择等。(2)消极影响:对国家主权的挑战;自由化思潮的骚扰;政治文化的冲突;文化强势的压力;民族认同的消解;激进主义的滥觞。参阅吴德葵:《试论全球化趋势对我国政治发展的影响及对策》,《上海社会科学院学术季刊》2000年第2期。

观经济政策对宏观经济总量的控制来改变经济增长和就业水平。①

美国学者阿兰·德·伯努瓦(Alain de Benoist)认为:"全球化的最终结果是民族国家权力的丧失。鉴于国际资本不断增加的流动性、市场全球化和经济一体化,国家政府逐渐意识到其宏观经济行为的可能性已在瞬间锐减。……国家的财政权力也不再具有至高无上的权力,而只是契约性的,国家为了取得较好的优势地位,必须向日益不稳定的资本妥协。……全球化的经济对民族国家如此重要,以致他们意识到其传统的行为方式渐渐降为一种信仰方式。面对越来越难以控制的富人,才发现自己失去了一个基本的政治工具即国家疆界内的整体发展。由于国家在社会领域内的所有计划性的尝试都会削弱经济竞争力,因此国家再也无法担当协调社会的历史角色,政治家因而变得无权,国家也改变了角度。现在国家作为一个社会调解人,它只能力所能及地管理疆界内的事务。国家的地位已降为一个旁观者,就像一名法庭书记员,他只记录在其他地方所作出的决定,而无权作任何决定。"②

英国的苏珊·斯特兰奇(Susan Strange)又进一步详述了国家权威的衰落。她写道:"国家权威的衰落主要体现在三个方面:第一是防务,即确保社会免于暴力;第二是金融,即维持通货的存在,使之成为可靠的交换手段、结算单位和保值手段(与国家计划经济相比,这尤为市场经济所必需);第三是提供福利,即确保大量财富的某些收益能转到老弱病穷者手中,这对于资本主义市场经济也是特别必要的。我们很容易就能迅速找到证据表明,在大多数国家中,政府的权力在这三个方面都严重地衰落了,它们对社会提出要求的正当性也因此大打折扣。这正是我们上面所说的全球化力量导致的结果。"③

诚然,随着电子和通信业以及国际互联网络的发展,经济全球化进程越来越快,侵蚀着国界,扩大着全球经济的领地,国家宏观经济政策赖以运作的环境发生着重大变化。"国家无能"论或"国家销蚀"论看到了政府在制定和执行政策时遇到的新制约,但却将这些制约片面地绝对化,没有看到国

---

① 参阅雷达、于春海编著:《走近经济全球化》,北京:中国财政经济出版社2001年版,第60页。
② 同上书,第58—59页。
③ 同上书,第59页。

家可以适应内外挑战并做出及时的变化。琳达·韦斯在《全球化与国家无能的神话》一文中指出:"随着经济全球化进程的加速,一股势力强大的新全球主义教条出现了。它声称全球市场的发展限制了国家做出决策的能力,使其在经济、财政、社会等政策的制定上处于软弱无力状态。这种论调夸大了经济全球化的事实与影响,低估了国家能力的多样化和适应性,并且忽视了日本和东亚新兴工业化国家所提供的成功经验。"① 由此可见,全球化的迅猛发展,固然可以导致对国家主权的挑战,但就此推论得出国家正在销蚀,也失之偏颇。

("焦点讨论二"由张洵撰写)

【思考题】

1. 什么是冷战?
2. 简要概述战后国际政治格局的变化。
3. 比较理想主义、现实主义和多元主义的国际政治观。
4. 冷战之后的国际政治秩序的特点是什么?
5. 什么是全球化?
6. 哪些因素促成了全球化?
7. 全球化对于国家政治会产生什么影响?

【扩展阅读文献】

1. 迈克尔·罗斯金、罗伯特·科德、詹姆斯·梅代罗斯、沃尔特·琼斯:《政治科学》,林震、王锋、范贤睿等译,北京:华夏出版社2001年版。
2. 加布里埃尔·A.阿尔蒙德、小G.宾厄姆·鲍威尔:《比较政治学:体系、过程和政策》,曹沛霖、郑世平、公婷、陈峰译,上海:上海译文出版社1987年版。
3. 王辑思主编:《文明与国际政治——中国学者评亨廷顿的文明冲突论》,上海:上海人民出版社1995年版。
4. 塞缪尔·亨廷顿:《文明的冲突与世界秩序的重建》,周琪、刘绯、张立平、王圆译,北京:新华出版社2010年版。
5. Andrew Heywood, *Politics*, New York: Palgrave Foundations, 2002.

---

① 琳达·韦斯:《全球化与国家无能的神话》,《马克思主义与现实》1998年第3期。

第十五讲

政治发展:民主化与制度化

政治发展(political development)被理解为政治生活和政治社会形态由简单、原始状态到复杂、高级的较为完善状态的演变过程。政治发展研究就是把政治生活视为一个动态过程,从发展变化的角度,探讨影响一个政治体系变迁的内部和外部社会、经济、文化、政治要素之间的关系,以研究和说明政治社会的转变过程。

政治发展研究是一种综合研究,它应用政治学以及相关学科的各种可能的研究途径和方法,来解释和说明政治体系变化的方向和条件。第二次世界大战以后,随着新兴民族独立国家的建立,选择什么样的发展道路成为这些发展中(developing)国家的核心问题。在这种背景下,政治学家提出"政治发展"概念,研究政治现代化过程,形成了种种理论和解释模式。

核心问题:

▲ 政治发展的含义

▲ 政治发展研究的理论模式

▲ 政治变迁的原因和政治稳定的途径

▲ 民主化的过程和条件

一、政治发展概念辨析

"政治发展"概念是政治学家在经济学和社会学关于经济和社会"发展"概念的基础上提出来的。它建立在由"变迁""增长""演化""进步"以及"发展"等词汇所组成的概念体系之上。为了完整理解"政治发展"概念的含义,首先需要简单界定其概念体系中的相关术语。

变迁(change):指一个事物或一个体系在一定的时空范围内的变动和

变化。从这个意义上说,它与运动这个概念相似。衡量一个事物变化或变迁的标准有二:一是变化的幅度;二是变化的速率。二者反映了一个事物变化的程度和速度,从而让社会科学家们区分出了"激进的变迁"和"温和的变迁"。此外,"变迁"或变化是一个中性概念,并不包含价值判断的成分,它只是表明一个事物变化的事实,而不说明这个事物变化的方向,也不说明这个事物变化的好坏。变迁也有形式的差别,比如,有单向不循环的变迁,也有循环变迁。另外,从变迁的性质来分析,人们还经常把它区分为"量变"和"质变"。

增长(growth):是指一个事物在数量上的增加。在一般经济学观念中,增长并不等于发展。经济研究表明,存在着无发展的增长的现象和可能。根据《新发展观》的解释,无发展的增长包含两层含义:(1)对于发展中国家来说,"当经济活动集中于外国公司的分支机构或重大的公共事业,而且并未产生全国范围的效果时",就存在着无发展增长的可能性;(2)对于发达国家来说,"在增长取得进展时,就地域而言,发展利益的分布也是不平衡的,因为相对来说,'空白'地区总是存在;而且就社会而言,利益的分布也不平衡,因为'贫困层'从未消失过"。①

演化或进化(evolution):一般指一种事物经过长时间演进而朝着好的方向稳定而缓慢变化的状态。历史学家、人类学家和生物学家经常使用这个概念,以说明人类社会由蒙昧状态渐渐进入文明状态、由低等动物进化为高等动物的过程。

进步(progress):是一个价值判断的概念,指的是一个事物向着被认为好的方向和目标的趋近。人文学科通常用它来表述一种理想状态的实现过程;社会科学也用它来说明一个观察对象向着预期目标的演变过程。

发展(development):第一,从形式上看,发展是一种持续的过程,表明一个事物从一点到另一点、从一个层面到另一层面的连续转化的现象;第二,从价值上看,这种转化意味着向着更好的更理想的目标趋近;第三,从性质上看,发展意味着一个事物内部结构的变化。由此看来,发展不仅被看作一种定向的运动,而且是一种渐趋完善的运动,它是一种从简单到复杂、从低级到高级的变化过程。

---

① 弗朗索瓦·佩鲁:《新发展观》,张宁、丰子义译,北京:华夏出版社1987年版,第15页。

上述概念之间的相互关系可以表述如下：

(1) 就变迁的形式而言：

$$变迁\begin{cases}量的变化——增长\\质的变化——发展\end{cases}$$

(2) 就变迁的方向而言：

$$变迁\begin{cases}发展(development)\begin{cases}激烈的——良性革命\\温和的——改革\end{cases}\\衰败(decay)\begin{cases}激烈的——恶性革命\\温和的——贪污腐化\end{cases}\end{cases}$$

由此可见，变迁分为两种：良性的变迁即为发展；恶性的变迁即为衰败。这里所谓良性与恶性的区分标准是与一定的价值观念分不开的。这也说明，政治发展研究实际上具有浓厚的价值色彩。如果你并不认为自由民主是值得追求的，那么你无论如何也不可能把任何程度上的自由民主制度的确立视为政治发展；相反，如果你认为自由民主从根本上说是一种值得追求的价值，那么，任何国度、任何程度向自由民主制度的趋近，你都会把它视为政治发展，尽管它可能还存在许多不足和缺陷。正因为如此，政治发展概念成为政治学的一个极具争议的概念。人们更倾向于把它看成一批学者的研究方向，而不是分析的工具。[①]

在政治发展研究中，政治学家基本按照两种思路来理解和定义政治发展概念。(1) 描述性概念，即把政治发展理解为一个单一的或一组过程。例如，阿尔蒙德就认为，政治发展就是在社会经济现代化较为广泛的环境中已经和正在发生的一系列相互关联的政治体系、过程和政策的变化。[②] 这些变化包括三个方面：角色分化；次级体系的自主性；文化的世俗化。[③] (2) 目的论概念，即政治发展被设想为达到某个目标(如民主政治、政党政治等)的运动。这方面最具普遍意义的定义认为，政治发展是指政治体系

[①] 参阅西里尔·E. 布莱克编：《比较现代化》，杨豫译，上海：上海译文出版社1996年版。
[②] 参阅加布里埃尔·A. 阿尔蒙德、小G. 宾厄姆·鲍威尔：《比较政治学：体系、过程和政策》，曹沛霖、郑世平、公婷、陈峰译，上海：上海译文出版社1987年版，第418页。
[③] 参阅上书对"政治发展"的论述，第23—24页。

从一种假定的前现代的传统型向现代型过渡的过程。

对政治发展的理解,仁者见仁,智者见智。人们从不同的角度赋予政治发展以不同的含义,使政治发展变成一个标明政治体系综合能力提高的复杂概念,其中包含了广泛的内容。我倾向于认为,政治发展就是政治体系综合能力的发展,包括政治合理性基础的扩大、政治制度化水平的提高、政治参与机会的增加、民主程度的提高、公民自由权利的保障和实施等等。

作为综合的政治研究方法,政治发展研究也涉及了政治生活的所有方面。这些方面可以从两个角度加以概括和分析:

横向的分析:根据政治学的一般分析原理,政治体系可以分为政府政治体系(即国家和政府政治体系)和非政府政治体系(即由市民社会、政党、社团和个体公民所组成的社会政治体系)。由此,政治发展及政治发展研究也被分为两个方面的内容。从政府政治体系来说,政治发展主要表现在政府各种管理和协调能力的提高;政治发展研究主要侧重于国家和政府的制度和功能如何得以完善。从非政府政治体系来说,政治发展主要表现为市民社会的发展壮大,公民政治责任心的增强,以及参政议政能力的提高;而政治发展研究则主要侧重于非政府组织的发育、公民文化的培育、社会和个人自治能力的提高等方面。政治发展及政治发展研究综合体系可以表述如下:

政治发展综合体系

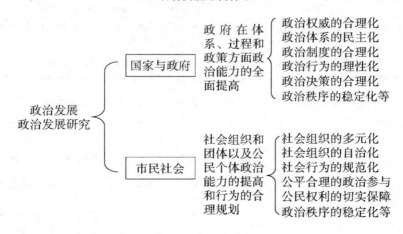

纵向的分析:从纵向角度看,广义的政治体系涉及物质技术、组织制度、

观念思想和政治心理四个不同层面,因此,政治发展以及政治发展研究也包含了这四个方面的变化:

$$\left.\begin{array}{l}\text{政治发展}\\\text{政治发展研究}\end{array}\right\}\left\{\begin{array}{l}\text{物质技术层面}\\\text{组织制度层面}\\\text{思想观念层面}\\\text{政治心理层面}\end{array}\right.$$

二、发展研究与政治发展理论

亨廷顿在分析政治发展研究起因时指出,20世纪60年代政治发展理论之所以能够得到系统的发展,主要受到两种学术潮流的影响:第一种学术潮流是40年代末及50年代关于发展的区域性研究的扩展,即研究中心从欧美转向第三世界;第二种学术潮流就是政治学所谓的"行为革命"。[1]

从现实的角度看,第二次世界大战结束后的民族解放浪潮,将获得民族独立的发展中国家推上了现代化的舞台。这些国家的社会、经济、政治、文化处于较为传统的发展水平,普遍存在以下问题:

二战后新型国家面临的普遍问题

共同特点	面临课题
● 处于农牧业经济的发展水平	● 如何实现农牧业经济向现代工业经济的转变
● 政治上独立了,但殖民主义影响严重,对外依赖性强	● 如何摆脱殖民主义束缚,建立有利于发展的国际经济政治秩序
● 政治社会结构原始古老	● 如何确立现代意义的政治体系

上述种种事实,决定了发展中国家迫切需要一种适应发展需求的社会政治经济安排。与此同时,以美国为首的西方集团为了加强对国际事务的

---

[1] S. 亨廷顿:《政治发展》,见格林斯坦、波尔斯比编:《政治学手册精选》(下卷),储复耘译,北京:商务印书馆1996年版。

了解,特别是对"第三世界"国家的了解,鼓励学者展开对"第三世界"的研究,于是,对不发达地区和国家的研究成为一种学术潮流。

从学术的角度看,比较政治学作为一门古老的学科,以往一直着重于西欧政治制度的比较研究。"第三世界"民族国家的兴起,使这一学科的研究领域和视野拓展到那些不发达国家和地区。在引进社会学、经济学、人类学等学科的方法和概念,特别是在"行为主义革命"倡导具体的实证研究、量化研究、系统分析等方法的影响下,比较政治学找到了新的框架和角度,传统和现代化问题成为它的一个新课题,而专门研究传统向现代转型的各种发展研究就成为政治发展研究的热点问题。

从事政治发展研究的学者专门研究现代化过程中面临的重大政治问题,这些问题包括政治民主化问题、政治稳定问题、政治权威问题、政治腐败问题等。他们的研究被归结为两种较为宏观的理论:现代化理论(modernization theory)和依附理论(dependency theory)。

1. 现代化理论

现代化理论是20世纪50年代兴起的早期的发展研究理论,其理论代表分布在社会学、经济学和政治学等多个领域。现代化理论认为,现代化是人类历史发展的必经阶段,是社会经济、政治体制从传统型向现代型变迁的过程。这个过程从17世纪到19世纪形成于西欧和北美,而后扩展到其他欧洲国家,并在19、20世纪转入南美、亚洲和非洲大陆。[①] 它包含了人类思想和行为领域变化的多个方面,是一个革命的进程、系统的进程、全球的进程、长期的进程、阶段性的进程、同质化的进程、不可逆的进程和进步的进程。[②]

区分传统社会与现代社会的不同特性,进而研究传统社会转变为现代社会的路径,是现代化理论的重要课题。"传统"与"现代"的二元性(duality)划分,是现代化发展研究的一个重要的方法论特点。这种纯学术上的划分,尽

[①] 参阅艾森斯塔特:《现代化:抗拒与变迁》,张旅平、沈原、陈育国、迟刚毅译,北京:中国人民大学出版社1988年版。

[②] 参阅S.亨廷顿:《导致变化的变化:现代化、发展与政治》,见西里尔·E.布莱克编:《比较现代化》,杨豫译,上海:上海译文出版社1996年版,第44页。

管受到了批评①,但对于从宏观角度认识和把握发展程度不同的社会的结构性特点,从而进行社会类型性研究具有较大帮助。现代化理论从不同的视角出发给出了区分现代社会与传统社会的基本标准和指标。

(1) 经济性指标

从经济的角度讲,现代性是指工业和服务业在社会中占有绝对优势并起着主导作用的经济社会所具有的一切特性,现代社会除了用人均国民收入和国内总产值来衡量外,还可以用其他指标加以衡量,如:

① 非生命能源是否取代人力和畜力,作为生产、分配、运输和通讯的基础;

② 经济活动是否从传统的环境中分离出来;

③ 机械和技术是否取代手工工具而成为主要的生产手段;

④ 第二、三产业在质量和数量的重要性方面是否超过第一产业;

⑤ 生产、消费和销售等经济活动的单位是否实现专门化;

⑥ 在经济上是否有一定的自我持续增长能力——至少足以经常提高产量和增加消费。②

(2) 社会性指标

现代社会与传统社会之间的根本差别在于社会分化和整合的程度的不同。现代化理论运用结构功能主义方法,分析"泛能化的"传统农业社会和"功能专门化的"现代工业社会的不同特征,指出"结构分化""功能专门化""社会整合"和"行为模式"是衡量现代化水平的社会标准。

---

① 有关现代化理论的总结和批评见罗伯特·海尔布罗纳等:《现代化理论研究》,俞新天、邓新格、周锦钦译,北京:华夏出版社 1989 年版;布莱克:《比较现代化》,杨豫译,上海:上海译文出版社 1996 年版;罗荣渠主编,亨廷顿等:《现代化:理论与历史经验的再探讨》,上海:上海译文出版社 1993 年版。其中,作为方法论而受到的主要批评是:(1)"现代性"和"传统性"本质上是两个不对称的概念,凡不属于现代性的理想都被贴上了传统性的标签,而实际上,传统社会千差万别。"现代的"一定是民族社会,而"传统的"却可能包括文明和文化地区、帝国和部落在内的各种各样的社会。不说明确定"社会"一词的共同标准而把"传统社会"和"现代社会"当作可比较的概念来使用,必定会受到限制。(2)现代化理论认为"传统性"和"现代性"之间是互为消长的关系,然而从许多方面看,现代性是对传统性的补充而不是取代,现代性不仅可能和传统性并存,而且它本身可以强化传统性(另可参阅 Rod Hague, Martin Harrop, Shaun Breslin, *Political Science: A Comparative Introduction*, New York: St. Martin's Press, 1992, pp. 146-147)。

② 参见西里尔·E. 布莱克编:《比较现代化》,杨豫译,上海:上海译文出版社 1996 年版,第 136 页。

（3）政治性指标

政治学家比较多地从政治结构的分化和政治参与的扩大以及政治文化的变化几个方面去解释现代社会和现代化。政治学家对现代政治的标准有不同的表述。一般认为，权威的理性化、结构和功能的分化和专门化、大众参与以及文化的世俗化，是现代政治的基本标志。① 一个现代政治体系应当具有以下特征：

① 具有高度差异性和功能专门化的政府组织体制；
② 政府结构内部高度一体化；
③ 以科层制为基础的组织管理体制，理性的和世俗的政治决策程序；
④ 政治决策和行政决策数量多、范围广、效率高；
⑤ 人民对本国的历史、领土和民族性有广泛和有效的认同；
⑥ 人民怀有广泛的兴趣积极参与政治体制，公民的利益表达得到鼓励；
⑦ 政治角色的分配依据个人成就而不是归属关系；
⑧ 司法和制定条例以主要是世俗的和非特指某一人的法律制度为基础。②

现代化理论认为，实现工业化、民主化、制度化、理性化是社会发展的基本目标。现代化过程就是经济的市场化（15世纪、16世纪开始兴起的以财产私人所有为基础的商品经济的过程，即资本主义化）、政治的多元化和民主化（允许多种组织、集团和党派的并存，并确定选举组阁和限任制度来适应扩大的政治参与）、文化的世俗化。它认为，先发展国家的现代化模式是一种内源自发型模式，即现代化的动力来自国家内部，现代化的过程是一个自发的自然演进的过程；而后发展国家的现代化则属于外源被动模式，即现代化是外部压力和外力推动的结果。对于后发展国家来说，现代化就是引进或输入西方文明机制，克服和改造传统因素的过程。因此，后发展国家的现代化策略就是：(1) 输入西方文化以改造传统文化；(2) 积极争取经济援

---

① 参阅塞缪尔·亨廷顿：《变革社会中的政治秩序》关于现代化的论述，李盛平、杨玉生等译，北京：华夏出版社1988年版；加布里埃尔·A.阿尔蒙德、小G.宾厄姆·鲍威尔：《比较政治学：体系、过程和政策》，曹沛霖、郑世平、公婷、陈峰译，上海：上海译文出版社1987年版。

② 以上概述参阅西里尔·E.布莱克编：《比较现代化》，杨豫译，上海：上海译文出版社1996年版，第44页。

第十五讲　政治发展：民主化与制度化

助,引进资金、技术,实行经济资本主义化或市场化,对传统经济结构进行改造;(3)通过移植资本主义民主制度,促进社会的发展和稳定。

早期的现代化理论被认为是一种"西化论"。20世纪70年代,现代化理论受到批评。首先,人们对"现代性"和"传统性"两分的方法提出了质疑。现代性和传统性非此即彼的二元模式,将凡是不属于现代性的理想都简单地贴上传统性的标签,这就掩盖了传统社会的差异性,而社会之间的差别决定着它们各自发展的特殊性质,也决定着其不同的发展道路。① 再说,现代化理论认为传统性和现代性之间是互为消长的关系,现代化就意味着"去传统性",然而从许多方面看,现代性是对传统性的补充而不是取代,现代性不仅可能和传统性并存,而且它本身可以强化传统性。② 另外,现代性概念同样模糊,它没有把现代和西方区别开来,没有指出现代性在多大程度上是西方的,西方社会又在多大程度上是现代的。③ 它使用西方社会特别是英美社会的制度和价值观念为中心的观点来评价各民族的进步,首先从西方社会的一般形象获得"现代性"的属性,然后又把这些属性设想为现代化标准。所以,它被认为试图把历史上产生于西方社会的特殊价值观念和制度普遍化,是价值观念上的帝国主义,实际上是种族中心论的产物。④

早期现代化理论的议题已经被后人所深化。依附理论站在现代化理论的对立面,审视了它的基本命题;政策分析把现代化理论所提出的宏观理论模式进一步转化为具体政策的制定和实施研究;新政治经济学(New Political Economy)则重新考察经济发展与民主政治的相关性。今天,关于政治稳定与现代化的关系理论、全球化的理论、民主化的理论等,都可以看作对早期现代化理论的发展和修正。

2. 依附理论

依附理论主要是20世纪60年代末、70年代初由拉美等"第三世界"国家的学者提出的发展理论。它研究的重点不是如何实现现代化,而是为什

---

① 参阅西里尔·E.布莱克编:《比较现代化》,杨豫译,上海:上海译文出版社1996年版,第52页。
② 同上书,第54页。
③ 同上书,第53页。
④ 同上书,第103页。

么有些国家没有实现现代化,因此也被称为"不发达理论"。

"依附"的概念最初产生于拉丁美洲,用来表述发达国家与不发达国家之间"中心/外围"关系下不发达国家对于发达国家的高度依赖性。就分析方法而言,依附理论反对局部分析和社会间的分析,提倡世界性分析。它的基本假设是:(1)世界已经构成一个整体,不应当单独地分析一个国家的社会发展,而应当从世界系统出发考察一个国家的发展;(2)在许多情况下,往往是外部因素对某个国家的社会发展起了更加主要的作用。

从理论观点来看,依附理论认为,(1)发展中国家与发达国家的关系是并存而又依附的关系,或者说是外围与中心的关系;(2)世界资本主义中心的发展,必然造成和加深外围不发达国家的不发展,换句话说,西方国家的发达正是导致"第三世界"国家不发达的原因;(3)战后许多国家政治上独立,但殖民依赖关系仍然存在,至今南北之间原料与成品交换的恶性循环仍然存在,跨国公司对落后国家的影响造成后者技术、资金方面更大的依赖,民族资本家已经成为跨国公司的代理人;(4)某些国家虽然依附于西方国家而得到发展,但在这种发展中,主要是西方国家受益,"第三世界"国家受害,即西方国家成了大都会,而"第三世界"国家成了卫星国;(5)西方的发展"药方"只会使西方受益、发展中国家受害,除非打破这种国际体系,否则,"第三世界"国家就不可能得到真正的发展。因此,发展中国家要实现发展,就要实行"脱钩"战略,自力更生,中断与西方的贸易,阻止西方技术和跨国公司的侵入,甚至全面切断与发达国家的直接联系;要打破现有体系,改造世界政治经济秩序。一个国家开始争取均衡和合理的发展以及文化的复兴在时间上越晚,越有必要经历一个经济孤立的时期。

依附理论研究了二战以后出现的新的依附形式。依附理论家把历史上"第三世界"国家与发达国家之间所存在的依附关系分为三种类型:

(1)殖民地型依附:殖民主义早期,通过殖民主义掠夺和殖民主义贸易实现;

(2)金融/工业型依附:19世纪开始,表现为宗主国对殖民地的资本统治;

(3)科技/工业型依附(新型依附):二战以后,政治上的殖民地已经不存在,但经济上的殖民地依然存在,主要表现在发达国家以跨国公司为纽带,在技术垄断基础上,使不发达国家变成产品加工地。

依附理论特别分析了跨国公司对不发达国家所造成的消极影响,认为跨国公司技术和设备先进,造成不发达国家技术上的依赖性;跨国公司技术更新快,所在国的民族工业无法与资本雄厚的跨国公司抗衡,只能以两种类型的中小型企业形态存在:(1)只生产一些简单消费品,可以不与跨国公司联系,保持相对独立性;(2)围绕跨国公司,为跨国公司从事加工和辅助性生产。这不仅阻碍了民族经济的发展,而且,民族资本家在经济上依赖跨国公司,因此,在政治上也成为跨国公司的代理人。跨国公司多是资本、技术密集型的现代工业,这类工业不能为所在国提供更多的就业机会,反而使所在国的工人分成两个阶层:跨国公司的员工,工资收入高,成为工人贵族;从事仆人、小贩等工作的边缘就业阶层。

依附理论反映了这样的社会现实:(1)二战以后,许多殖民地国家虽然获得了政治上的独立,但经济上的依赖性依然存在。宗主国改变了以往的掠夺方式,主要依靠跨国公司来进行统治。跨国公司一方面进一步造成了落后国家对发达国家技术、资金和人员方面更大的依赖性;另一方面使民族资本也产生了对它的依赖性,成为跨国公司的代理人。(2)落后国家与发达国家的经济和贸易关系陷入一种恶性循环,原料和成品的交换进一步加强了依赖性。

依附理论被认为是一种激进理论,它所受到的批评主要集中在以下几个方面:

(1)依附论者只注重外部条件的分析,忽视或无视内部条件的分析。它把不发达的原因仅仅归结为外国的经济掠夺,而忽视了不发达国家内部制度、文化、技术、资源等方面的制约,因而没有提出不发达国家自身的改造任务。

(2)依附论者没有把摆脱对西方的依赖与从西方吸收先进的技术和文化区别开来。值得肯定的是,对于后发展国家来说,不独立自主,就不可能实现现代化。但是,需要补充的是,不改革开放,不利用国际资本、技术和市场机会,也不可能实现现代化。

(3)依附论者否认国际资本、技术和市场力量对于不发达国家的积极作用,带有激进的民族主义"革命"色彩。批评者认为,发展中国家利用国际因素,建立自身发展基础,实现"依附型发展"是完全可能的。各国在保存传统因素的同时,致力于改革与调整,通过吸收新工艺、技术和组织制度,把新技术和传统结构融为一体,这是可行的现代化道路。东亚模式就是一个很好的例证。东亚新兴工业化国家在世界体系扩展和资本主义全面经济增长当中进入世界市场。美国市场对东亚新兴工业化国家和地区的制造品的经济需要,以及美国在该地区实施冷战的政治要求,给东亚国家和地区在依附的范围内提供了某些纵横捭阖的余地。①

三、政治变迁与政治稳定

我们所居住的世界由各个国家所组成,而各个国家的形成是多年社会变化的结果。这些变化有的是渐变的,有的是剧变的。技术变化的发生也许是一个渐变和稳定的过程,而社会政治的变迁则可能完全是不规则的。

政治发展研究重点考察社会政治变迁的不同方式和过程。发展政治学家认为,政治变迁采用多种方式。其中,两种极端的方式分别被表述为"进化的变迁"(evolutionary change)和"革命的变迁"(revolutionary change)。前者又被称为"渐进的变迁"或"适应性变迁",后者也被称为"激进的变迁"。

二战以后的 20 年中,政治学家专注于政治稳定性而不是政治变迁问题。因为那时候,世界刚从法西斯主义所挑起的战争中挣脱出来,马上又进入一个新的冷战时期,人们普遍认为,政治稳定总是好的,而政治变迁则意味着动荡不安。

现在政治学家们的研究视角已经发生了变化。政治稳定的研究让位于政治变迁的研究。因为人们已经认识到,新兴的民族国家是不可能平静的,它的不稳定不过是在不断适应环境的变化;高压下的稳定只能是一时的,只不过延迟了社会矛盾的爆发时间;正确的态度在于积极寻求制度完善和变革,化解社会矛盾,实现"适应性变迁"。

在政治发展研究中,形成了关于政治不稳定或政治变迁的不同理论和

---

① 参阅罗荣渠主编,亨廷顿等著:《现代化:理论与历史经验的再探讨》,上海:上海译文出版社 1993 年版。

研究途径,其中主要包括马克思主义的研究途径(The Marxism)、功能主义的研究途径(Functionalism)、社会心理学研究途径(Social psychology)和比较历史研究途径(Comparative history)。

1. 马克思主义的研究途径

马克思主义运用经济基础和上层建筑、阶级冲突和阶级斗争的理论为社会革命的产生提供了说明:

(1)革命的深刻根据在于生产力与生产关系的矛盾性。马克思曾经指出:"社会的物质生产力发展到一定阶段,便同它们一直在其中运动的现存生产关系或财产关系(这只是生产关系的法律用语)发生矛盾。于是这些关系便由生产力的发展形式变成生产力的桎梏。那时社会革命的时代就到来了。"①

(2)革命产生于新的生产关系、经济关系和社会关系基础上的阶级利益与旧的生产力、生产关系和社会关系基础上的阶级利益之间的不可调和性和矛盾的对抗性,是阶级斗争的最高形式。革命是一个阶级推翻另一个阶级的暴力行动,是社会发展过程中的质变,其结果是新的社会制度代替旧的社会制度,从而极大地解放社会生产力,促进整个社会的发展和进步。

因此,根据马克思主义的观点,革命总是好的,它是革命阶级推翻反动阶级的统治,建立新的社会制度所造成的社会形态的质的飞跃。革命的目的和作用在于打破旧的政治关系和政治秩序,推翻旧的政治制度,代之以新的政治关系、政治秩序和政治制度,从而推动整个社会的发展与进步。

2. 功能主义的研究途径

在功能主义理论和研究方法中,"平衡"是一个关键概念。功能主义学者认为,政府的主要任务在于实现政治体系与其环境之间的平衡。只要统治者能够对新的政治要求做出响应,并保持政治体系的平衡,那么,政治稳定就可以得到维持。如果统治者不能适应变化的条件和要求,不平衡和不

---

① 《马克思恩格斯选集》第 2 卷,北京:人民出版社 1995 年版,第 32—33 页。

稳定(disequilibrium)就会得到发展。假如这种状况持续太久,革命性变迁就会发生。所以,马克思说革命是一种进步的力量,而功能主义认为革命是对无效政府的回应(a response to ineffective government)。

3. 社会心理学研究途径

社会心理学研究途径关注人们的心理动机,研究什么样的动机促使一个人卷入革命活动之中。为什么有的人对政治会有如此强烈的感受,以至于愿意花时间、精力乃至一生去致力于革命性政治变迁?这种研究途径专注于政治不稳定的个人条件,它不解释为什么暴动会变成叛乱,而叛乱有时候又会转化为革命。

从社会心理角度来研究革命变迁可以追溯到古希腊的亚里士多德。他曾经指出,平等的心理和不平等的现实是导致革命的原因。法国思想家托克维尔对法国大革命的研究也是一个典型案例①。当代社会心理学研究途径首创于20世纪60年代的美国。重要的解释者是美国的格尔(T. Gurr)教授。他在《人为什么要造反》(Why Men Rebel)一书中提出一个关键概念——"相对剥夺"(relative deprivation),以解释政治生活中的集体暴乱。简单说来,人们是否投入叛乱取决于人们对心理期望值(value expectations)和实际实现能力(value capability)之间差距的理解,即人们对想得到和能得到之间差距的认识。

革命发生在相对剥夺感普遍而又强烈的时期。一个教授编写一本教材时觉得他所得的收益不够,这不太可能演化为普遍的暴力事件,因为他的抱怨不会被社会其他成员所重视。但如果有很多人觉得相对剥夺严重,那么暴力事件就可能发生。

对于统治者来说,最危险的时机是,人们的期望值在增加,比方"第三世界"的人期望"第一世界"的生活水准,而政府满足其需求的能力却在下降,如经济出现衰退的时候。换句话说,长期的社会经济发展后出现短暂的逆转往往是最容易发生革命的时刻。这种理论被称为"J曲线理论"(J-曲线理论)。

---

① 参阅托克维尔:《旧制度与大革命》,冯棠译,北京:商务印书馆1992年版。

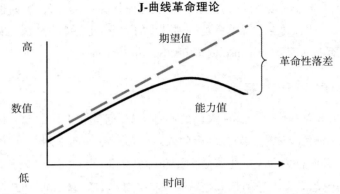

资料来源：Rod Hague, Martin Harrop, Shaun Breslin, *Political Science: A Comparative Introduction*, New York: St Martin's Press, 1992, p.73.

相对剥夺理论最主要的贡献是，它指出人们如何感知与认识他们的状况和条件要比实际的状况和条件更加重要。而感知与认识来自(1)人们和以前状况的比较，(2)人们和其他集团成员的比较。

那么，社会中谁会产生不满？为什么社会不满有时候会导致暴动而有时候不会？一场暴动为什么和如何转化为革命？不满又怎样变成一种有组织的反对运动？为什么这种反对运动有时候会遭到镇压而有时候不会？回答这些问题对于相对剥夺理论来说是致命的，但对于比较历史分析理论和方法来说却是长项。

4. 比较历史研究途径

比较历史研究理论和方法认为，无法从参与者的动机中找到革命的原因。革命性变迁的根源在于一个社会的"结构性条件"(structural conditions)，也就是民族国家内部不同集团以及民族国家之间的关系模式。革命的背景是，一个制度在国际上表现软弱、在国内表现无效的时候，就会破产，而后进入一个活跃的变化时期，直到密切组织的革命集团最终继承权力并巩固权力。[①]

那么，革命究竟会在什么条件下爆发？下列各项被认为是革命爆发的

---

① 参阅 T. Scocpol, *States and Social Revolution: A Comparative Analysis of France, Russia and China*, Cambridge: Cambridge University Press, 1979。

关键条件。这些条件不可能也不必要同时具备,但至少需要具备其中的某些条件:

(1) 权威主义制度无法建立任何人民所支持的权力基础。它用暴力和镇压来对付反对派;而周边国家有着稳定的保障个人权利和人民参与的政治体系与之形成鲜明对照。

(2) 大众(农民和工人阶级)开始与既有秩序和制度疏远。

(3) 致力于革命变迁的组织良好的集团主导革命进程。

(4) 社会期望值急剧上升后进入严重的经济衰退时期,而周边国家的经济依然繁荣。

(5) 政府陷入大量超前需求之中。

(6) 政府做出响应,实施有限改革,部分地取消政治镇压,但拒绝放弃执掌权力。

(7) 改革未能减轻人们的重负。

(8) 既有制度面对外国入侵,并且不光彩地败阵。

(9) 革命领导的先锋力量深知而且擅长动员社会不满力量。[①]

任何社会都不希望爆发革命和陷入长期的严重的政治混乱之中。因此,如何在稳定的秩序中实现"渐进变迁"就成为政治发展研究另一相关的核心问题。

20世纪60年代以来,政治学家一直关注发展中国家的政治秩序问题,形成了以亨廷顿为代表的有关政治稳定和不稳定的经典理论。

政治稳定主要指国家政治生活的秩序性、国家政权的连续性。它表现为政治制度既能维持已有的统治秩序,又能适应政治变化的能力,即政治体系在变革过程中,不存在全局性的政治动荡和政治骚乱,国家能够维持安定团结的政治局面,政策具有连续性和相对稳定性。

一般学者使用政治稳定概念,往往具有两层含义:一是具有"合法性"的政府存在的时间。如果一个国家的政府经常通过非法方式(如政变)更换,那么,它的稳定性就成问题。二是暴力事件如群众示威、暗杀等发生的频率和规模。

---

① 参阅 Rod Hague, Martin Harrop, Shaun Breslin, *Political Science: A Comparative Introduction*, New York: St. Martin's Press, 1992, p.75。

在实际生活中,有些国家比较开放,政府较少使用暴力手段控制社会,所以暴力性事件较容易发生;而有些国家,政府以强大的武力和特务机构来控制社会,因此,表面上看起来社会上没有反对势力,也没有示威或其他异常政治事件,但这并不表明政局的真正稳定,相反,可能会在某一时间陷入高度动荡局面。那么,如何判断一个国家的政治稳定程度?

政治学家提出了政治稳定的三个评判标准:(1)政治系统具有强大的权威性,社会以其自身的稳定性表示对政治系统的肯定和承认;(2)政治系统功能齐备,运转正常,表现为政治体系的自身调控能够正常进行,对社会的调控功能发挥正常;(3)政治生活的秩序性,表现为政治活动能够在法制的范围内合法地进行。

亨廷顿认为,现代化时期是政治最不稳定的时期。"现代性产生稳定,但现代化却会引起不稳定。"[①]这一结论来自以下的推导过程:

(1) 社会动员/经济发展 = 社会挫折感

(2) 社会挫折感/社会流动机会 = 政治参与

(3) 政治参与/政治制度化 = 政治不稳定

现代化"使传统人受到新的生活方式和享受标准的影响,受到满足人们需要的新的可能性的诱惑。这种经验摧毁了传统文化在人们认识和观念上设置的屏障,提高了人们期望和需求的水平。但是,期望本身的增长比转变中的社会在满足这些期望方面的能力的提高要快得多。因此,在人们的期望与现实可能之间,需求的形成与需求的满足之间,以及期望的功能与生活水平的功能之间,形成了一个差距。这种差距引起了社会挫折感和不满足感"[②]。这些挫折感和不满就是政治不稳定的根源。

政治发展研究表明,发展中国家政局不稳的具体原因在于:

(1) 社群和族群冲突导致政治不稳定(如黎巴嫩、缅甸、斯里兰卡、尼日利亚、埃塞俄比亚等国的内战,马来西亚、印度等国的族群不和引发的暴乱)。

(2) 政治竞争缺乏良好规则导致政治不稳定(政党和政治领袖之间政治竞争激烈,由于缺乏规范制度,竞争者为了胜利不择手段。执政者选举失

---

① 塞弥尔·亨廷顿:《变革社会中的政治秩序》,李盛平、杨玉生等译,北京:华夏出版社1988年版,第41页。

② 同上书,第54页。

败,宣布选举无效;在野者预见落败,就可能发动群众运动,压迫政府重新选举,或者勾结军人发动政变,从而使和平交接政权困难)。

(3) 严重经济困难或经济危机引发政治不稳定(一般发展中国家面临的主要经济困难有高失业率、高通货膨胀、民生物资供应短缺。这些问题在发达国家也不同程度存在,但由于它们经济结构良好,处理这些困难的能力较强,且即使在危机时期,人民基本生存尚有保障,所以不会造成严重混乱;但在发展中国家情况就有所不同,许多社会动荡背后都有程度不同的经济原因)。

(4) 列强势力的渗透导致政治不稳定(国外势力的介入,特别在 40—80 年代美国、苏联阵营各自扶持亲美或亲苏势力,导致这些国家政局不稳)。

第二次世界大战以后,发展中国家军人干政较为普遍。上述原因都可能为军人干政提供机会:社群或族群冲突频繁,激起军人干政;军人利益得不到保障,引起军人干政;文人政府或文人政客过错(政府腐败),导致军人干政;外国势力介入,促成军人干政。

那么,如何实现政治稳定?提高国民教育吗?研究表明,文盲率高的时期(90%以上),政治秩序是相对稳定的;识字率高的时期(90%以上),政治秩序也是相对稳定的。最不稳定的时期是识字率介于 25%—60% 的时期。① 发展经济吗?从长远的观点看,经济发展是至关重要的。但是,经济发展与政治稳定之间关系复杂,"在某些情况下,经济发展计划可能会促进政治稳定;然而,在其他情况下,经济的发展则可能严重地破坏这种稳定。同样,某些形式的政治稳定也许能促进经济发展;而另一些形式的政治稳定则可能阻碍经济发展"②。政治最不稳定的时期,也正是经济有所发展而又不太发展的时期。

政治学关于政治稳定的研究表明,实现稳定的较为现实的途径就是在控制社会期望和参与热情的同时,积极建立政治参与的制度化途径和程序,提高政治制度化水平。对于执政者来说,明智的策略就是积极推进社会政治经济改革。

---

① 参阅塞缪尔·亨廷顿:《变革社会中的政治秩序》,李盛平、杨玉生等译,北京:华夏出版社 1988 年版,第 47—48 页。

② 同上书,第 46 页。

四、民主化与政治发展

民主化是政治发展研究的一个重要课题。早期的发展理论把政治发展等同于政治民主化。后期的发展理论家质疑和检讨这种认识,认为民主化只是政治发展众多内涵之一。但无论如何,直到现在,绝大多数的发展理论家依然把民主视为政治发展的基本目标。

政治发展研究从理论上区分了精英民主与大众民主、参与制民主与自由民主模式,在比较研究中区分了极权主义和威权主义现实政治模式,得出威权主义模式更易于实现民主化的结论。

政治发展研究侧重于民主化过程的研究,认为到目前为止,人类经历了三次重大的民主化浪潮:

第一次民主化浪潮:发达国家率先实现民主化;

第二次民主化浪潮:完成法西斯国家的民主化改造;

第三次民主化浪潮:发展中国家走上民主化道路(包括南欧、东南亚国家和地区、东欧国家)。①

在三次民主化浪潮之间出现了民主化的"回潮"。"回潮"使一些国家所建立的民主制度遭到颠覆:

第一次浪潮:1828—1926 年,约有 33 个国家建立了民主制度;

第一次回潮:1922—1942 年,约有 22 个国家的民主制度被颠覆;

第二次浪潮:1943—1962 年,约有 40 个国家建立了民主制度;

第二次回潮:1958—1975 年,约有 22 个国家的民主制度被颠覆;

第三次浪潮:1974—90 年代,约有 33 个国家建立了民主制度。

三次民主化浪潮的特点

	政治背景	内因、外因关系	民主化方式	结果和回潮反应
第一次	取代绝对君主制和贵族制统治	政治文化和政治实践的自然演化	暴力革命	约有 33 个国家建立民主制度;约有 22 个国家的民主制度被颠覆

---

① 参阅塞缪尔·亨廷顿:《第三波:20 世纪后期的民主化浪潮》,刘军宁译,上海:上海三联书店 1998 年版。

(续 表)

	政治背景	内因、外因关系	民主化方式	结果和回潮反应
第二次	取代法西斯统治、殖民地统治或个人军事独裁统治	通过外部压力和非殖民化实现	军事战争	约有40个国家建立民主制度;约有22个国家的民主制度被颠覆
第三次	取代一党制、军人政体或个人专制统治	内部民主条件发育成熟的自然结果,证明民主价值超越文化界限,得到世界认同	妥协、选举和非暴力,和平的浪潮	约有33个国家建立民主制度;很少出现强劲的反民主抵抗运动,民意对民主政治一边倒

发展政治学家重点研究了发展中国家和地区的政治民主化过程,他们把这个过程描述为三个阶段:

(1) 二战初期到50年代末60年代初,实行议会制民主阶段。

(2) 60年代初到80年代末90年代初,权威主义政治时期,普遍采用一党制、军人专制或个人独裁政治。在权威主义统治时期,通过政治高压实现政治稳定,在不同程度市场化的基础上,谋求和实现经济的高速增长。

(3) 80年代中期以后,和平的民主化阶段,或者自上而下实行民主改革,或者在较短时间推翻旧政权后平稳引入民主选举机制。

第三次民主化浪潮,特别是东南亚国家和地区的民主化过程提供了权威主义政权最终和平转向民主主义政体的成功案例。那么,一个权威主义政治为民主的发展创造了哪些条件?发展政治学家认为,权威主义是一种重商政权,其最主要的目标是谋求强大的经济发展,实现经济的现代化。二战以后发展中国家的显著特点是:高速发展的权威主义体制在政治上实行集权高压,但在经济上发展出一个主要操纵在私人手里的市场经济,即所谓"我关心我的政治,你们只管你们的商务"。正是得到发展的经济将整个社会引向民主转变。① 市场经济经过一段时间获得成功后,要求民主的压力就不可避免地产生。"只要人民富足起来,民主是他们

---

① 参阅迈克尔·罗斯金、罗伯特·科德、詹姆斯·梅代罗斯、沃尔特·琼斯:《政治科学》,林震、王锋、范贤睿等译,北京:华夏出版社2001年版,第77—78页。

可能要求的东西之一。"①

经济发展到底如何促成民主化的结果？美国政治学家利普塞特通过研究提出了这样的理论假设：经济发展与民主政治具有正相关的关系。② 以后的政治学研究进一步表明，民主不一定促成经济发展和繁荣，但经济发展和繁荣可能促进民主发展。③ 具体而言，经济发展为民主政治创造了如下条件：

（1）经济发展创造了一个庞大的中产阶级，他们是天生的民主派，希望改革而不是彻底推翻权威主义政治，这是民主的基础之一。

（2）经济发展推动了教育水平的提高，受教育程度高，自主意识增强，人们不容易受极端分子的煽动，不盲从政治野心家的蛊惑。

（3）经济发展使人们逐步认识到自己的利益并希望表达出来。

（4）市场经济本身教会公民自立、多元化、宽容以及不要期望过高，这有助于维持一个民主制度。④

政治发展研究特别关注实现和平稳定的民主化过程的基本条件，认为除了经济市场化和持续的经济发展之外，还应该包括：（1）文化的世俗化：宗教观念不再主导人们的思想，因此，人们不会非理性地去寻求和证明自己的"正统"，而把他人视为"异教狂徒"，民众带着宽容的心态看待不同观念的人；（2）政治文明化：在现实政治生活中，确实保证给政治家和反对派以出路，不搞赶尽杀绝式的"清算"，不同政治派别不再崇尚武力拔刀相见；（3）政治领袖（执政者或执政党）开明化：具有现代化和民主意识的领导人（政治精英）以及政党的存在，对于民主的和平转变具有重要意义。

---

① 参阅乔万尼·萨托利：《民主是可以移植的吗》，刘军宁编：《民主与民主化》，北京：商务印书馆1999年版，第151页。
② 参阅马丁·利普塞特：《政治人：政治的社会基础》，刘钢敏、聂蓉译，北京：商务印书馆1993年版。
③ 参阅萨托利：《民主是可以移植的吗》，刘军宁编：《民主与民主化》，北京：商务印书馆1999年版。
④ 参阅迈克尔·罗斯金、罗伯特·科德、詹姆斯·梅代罗斯、沃尔特·琼斯：《政治科学》，林震、王锋、范贤睿等译，北京：华夏出版社2001年版，第78页。

五、制度化与政治发展

政治稳定研究起源于古希腊。但是,把政治稳定作为政治学理论的一个重要范畴进行系统研究则是在第二次世界大战以后。20世纪60年代以来,西方政治学者在研究发展中国家的政治时,开始系统研究政治稳定问题,以美国政治学家亨廷顿为代表,形成了一套关于政治稳定的经典界说和判断标准。

政治稳定是指政治体系适应环境变化而呈现的秩序性。它意味着政治体系在变革过程中,不存在全局性的政治动荡与政治骚动;国家能维持安定团结的政治局面,政策具有连续性和相对稳定性。政治稳定体现为许多方面,主要包括国家主权的稳定、政权稳定、政府稳定、政策稳定、政治生活秩序的稳定以及社会政治心理的稳定。作为政治稳定理论的代表,亨廷顿认为,政治稳定包含两个基本要素,即秩序性和继承性。秩序性即没有政治暴力、压抑或者体制的解体。继承性则指未发生政治体系关键要素的改变、政治演进的中断、主要社会力量的消失,以及企图导致政治体系根本改变的政治运动。

政治稳定是社会系统稳定发展的重要维度。任何社会都可能面临政治不稳定危机。但比较研究表明,传统社会和现代社会出现不稳定的概率较小,而由传统向现代转变的现代化过程往往是一个相对不稳定的时期。正如前引亨廷顿所认为的,"现代性产生稳定,但现代化却会引起不稳定。……如果贫穷国家不稳定,那并非是因为他们穷,而是因为他们力图致富"①。

现代化是一个多层面的进程,是涉及人类思想和行为所有领域的变革。其中,与政治最密切的层面被亨廷顿归纳为两个方面:一是社会动员,这意味着人们期望的改变。二是经济发展,它意味着人们能力的提高。现代化可能促成这两者并行发展。现代化过程中政治秩序的稳定性取决于下列参数的关系:

---

① 塞缪尔·亨廷顿:《变革社会中的政治秩序》,李盛平、杨玉生等译,北京:华夏出版社1988年版,第41页。

(1) 社会动员/经济发展＝社会挫折
(2) 社会挫折/流动机会＝政治参与
(3) 政治参与/政治制度化＝政治不稳定

首先，亨廷顿认为，社会动员与经济发展之间的差距，使现代化对政治稳定产生一定的冲击。这个差距引起了社会挫折感和不满，而差距的程度实际上便是测定政治不稳定程度的一个恰当标准。

其次，社会动员通常以广泛的公民教育和宣传为核心，它使人们对现实的期望抱乐观、自信的态度，而现实经济发展水平和经济现代化的进展状况无法满足或只能有限满足一部分社会需求时，人们的悲观失望情绪也会逐渐增长，两者速度比率的反差越是强烈，期望挫折感也就越盛，政治不稳定也就越容易产生。同时，社会经济现代化形成了社会必要的流动，但对处于经济起飞阶段的发展中国家来说，都市化程度有限，社会流动难以畅通，从而制约着处于社会底层的民众向社会上层流动的期望，影响着乡村居民在都市化进程中获得相应利益。

再次，由于国家政治制度化程度很低，对政府提出的要求很难或不可能通过合法渠道来表达，也很难在政治制度内部得到缓解和聚合。因而，人们参政意识的超前与政治制度化的滞后就造成政治不稳定。

最后，亨廷顿还认为，政治不平等是政治不稳定的一个内在原因。他认为，政治不平等在相当程度上又是由经济不平等造成的，而引起不平等的方式主要有两种：(1)贫穷国家的财富和收入分配通常比经济发达国家更不平均。在传统社会，这种不平等被视为自然而然的。但经过社会动员，人们提高了对不平等的认识，并对此产生怨恨。新观念的启蒙使他们开始怀疑旧分配方式的合法性，并探求较平等的新分配方式的可行性和合法性。实现分配的变革，只有通过政府才能办到。但那些控制着收入的人，通常也控制着政府。于是，社会动员就会把经济不平等转化为造反的催化剂。(2)从长远的观点看，经济发展将产生比传统社会现有的收入分配方式更均衡的方式。但是在近期看来，经济增长的直接影响常常是扩大收入的不平等。①如此，经济发展扩大着经济不平等，同时动员又降低了不平等的合法性，这

---

① 塞缪尔·亨廷顿：《变革社会中的政治秩序》，李盛平、杨玉生等译，北京：华夏出版社1988年版，第58—59页。

两者的矛盾运动造成了政治稳定的脆弱。此外,政治腐化和城乡差距也是造成政治不稳定的重要因素。

那么,处于现代化进程中的国家应该如何实现政治稳定呢?在政治参与水平尚低时就形成了适当的政党组织的国家很有可能在扩大参与的道路上稳步前进。"因此,为了减少由于政治意识和政治参与扩大而造成的政治不安定的可能性,在现代化过程的初期就需要建立现代政治制度,亦即政党。"①一个强有力的政党体制有能力做到通过体制本身来扩大政治参与,并缓解和疏导新近动员起来的集团,使之得以参与政治且不至于扰乱体制本身。

在亨廷顿看来,社会动员和政治参与超前,政治组织化与制度化滞后,是政治不稳定的根源。因此,要保持政治稳定,就必须在扩大政治参与的同时,相应提高政治制度的适应性、复杂性、自力性和凝聚性。② 一个强大的政府,就是有能力实现政治参与和政治制度化平衡的政府。

【思考题】

1. 如何理解政治发展?
2. 什么是现代化理论?
3. 什么是依附理论?
4. 现代化理论与依附理论的主要分歧是什么?
5. 政治学如何解释革命性政治变迁的原因?
6. 什么是政治稳定?
7. 政治不稳定与现代化有什么关系?
8. 后发展国家政治不稳定的主要原因是什么?
9. 说明实现政治稳定的途径。
10. 说明三次民主化浪潮的特点。
11. 说明民主化与经济发展的关系。
12. 分析和平的民主化进程需要具备的条件。

---

① 塞缪尔·亨廷顿:《变革社会中的政治秩序》,李盛平、杨玉生等译,北京:华夏出版社1988年版,第388页。
② 同上书,第12—22页。

【扩展阅读文献】

1. 罗荣渠主编,亨廷顿等著:《现代化:理论与历史经验的再探讨》,上海:上海译文出版社 1993 年版。

2. 罗伯特·海尔布罗纳等:《现代化理论研究》,俞新天、邓新格、周锦钦译,北京:华夏出版社 1989 年版。

3. 西里尔·E.布莱克编:《比较现代化》,杨豫译,上海:上海译文出版社 1996 年版。

4. 塞缪尔·亨廷顿:《变革社会中的政治秩序》,李盛平、杨玉生等译,北京:华夏出版社 1988 年版。

5. 戴卫·赫尔德:《民主的模式》,燕继荣等译,北京:中央编译出版社 2008 年版。

6. 斯坦·林根:《民主是做什么用的:论自由与德政》,孙建中译,北京:新华出版社 2012 年版。

7. 刘军宁编:《民主与民主化》,北京:商务印书馆 1999 年版。

8. 马丁·利普塞特:《政治人:政治的社会基础》,刘钢敏、聂蓉译,北京:商务印书馆 1993 年版。

9. 吕亚力:《政治发展》,台湾:黎明文化 1995 年版。

10. Larry Diamond, *Political Culture and Democracy in Developing Countries*, Boulder, London: Lynne Rienner Publishers, 1994.

11. Adrian Leftwich, *Democracy and Development: Theory and Practice*, Cambridge: Polity Press, 1996.

12. Lucian W. Pye, *Aspects of Political Development*, Boston and Toronto: Little Brown and Company, 1966.

第三版后记

《政治学十五讲》自 2004 年初版至今已近 20 年,在此期间,国内学者编写的同类教材出版很多,引进翻译的国外教材也为数不少,高校政治学教学与科研在很多方面都有显著进展。我一直承担北大政治学通选课程和 MPA 政治学的主讲任务,这让我有机会不断完善政治学的教学体系和内容。为了凸显中国政治学研究的问题意识,也为了尽可能体现政治学知识的新进展,反映政治学研究在中国语境下所取得的新认知,在北大教务部的资助和北大出版社的支持之下,我对《政治学十五讲》做了修订。

本书第二版除了对文字表述和技术规范进行修改完善之外,还对章节内容做了修改、删减或补充。首先,重新提炼各章内容,对原有章节的标题做了修改,对各章所涉及的重要文献和参考书目做了必要的补充订正。其次,本着精简原则,删减了个别章节中部分段落和"焦点讨论"的篇幅。另外,基于中国政治学研究的语境及其所关注的热点问题,补充相应的知识。这些补充的内容主要体现在以下几个方面:(1)序言部分,增加了有关"大国崛起"和制度建设的讨论;(2)第一讲在"政治学的基本问题"这一标题之下,重新归纳政治学研究的核心问题,补充了波普尔、阿伦特这样的具有代表性的学者的观点;(3)第二讲"政治研究的历史与现状"在"政治研究的理论成果"一节中适当介绍当代政治学关注的问题以及形成的理论;(4)第五讲"政治生活的价值取向"充实了"平等"和"自治"的讨论,并且引入"左—右"之争,讨论了"价值偏好与现实政治"的关系;(5)第七讲"政治权力及其限制"对原有的文字进行了改写,特别增加了一节"限制权力的理论与实践";(6)第十讲"政治制度及其评价"从"合法性"和"有效性"两个方面改写了"制度评价的尺度";(7)第十五讲"政治发展:民主化与制度化"一章将原有的关于"现代化与政治稳定"的焦点讨论问题改为新的一节"制度化与政治发展"。

政治学研究所涉及的问题相当广泛,而且研究话题也日新月异,在"十五讲"这样的设计框架之下既要保持原有的知识积累,又要反映最新的研究动态,的确不是一件容易的事情。本书第三版又在第二版的基础上适当增加中国政治学研究的最新成果,力求体现新时代中国特色社会主义的内容。但由于时间仓促,增补内容还不够充分,期待后续有机会改进。

本书一再重印并得以修订,除了要感谢北大出版社艾英编辑之外,还要再次感谢王娜、张洵、黄玮茹、陈凌云同学,他们当初作为我的学生,为本书第一版"焦点讨论"提供了部分文字。修订过程中,考虑到篇幅、结构等的变化,未能完全保留原来的栏目或文字。我对他们一贯的支持和理解表示诚挚的谢意。

燕继荣

2023年10月30日